できる人は必ずやっている

ビジネスマナー&整理術大全

business manners
and
organizational tips

はじめに

　社会人になると、さまざまなスキルが必要になります。その中でも基本として重要なのが「ビジネスマナー」と「整理術」の2つです。
　ビジネスマナーは、あいさつの仕方や敬語の使い方、メールの書き方など、相手やシーンを踏まえて最適な対応や心配りをするものです。きちんとしたマナーが身についていれば、どんなシーンでもあわてることなく対処でき、上司や取引先の人から信頼を得ることができます。
　整理術は、書類やデスク周りを使いやすく整理して仕事環境を整えることで、スムーズに仕事が進められるようになります。また、情報の整理や時間の使い方、アイデアや発想を図などにまとめることで、仕事の成果をグンと上げることができるでしょう。
　本書では、社会人になったら身につけておきたい基本のビジネスマナーと整理術を、イラスト入りでわかりやすく説明します。ビジネスの土台となるスキルを身につけ、ワンランク上の社員として活躍の場を広げていきましょう。

CONTENTS

PART 1 ビジネスマナー

chapter 1　社会人としての心構え

働くとは何か？　1日も早く会社に貢献できる人材になろう …………… 16

新人が意識したいこと　やりがいを感じられるかどうかは自分次第 …………… 18

会社の仕組み　あなたが働く会社の種類と仕組みを知る …………… 20

給与明細の見方　額面と手取りの違いなど、給与について正しく知る …………… 24

[コラム] 自己管理は社会人の義務 …………… 26

chapter 2　基本のビジネスマナー

身だしなみの基本❶男性編　身だしなみは最も基本的なビジネススキル …………… 28

身だしなみの基本❶女性編　周囲との調和を意識したナチュラルスタイルが好印象 … 30

身だしなみの基本❷　清潔感と個性を演出するワイシャツ着こなし術 …………… 32

身だしなみの基本❸　スーツ姿の雰囲気を決定づけるネクタイの選び方 …………… 34

身だしなみの基本❹　Vゾーンのアピール力で、できるビジネスマンを演出 …………… 36

身だしなみの基本❺　ツメの甘さが出る小物類にも気を配って完璧に …………… 38

身だしなみの基本❻　身だしなみを完成させるスーツ&小物のケア …………… 40

身だしなみの基本❼　美しさは細部に宿る！ ボディケアはこまめに細かく …………… 42

身だしなみの基本❽　ビジネスの場にふさわしいヘア・メイク …………… 44

あいさつの基本　相手の心を開かせる魔法の言葉を積極的に使う …………… 46

正しい姿勢の基本　心づかいを表す、丁寧な立ち居振る舞いを …………… 48

言葉づかいの基本　人のために使う敬語は、何より自分のためになる ………………… 50

[コラム] 気をつけたい「日本語」の間違い ……………………………………………… 54

chapter 3　社内業務

オフィスルール❶　始業時間までに仕事を始められる準備を ……………………… 56

オフィスルール❷　退社・残業前には報告と気配りが何より大切 …………………… 58

名刺交換のルール　スマートな名刺交換でビジネススキルをアピール ……………… 60

自己紹介のルール　自分をプレゼンする力を身につけよう ……………………………… 62

電話対応の基本❶　電話は積極的に取って、仕事の把握と敬語の練習に ………… 64

電話対応の基本❷　取り次ぎは迅速かつ的確　対応はパターン化が可能 ………… 66

電話対応の基本❸　確実な伝言メモで、電話の要点を伝える ……………………… 68

電話対応の基本❹　相手への心配りと自分の準備を万全にしてかける …………… 70

電話対応の基本❺　クレーム対応は誠意を伝える姿勢が解決のカギ ……………… 72

携帯電話の使い方　気軽に使えるからこそ、携帯マナーを重要視しよう ………… 74

[コラム] いざという時の英語対応 ……………………………………………………… 76

来客応対の基本❶　お客様の不安を解消する気配りが案内の基本 ………………… 78

来客応対の基本❷　席に座る時は席次を忘れない！ ………………………………… 80

来客応対の基本❸　おもてなしの心を表すお茶は、おいしく正しく出す ………… 82

訪問の基本❶　アポ取りと訪問は下準備と礼儀正しさが基本 ……………………… 84

訪問の基本❷　人脈づくりにも欠かせない、親密度を表す紹介のルール ………… 86

訪問の基本❸　関係性を深めるための手みやげとフォロー ………………………… 88

出張の基本　下調べをしっかり行い、効率のよい行動を …………………………… 90

ビジネスマナー

報告・連絡・相談の基本　仕事を進めるうえで最も重要な「ホウ・レン・ソウ」……… 92
会議の基本❶　入念な事前準備が、効率的で有意義な会議をつくる ……………………… 94
会議の基本❷　クールさと的確な進行で、活発な議論を展開させる ……………………… 96
［コラム］届け出のルール ………………………………………………………………… 98

chapter 4　ビジネス文書

ビジネス文書の基本❶　基本ルールを守り、誰にでもわかりやすい文書を ………… 100
ビジネス文書の基本❷　機密性と緊急性を考えて、正しくツールを選ぶ …………… 102
社内文書　あいさつは不要　社内文書は簡潔さが命 ……………………………… 104
報告書の書き方　数字とデータを正確にし、簡潔な報告書を作成 ……………… 108
社外文書　相手への配慮を大切にし、会社の意向を伝える ……………………… 110
社交文書　自筆の手紙で思いをしたためる ………………………………………… 114
文例集　社外文書・社交文書のパターンをマスター …………………………… 118
封筒の書き方　宛名まで気を抜かず、丁寧に書く ………………………………… 122
メールの基本❶　手軽だからこそルールを守って ………………………………… 124
メールの基本❷　パターンを覚えて確実なコミュニケーションを ……………… 126
FAXの送り方　電話でのフォローで確実に送信する ……………………………… 130
［コラム］仕事に役立つメモの取り方 …………………………………………… 132

chapter 5　コミュニケーション

話し方の基本　内容と話し方、どちらも気を抜かないで ……………………… 134
聞き方の基本　「ええ」は失礼　多彩なあいづちを身につけて ………………… 136

敬語の使い方❶	間違い敬語で信頼を失うこともある	138
敬語の使い方❷	評価が上がるワンランク上の敬語表現	140
指示の受け方	「指示受け上手」はできる新人の代名詞	142
ミスの報告の仕方	ミスは対処の仕方で評価が左右される	144
依頼の仕方	仕事は1人ではできない 謙虚な姿勢で依頼を	146
断り方	時には断ることで仕事のクオリティアップに	148
困った時の一言	とっさの一言でピンチの場面を切り抜ける	150
上司とのつき合い方	仕事を左右する、上司とのコミュニケーション	152
同期・後輩とのつき合い方	頼れる同期とお互いの成長を目指して	154
社内の酒席のマナー	社内の飲み会は今後の関係をつくる機会	156
接待の基本	接待は仕事の一部 心からのおもてなしを	158
個人宅への訪問	相手の生活に配慮して、印象よく振る舞って	160
雑談の仕方	場を和ませる雑談は、商談に欠かせないツール	162
[コラム]	聞き取りやすい声をつくるトレーニング	164

chapter 6 冠婚葬祭

結婚式のマナー❶	返信用はがきは祝福を伝えるツール	166
結婚式のマナー❷	主役は新郎新婦 華やかで控えめな服装を	168
結婚式のマナー❸	気持ちを表すご祝儀 水引にも意味がある	170
結婚式のマナー❹	温かい雰囲気をつくり、大人としての振る舞いを	172
結婚式のマナー❺	受付・スピーチ・余興は快く引き受けて	174
弔事のマナー❶	突然の訃報はあわてず日程の確認を	176

ビジネスマナー

弔事のマナー❷ 喪服の準備は早めに 遺族に失礼のない服装を …………… 178

弔事のマナー❸ 故人の宗教・宗派に合わせた香典を用意して …………… 180

弔事のマナー❹ 故人を偲ぶ、通夜・葬儀での振る舞い …………… 182

テーブルマナー❶ 世界共通のマナー 基本を押さえて美しく食べる …………… 184

テーブルマナー❷ 料理をおいしくいただくマナーを実践 …………… 186

テーブルマナー❸ 正しい箸づかいは社会人としてのたしなみ …………… 188

テーブルマナー❹ 焼き魚を正しく食べられれば、和食マナーの達人 …………… 190

お見舞いのマナー 家族の了解を得て、病状に合わせたお見舞いを …………… 192

贈り物のマナー 日頃の感謝の気持ちを贈り物に込めて …………… 194

[コラム] プライベートの報告の仕方 …………… 196

[コラム] ビジネス会話で困らない用語集 …………… 198

PART 2 整理術

chapter 1 整理の基本

整理の基本❶ 「整理」がなぜ必要なのか、考えてみよう ……………………… 204

整理の基本❷ 戻す・分ける・捨てる 3ステップで整理上手に ……………… 206

整理の基本❸ 「分ける」コツはルールを明確にすること ……………………… 208

整理の基本❹ 「捨てる」コツは機械的なルールを設けること ………………… 210

整理の基本❺ 「整理は仕事の一部」と考えると、長続きする ………………… 214

[コラム] あなたの整理の必要度チェック …………………………………… 218

chapter 2 空間の整理

空間の整理❶ ものの整理の基本 2原則を頭に入れて ……………………… 220

空間の整理❷ ルールを共有してオフィスをきれいに ………………………… 222

空間の整理❸ デスクの上はゾーン分けでスッキリ …………………………… 224

空間の整理❹ デスクの引き出しは特徴を考えて使い分ける ………………… 226

空間の整理❺ ひと工夫でデスク周りも有効な整理スペースに ……………… 230

空間の整理❻ デスクがものであふれたら実行するリセット法 ……………… 232

空間の整理❼ ファイリングの重要性を考えてみよう ………………………… 234

空間の整理❽ 便利なファイリンググッズを活用しよう ……………………… 236

空間の整理❾ ファイリングの流れ（1）捨てる ……………………………… 238

空間の整理❿ ファイリングの流れ（2）分類する …………………………… 240

空間の整理⓫ ファイリングの流れ（3）色で管理する ……………………… 242

空間の整理⑫	ファイリングの流れ（4）場所で管理する	244
空間の整理⑬	ファイリングの流れ（5）検索性を高めて保管する	246
空間の整理⑭	ファイリングの流れ（6）進行中の書類の検索性アップ	248
空間の整理⑮	書類を「捨てる」とともに、「増やさない」工夫も必要	250
空間の整理⑯	FAX書類の管理も定型処理でスマートに	252
空間の整理⑰	名刺の有効活用でビジネスチャンスも拡大	254
空間の整理⑱	名刺の整理はシンプルが一番	256
空間の整理⑲	名刺の破棄にもルールを設けておこう	260
空間の整理⑳	領収書の整理はできるビジネスパーソンの証	262
空間の整理㉑	ビジネスバッグは携帯オフィスと考えて	264
空間の整理㉒	スマートな財布で好感度アップ	268
［コラム］	本や雑誌はスキャンで省スペース化	270

chapter 3　情報の整理

情報の整理❶	デスクトップの整理は机の上の整理と同じ	272
情報の整理❷	デジタルデータはフォルダ分けがポイント	274
情報の整理❸	タイトルのつけ方で、デジタルデータの検索性をアップ	276
情報の整理❹	デジタルデータのバックアップは常識	278
情報の整理❺	受信メールもファイリングが必要	282
情報の整理❻	画像データの整理はプロパティを利用しよう	284
情報の整理❼	ノートを活用してビジネススキルをアップ	286
情報の整理❽	目的に合わせ、読み返しやすいノートをつくろう	288

情報の整理❾	ノートの種類を知って、自分に合うものを見つけよう	292
情報の整理❿	原則を押さえてノートの威力を高める	294
情報の整理⓫	日付と内容でノートの索引をつくる	298
情報の整理⓬	簡単な工作でノートをブラッシュアップ	300
情報の整理⓭	こまめなメモでうっかりミスをなくす	302
情報の整理⓮	タイミングを逃さずメモすることが大切	304
情報の整理⓯	メモの基本は"いつでもすぐ" そのために道具も用意を	306
情報の整理⓰	会議のメモでメモ力を鍛えよう	310
情報の整理⓱	箇条書き以外にもメモの取り方はいろいろ	314
情報の整理⓲	メモを習慣化するコツは、前向きな書き方にすること	316
情報の整理⓳	伝言メモの基本は「正確」かつ「わかりやすく」	318
情報の整理⓴	特徴を知って使いこなしたい、デジタルツールでのメモ	320
情報の整理㉑	定期的にメモを整理して、見返し率を上げる	322
情報の整理㉒	手帳の果たす役割を知り、有効活用する	324
情報の整理㉓	手帳の種類（1）サイズ	326
情報の整理㉔	手帳の種類（2）綴じ手帳 vs システム手帳	328
情報の整理㉕	手帳の種類（3）スケジュール欄の形式	330
情報の整理㉖	手帳のタイプ別 使い方のコツ	332
情報の整理㉗	システム手帳のリフィルは目的別に使い分けて	336
情報の整理㉘	手帳と一緒に持ち歩きたい、便利なグッズ	338
情報の整理㉙	工夫次第で粘着メモの使い方はどんどん広がる	340
情報の整理㉚	手帳付属のアドレス帳は、新しい使い方を考えてみて	342

整理術

[コラム] 自分に合った手帳のタイプを知ろう …………………………… 344

chapter 4　時間の整理

時間の整理❶　手帳へのスケジュール記入にはコツがある …………… 346
時間の整理❷　中期・長期スケジュールで大きなリズムをつかむ …… 348
時間の整理❸　月間・週間スケジュールで仕事を具体的にイメージ … 350
時間の整理❹　プライベートも充実させる手帳の使い方 ……………… 352
時間の整理❺　「○○までに」がスケジューリングの基本 …………… 354
時間の整理❻　精神的な余裕をつくるスケジューリングのコツ ……… 356
時間の整理❼　スケジュールはチェック＆見直しが大切 ……………… 360
時間の整理❽　仕事を効率よく進めるアポイントの取り方 …………… 362
時間の整理❾　すき間時間をうまく活用する …………………………… 364
時間の整理❿　To Do リストで仕事をミスなく進める ………………… 366
時間の整理⓫　優先順位の決め方・実行のコツ ………………………… 368
時間の整理⓬　クリアホルダーを利用した時間管理法 ………………… 370
時間の整理⓭　デジタルツールの特徴と注意点 ………………………… 372
[コラム] 即断即決でスピードアップ …………………………………… 374

chapter 5　思考の整理

思考の整理❶　問題解決の基本手順は、整理→分析→具体策の検討 … 376
思考の整理❷　アイデアをたくさん出す方法を知っておこう ………… 378
思考の整理❸　出したアイデアをまとめる方法も知っておこう ……… 382

- 思考の整理❹ イラストを描くことで全体像をとらえやすくする …………………… 386
- 思考の整理❺ 図にすることで思考の矛盾点を見つける …………………… 388
- 思考の整理❻ PDCAで経験を着実に身につけて活かす …………………… 392
- 思考の整理❼ 読書から得たことを自分の仕事に置き換える …………………… 394
- 思考の整理❽ 日記を書くことで論理的思考を養う …………………… 396
- 思考の整理❾ 段階的に充実させることが、日記を長続きさせるコツ …………………… 398

PART 1

ビジネス
マナー

あいさつの仕方や身だしなみ、敬語、電話対応、

メールの書き方、名刺交換など、

ビジネスの場で必要とされるマナーを身につけ、

仕事を円滑に進めましょう。

chapter 1
社会人としての
心構え

働くとは何か？

1日も早く会社に貢献できる人材になろう

>> 会社とは何か、働くとは何か、自分でその答えをしっかりと述べられるようにすることが社会人としての第一歩
>> 社員がそれぞれの役割を果たし、会社を動かしていると考えよう。目的意識を共有できると、毎日の業務に責任とやりがいを感じられる

　会社に入ったら、まずは社会人としての自覚を持つこと。学生気分で過ごされては、会社はあなたを雇う意味がありません。組織の一員として会社の目標を把握し、自分が担当する業務には責任を持ちましょう。会社のルールや上司の指示に従い、周囲の人達と協力しながら行動することが大切です。

　新しい環境に、初めてのことばかりで最初は辛く感じることもあるかもしれませんが、働くことで得られるものは、給与だけではありません。新しい環境ということは、<mark>人間関係を広げ、自分を成長させてくれる機会を手にするということ</mark>。多くの面で、生きる喜びにつながるでしょう。

社会人とは責任と役割意識を背負うもの

組織の一員として目標達成を目指す

会社という利益を追求する組織は、自分の幸せのためだけに行動する場ではありません。会社の掲げる経営理念、それに伴う事業の目標達成のために、社員全員がそれぞれの責任を果たして成果を上げる必要があります。最小の単位は個人ですが、その上にチームがあり、課、部と続きます。つまり個人が使命を持って目標達成のために頑張ることが、会社のエネルギーとなるのです。

目標達成の構造

ビジネスパーソンとしての1日

社会人としての心構え

学生時代とは違い、社会人にはやるべき業務があります。社内のルールに従い、新人らしく素直な心で聞く姿勢を持ちましょう。

身だしなみを整え、始業時間の15分前には会社に到着するように家を出る。あいさつは明るく元気よく

公私の区別をはっきりし、就業時間中は給与が発生していることを意識し、高い集中力を持って業務に取り組む

休憩時間はリフレッシュし、午後からの業務に備える。外食する際のおしゃべりでは、機密情報を漏らさない配慮が必要

今日も頑張るぞ！

退社
1日を振り返り、明日の準備と掃除をしてから退社する。帰る前には上司の許可をとり、「お先に失礼します」の一言を

✅ check
社会人の1日は、学生時代とは大きく異なります。自分の思い通りに過ごすのではなく、出社すれば組織のルールに従って時間を使うことが基本になります。自分勝手な行動が周囲に大きな迷惑をかけることもあるため、社会人としての自覚を持って行動を。

働くことで得られるもの

報酬だけが目的ではない

社会人として働くことで得られるものは？という問いに、あなたならどう答えますか。もちろん「給与」はパッと思いつくものでしょう。しかし、実際に得られるものはそれだけではありません。職場での人間関係がもたらす心の触れ合いや、仕事を任されることで成長する自分もその1つでしょう。長く、広い視野で考えると、働くことの豊かさに気づくはずです。

経済的な安定　社会と関わる喜び　周囲からの評価　自己実現

17

新人が意識したいこと

やりがいを感じられるか
どうかは自分次第

> » 言われたことをやるだけでは成長しない。目的意識を持って日々仕事に取り組めば、自然とスキルも評価もアップする
> » やりがいを感じるには、自分の仕事との向き合い方を改めてみる。主体的に動くことで達成感や仕事への愛情が生まれる

　仕事は、学校生活のように自由で楽しいことばかりではありません。1日の大半を拘束され、上司に注意され、やらなければいけないことに追われる……。確かに、そう感じてしまったら働くことは辛いだけになるでしょう。しかし「こんなはずじゃなかった」と思っていても、仕事に慣れ、自分にできることが増えてくれば面白さや楽しさがわかってきます。==心をオープンにして、仕事や同僚のいいところを見つめ、主体的に関わることを心がけましょう==。そうするうちにスキルが磨かれ、チャンスをもらえることもあるはずです。消極的な姿勢は一番の敵と覚えておきましょう。

ビジネスパーソンに求められること

会社に貢献するためにも、自分の実力を上げていくためにも必要となるのが、ビジネスパーソンとしての基本的な意識です。

信頼関係を築く
顧客との良好な関係も、社内でのチームワークも、信頼から成り立ちます。ルールを守り、周囲に好感を与える振る舞いを。

時間や納期を守る
アポイントの時間や仕事の納期などの約束は厳守が基本。守れないと迷惑をかけるばかりか、管理能力不足と評価されます。

コスト意識を持つ
経費節約は、利益率を上げることにつながります。生産性の高い仕事を常に心がけて。

改善点を探す
慣例にとらわれず、よりよい仕事ができる方法を模索し、改善する姿勢を大切に。

やりがいを持つコツ

「思っていた仕事と違う」「上司が厳しい」など、不満を持つこともあるでしょう。しかし、仕事をポジティブにとらえられるか否かは、自分の意識や向き合い方次第なのです。

仕事を好きになる

仕事の面白さや楽しさは、慣れてきてから感じるものです。はじめのうちは我慢も大切。ただ、会社や先輩、上司のすごいところ、尊敬できる部分を見つけることは、頑張る原動力になります。会社が持つ力とよさを改めて見直すなど、「好き」という気持ちを育み、やる気を高めましょう。

勉強会を主催して意見交換するなど、いろいろな人と関わることもプラスに

積極的・主体的に動く

指示されたことをこなしているだけだと、「やらされている」という感覚が強くなり、やりがいを感じることはできません。それを払拭し、仕事を楽しめるようにするには、目的意識を持って主体的に動くことが大切。自分から進んで引き受ける、提案するなど、仕事に積極的に関わりましょう。

日々成長するためのポイント

❶真似をする

物事を始める時は、最初が肝心。尊敬できる先輩や上司の仕事ぶりをしっかり観察し、真似することで取り入れると、レベルの高い基礎力が身につきます。

❷できないと言わない

絶対にできない仕事を、上司はあなたに任せたりはしません。まずチャレンジして、困ったら相談する。そうして除々にスキルアップをしていきましょう。

❸得意分野を見つける

自分の個性を磨くと、人間関係の形成や評価アップに有利。「ランチのおいしいお店に詳しい」など、仕事以外のことでも得意分野をつくると、愛される社員に。

会社の仕組み

あなたが働く会社の種類と仕組みを知る

>> 会社には4つの種類がある。社会人たるもの会社の仕組みや運営の概要は把握しておくのが基本
>> 組織構造や取締役の人数、従業員数、どんな部署があるのかなど、自分の働く会社を知ることで自分の役割を確認しよう

社会の需要に応じた商品やサービスを提供し、その対価としてお金を受け取るのが「会社」。現在は「株式会社」「合同会社」「合資会社」「合名会社」の4つの形態があり、出資金以上の責任は問われない有限責任社員で構成される場合と、出資金以上の責任が問われる無限責任社員で構成される場合などの違いがあります。一番耳にする「株式会社」は、株主から広く調達した資金で事業を展開します。資金の使い道や事業内容は決算書を通じて株主に公開され、利益の一部を配当として株主に還元する仕組みになっています。どの会社も最大の利益を上げることが共通の目的です。

会社の種類と特徴

株式会社
有限責任社員だけで構成され、株式を発行することで一般の人々（株主と呼ぶ）から資金を募り、大きな資本を集めます。会社の財産を重視する「物的会社」といいます。

合同会社
2006年施行の会社法により新設された会社組織で、有限責任社員だけで構成されます。出資者と経営者が必ず一致する形をとります。

合資会社
無限責任社員と有限責任社員とで構成され、経営は無限責任社員が担うのが一般的。合名会社と同様、人的会社です。

合名会社
無限責任社員だけで構成され、社員全員が会社の代表者。経営が傾けば役員全員が連帯責任を負います。人的信頼を重視する「人的会社」といいます。

4つの会社の比較

種類	株式会社 (株式非公開)	株式会社 (株式公開)	合同会社	合資会社	合名会社
必要な出資者の数	1人以上	1人以上	1人以上	2人以上	1人以上
出資者の呼称	株主	株主	社員	無限責任社員 有限責任社員	社員
出資者の責任	有限責任	有限責任	有限責任	有限・無限責任	無限責任
最低資本金	1円以上	1円以上	1円以上	規定なし	規定なし
会社の代表	代表取締役	代表取締役	社員	無限責任社員	社員
取締役の人数 及び任期	1人以上 任期は2年	3人以上 任期は2年	なし	なし	なし
監査役の人数 及び任期	任意 任期は4年	1人以上 任期は4年	なし	なし	なし
最高意思 決定機関	株主総会	株主総会	社員全員の 同意	社員全員の 同意	社員全員の 同意
定款の認証	必要	必要	不要	不要	不要
公開性	閉鎖的	公開的	閉鎖的	閉鎖的	閉鎖的

※かつては株式会社設立には資本金1000万円以上という決まりがありましたが、2006年施行の会社法によって1円でも設立が可能になりました。また、有限会社は株式会社の弟分のような存在で、小規模企業に向いた企業形態ですが、法改正により新規では設立することができなくなったため、上記の表にはありません

一番身近な株式会社の仕組み

株式会社のメリット

事業を行う際に必要なのは資金。株式会社は「株式」を発行することで、広く資金集めができます。また、上場すれば証券取引所を介してより多くの株式を売ることができるため、大規模な事業が可能。一方、資金をどう使ったか、利益をいくら上げたかを決算書を通じて公表する義務があります。

株式会社の運営

株主総会、取締役会、監査役会という3つの機関が三権分立の構造でそれぞれ役割を果たすことにより、株式会社は運営されています。株主総会で一番重要なことを決め、次に取締役会で経営に関することを決め、最後に取締役が役割を果たしているか、監査役が財政面のチェックを担います。

一般的な株式会社の経営組織図

ピラミッド型の組織

複数の人が働く会社で、社員が同じ目標に向かって励めるようにするには、指示を出す人と従う人の上下関係を設ける必要があります。組織として統制をしっかりとることで、効率的に事業を行うことができるのです。一般に会社の組織はピラミッド型で、上の役職ほど人数が少なく、下の多くの人が会社を支える構造となっています。

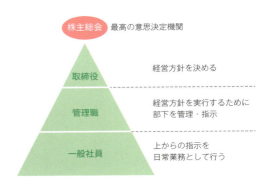

会社内にも多種多様な仕事がある

営業
商品やサービスの提案、販売活動を行う。業種によって業務内容はさまざま

人事
採用活動や社員の部署配置、社員の評価、給与制度の立案、研修などを担当する

生産
製品を実際につくる仕事。安定した品質を保って、納期を守るのが業務

宣伝・広報
自社の商品やサービスの販売を促す広告活動やPR活動を担当する

経理
会社のお金を管理する役割。収支のチェックや決算書の作成などを担当する

研究・開発
新しい機能を持った新商品をつくるため、研究・開発をする専門性の高い仕事

企画・マーケティング
商品やサービスに関する情報を分析し、販促の方向性や宣伝方法を企画・提案する

総務
会社の施設や備品の管理業務を中心に、さまざまな仕事を担当する

✓ check

社会人にとって自社の基本的な情報は頭に入れておくのが基本です。取引先や顧客から聞かれた際に、すぐ答えられないと恥ずかしいばかりか、商談にもマイナスです。
☐ 会社の創立年月日　☐ 会社の資本金　☐ 取締役の氏名と顔　☐ 従業員数
☐ 経営理念　☐ 現在の年商高と過去の年商高　☐ 主な取引先　☐ 支店の所在地

役職の役割と序列

下記は一般的な役職名と役割です。外資系の企業の場合、国や会社によって呼称が異なることもあります。基本的に役職者の呼び方は「高橋部長」のように名前＋役職となります。

国内一般企業の役職

役職名	役割
会長	取締役会の会長を指す。名誉職の場合と実権を持つ場合がある
社長	代表取締役ともいい、会社組織のトップを指す
副社長	社長直下の役職で、社長の不在時には総責任者として代理を務める
専務	社長を補佐する役員職で、会社経営に携わる。代表権の有無は会社による
常務	役員職で、日常業務の総合的な管理を担う。代表権の有無は会社による
部長	特定の部門を総括する管理責任者。取締役に任じられる場合もある
次長	部長を補佐する役職。部長不在時には同等の権限を持つ
課長	特定の課を管理する役職。日常業務の管理責任者で、現場のリーダー的存在
係長	特定の業務に特化した管理責任者

代表的な外資系企業の役職

- CEO（Chief Executive Officer）……………… 最高経営責任者
- COO（Chief Operating Officer）……………… 最高執行責任者
- CFO（Chief Financial Officer）………………… 最高財務責任者
- CIO（Chief Information Officer）……………… 最高情報責任者
- CTO（Chief Technology Officer）……………… 最高技術責任者
- Chairman/Chairperson ………………………… 取締役会長
- President / Representative Director ………… 取締役社長
- Executive Vice President ……………………… 副社長
- Senior/Executive Managing Director ………… 専務取締役
- Managing Director ……………………………… 常務取締役
- General Manager ………………………………… 部長・本部長
- Deputy General Manager ……………………… 次長
- Manager / Section Manager …………………… 課長
- Chief Clerk / Section Chief …………………… 係長

社会人としての心構え

給与明細の見方

額面と手取りの違いなど、給与について正しく知る

>> 給与は基本給に手当がついたり、税金や社会保険料、財形貯蓄などが天引きされたりする。明細を正しく見て、理解できるようにしよう

>> 給与を後先考えずに使ってしまうのは危険。自分の将来を見据え、何にお金がかかるかを考え、マネープランを立てよう

　新入社員が初給与をもらった際、給与明細の「総支給額」と「実際にもらえる額」が異なることに戸惑うかもしれません。しかし、手取り（もらえる額）が総支給額より低いという常識は、知っておくべきでしょう。会社によって明細の表記の仕方はさまざまですが、大きく就業項目、支給項目、控除項目に分かれており、それぞれの詳細が記載されています。銀行の残高を確認するだけではなく、自分がどれだけ税金や保険料を払い、どんな手当をもらっているかをきちんと理解しておくことが大切です。給与の使い道は、将来の計画を念頭においたうえで決めるようにしましょう。

社会人のマネープラン

給与の全てを自分の趣味のために使う！ という人もいるかもしれませんが、将来のことを考えると貯蓄も大切です。一般的に結婚式には300～400万円、出産費用に約40万円、マイホーム購入には家のタイプや場所にもよりますが、頭金や引っ越し費用を含めると約500万円＋ローンが必要となります。人生のさまざまなイベントのためにも、趣味ややりたいことのためにも、計画性を持って使うようにしましょう。

給与明細の内容

就業項目
出勤日数、欠勤日数、有給休暇、残業時間など

就業項目	出勤日数	欠勤日数	有給休暇	代休	差引支給額
	21		1		
	遅刻回数	早退回数	時間外労働		265,200
			6		

支給項目
支払われた額の明細

支給項目	❶基本給	職能給	❷役職手当	総支給額
	200,000	100,000	20,000	
	❷時間外手当	❷住宅手当	❷通勤手当	355,400
	15,000	5,000	15,400	

控除項目
給与から差し引かれた額の明細

控除項目	所得税	住民税	労働組合費	一般財形貯蓄	控除計
	4,500	34,000			
	健康保険	介護保険	厚生年金	雇用保険	90,200
	17,400	2,700	29,500	2,100	

❶基本給
年齢や学歴、勤続年数などで決められる。ボーナスの査定や退職金計算時のベースになる。ほかに職務遂行能力に応じた職能給などもある

❷各種手当
役職・資格手当…管理職などの役職につく手当や、資格保持者に支払われる手当
時間外手当…超過勤務に関する手当。超勤時間とともに確認を
住宅・通勤手当…住宅費の一部や通勤代に対する手当

給与から差し引かれるもの

	項目名	内容
税金	所得税	年間の所得に応じて課税される税金。会社員の場合、毎月の給与から天引きされ、年末調整で過払いや不足分が清算される
	住民税	住んでいる市区町村に納める税金。前年の所得に基づいて金額が決まり、会社が代わりに徴収する
社会保険料	厚生年金保険	老齢になった際などに受ける年金。平均給与に基づいて算出した金額を、会社と社員が半分ずつ負担する。ボーナスからも保険料が引かれる
	健康保険	病院にかかった時の治療費の一部を保障する保険。平均給与に基づいて算出した金額を、会社と社員が半分ずつ負担する。ボーナスからも保険料が引かれる
	雇用保険	失業した際に給付を受けるための保険。毎月の給与やボーナスに一定の保険料率をかけて算出した金額を、会社と社員が負担する
貯蓄	財形貯蓄・社内預金	給与から天引きで積み立てる預金制度。財形貯蓄は勤務先から金融機関に預金され、社内預金は社内で管理される

column

自己管理は社会人の義務

　学校と違って、会社は気軽に休めるものではありません。あなたがいないと仕事は滞り、関係者に迷惑をかけてしまうからです。社会人にとって、自己管理は重要な仕事の1つ。体力を過信せず、規則正しい生活や栄養バランスのよい食事、こまめなストレス解消を実践しましょう。ダウンしてしょっちゅう休めば、評価も下がります。健康が一番の資本です。

食事は体をつくるもの

栄養をしっかりとるには、毎日の食事をきちんと意識することが大切です。外食ばかりでは栄養が偏り、塩分過多にもなりがち。積極的に野菜を摂取しましょう。食事に加えて上手にサプリメントをとるのもよいでしょう。

睡眠をおろそかにしない

遅くまで飲み歩いたり、ゲームやテレビを毎晩深夜まで楽しむのはNG。質のよい睡眠がとれない日が続くと、自律神経のバランスが乱れ、免疫力が低下して体調を崩すことも。精神的な不調にもつながるので要注意です。

お酒とは上手につき合う

仕事のつき合いで、お酒を飲む機会が増えることもあるでしょう。しかし大量の飲酒が蓄積されれば、将来的に体を壊してしまいます。週に1～2日は休肝日をつくるようにコントロールしましょう。

意識的にストレス解消を

ほどよいストレスは張り合いになりますが、溜めすぎると知らぬ間に体を蝕んでいき、体と心の不調を引き起こします。ストレスは溜めないこと。趣味を楽しむ、友人と語り合うなど、こまめに発散していくのがポイントです。

運動することも、心身の健康に役立ちます。体を動かすことで、気持ちも明るくなる効果が。ヨガやジョギングなど、自分に合うものを続けてみましょう

chapter 2

基本の
ビジネスマナー

身だしなみの基本 ❶ 男性編

身だしなみは最も基本的なビジネススキル

>> 人はまず、外見や態度で評価される。きちんとした身だしなみは相手への礼儀であり、社会人の基礎の「キ」
>> 身だしなみはあなたのやる気や気づかい、会社の品格を周囲へアピールする情報発信ツールともいえる。誤解をされない装いを心がけよう

学生時代は、適当な服装に伸ばしっぱなしのヒゲ、寝癖のついた髪型でいても問題にはならなかったでしょうが、身だしなみは社会に出たら一番に直したい部分です。スーツをきちんと着こなすことは、仕事の1つ。不潔感を漂わせただらしのない装いでは、信頼感を得られません。仕事上の能力も疑われてしまうでしょう。また、あなたの外見が会社の印象になるという自覚も大切。つまりあなた自身が「会社の顔」でもあるのです。自分が着たいデザインや着心地を優先するのではなく、接する人にとって「爽やかで感じがいい」と思ってもらう身だしなみを目指すのがポイントです。

スーツスタイルで気をつけたいこと

黒のスーツはあり？ なし？
最近は黒のスーツが人気です。店頭でも街中でも男女問わず黒のスーツが目立ちます。しかし、本来黒は冠婚葬祭などフォーマルなシーンに着用するもの。周囲の人より格上に見えてしまうため、注意が必要です。上司に対しても失礼にあたる場合があるので、新人のうちは黒は避けた方が無難でしょう。

❌ **NG**
- □ スーツやシャツにシワがある
- □ 体のサイズに合っていない
- □ シャツの襟ぐりや、袖ぐりが汚れている
- □ スーツに白い靴下、くるぶし丈ソックスを組み合わせている
- □ 靴のつま先が汚れている
- □ 靴のかかと部分がすり減っている

清潔感のあるスーツスタイルの基本

新人のうちは、チャコールグレーと紺のスーツを揃えておくのがおすすめです。スーツはジャストサイズのものを着こなすことで、様になります。

シャツとジャケットのバランス

袖口から見えるシャツは1〜1.5cmくらいが適当。襟も同じくらい見えるバランスがベスト

袖丈と着丈

親指の付け根に袖丈がくる状態が◎。着丈は腕を下し、手の第2関節でジャケットの裾がつかめるくらいの丈に

ズボンの裾の長さ

自分の靴を履いたうえで確かめる。歩いても靴下が見えない長さに

自分に合うスーツを選ぶポイント

チェック項目	意識したい点
サイズ	ジャケットは肩幅や着丈が合っているものを。合わない部分は直してもらう。用途や社内の立場を店員に伝え、見立ててもらうと確実
色と柄	紺やグレーなどの抑えめの色で無地が◎。ストライプなどの柄物もおしゃれだが、新人のうちは控えめなものを選ぼう
ランク	ハイブランドのものは華美な印象を与えかねないので注意。上司の着ているスーツや取引先とのバランスも考慮して、高すぎるものは避けよう。値段は結婚式のご祝儀と同等に、新人は3万、主任クラスは5万、管理職は10万を目安に
枚数	理想は4着だが、最低3着あるとローテーションで着られる

身だしなみの基本 ❶ 女性編

周囲との調和を意識した
ナチュラルスタイルが好印象

> ≫ 決まりきったスーツがない分、自由度が高い女性の身だしなみは周囲と調和した服装かどうかがカギ
> ≫ だらしない服装はもちろん NG だが、女性は清潔感に加え機能性も重視しよう。露出度の高い服や歩きづらい靴は避ける

　男性と違って制服のようなスーツがない女性は、身だしなみが印象の大部分を決めます。例えば、職場で1人だけ浮いた服装をしていては悪目立ちしてしまいますし、周囲に不快感を与えることもあるでしょう。心がけたいのは、自分のためではなく相手のために装うこと。一緒に働く人や初対面の外部の人にも好感を持ってもらえるような、清潔感があり、上品で控えめなファッションを意識しましょう。また、動き回っても胸元やスカートの裾を気にしなくてもいい、機能性の高いデザインの服装を選ぶのもポイントです。

ビジネスウエアで気をつけたいこと

お手本は社内の先輩

職場での服装は、社風によっても大きく変わるもの。必ずスーツという職場もあれば、ジーンズ OK という場合も。身だしなみの基本は守りつつも、先輩の服装をチェックし、それに習う形で決めましょう。服装の色味やアクセサリー、ブーツやミュールなどについても傾向を探って。気をつけたいのは、先輩や上司よりカジュアルにならないことです。

❌ NG
- ☐ 露出度の高いデザイン
- ☐ 香水の香りがきつすぎる
- ☐ 仕事の邪魔になるような、大ぶりで派手なネックレスやブレスレットなどをつけている
- ☐ ジーンズ
- ☐ 靴がサンダルやミュールなどのラフなもの

控えめで品のある服装の基本

スーツフォーマル
ベーシックなデザインのスーツに、白や淡いブルーのシャツなどでシンプルにまとめます。フリルやリボン付きのシャツにすると、女性らしい印象に。

オフィスカジュアル
品のよさを基準に選び、体のサイズに合わない、だらしないものは避けましょう。色味は落ち着いたトーンでまとめ、アクセサリーも控えめなものを。

好印象を与えるアイテム選び

アイテム	ポイント
スーツ	色はチャコールグレーや紺、ベージュなど無難なものが◎。素材は季節に合わせて選ぶ。シワや汚れがないか確認を
インナー	襟ぐりが大きく開いていないもの、かがんだ時に背中が出ないような身丈が長いものを。白や淡い色味がおすすめ
スカート	一番気をつけたいのは裾の長さで、座った時にひざが半分隠れる程度がベスト。パンツの場合、しゃがんだ時にお尻が見えるような股上の浅いものはNG。裾は7分丈以上に
靴	ペタンコ靴はカジュアルな印象になるため、スーツの場合には不向き。3〜5cmの高さのヒール靴を選ぼう

身だしなみの基本❷

清潔感と個性を演出する
ワイシャツ着こなし術

> ≫ ワイシャツは、スーツ姿を"キメる"アイテム。だらしない印象を与えないように最低6枚は用意し、清潔さを保つように
> ≫ 見た目に大きな差が出ないスーツ姿は、ディティールにこだわったワイシャツを選ぶことで、個性を発揮できる

ワイシャツは本来、スーツを汚れから守るために生まれた下着。ジャケットを脱いでワイシャツ一枚になることは、実は下着一枚と同じ感覚なのです。そのためジャケット、スラックス以外に、ワイシャツの上から着るベストを含むスリーピース・スーツが正統派とされます。

ワイシャツにおいて一番心がけたい点は、清潔感です。ヨレヨレで黄ばんでいては、周りの人から嫌な目で見られてしまいます。毎日パリッとしたきれいなワイシャツに袖を通せるよう、こまめに洗ってアイロンをかけるか、クリーニングに出すことを習慣化しましょう。

ワイシャツの下のプラスαが快適に過ごす秘訣

肌着で清潔感を保つ

日本は高温多湿の気候。そのためワイシャツの下に肌着を着る人も多いでしょう。肌着のラインが透けて見えるのがかっこ悪いと感じる人もいると思いますが、肌着はワイシャツの汗ジミを防いで、清潔感を保ったり、汗を吸収することで体臭予防効果もあります。肌着はシャツのボタンを開けても見えないような、襟ぐりが深く開いたものを選ぶとよいでしょう。

❌ NG
柄物や色のついたTシャツ、ランニングは透けるので絶対に避けましょう。

➤ step up
冬は保温性のある肌着、夏は通気性がよく速乾性の高い肌着などをチョイスすると快適に過ごせます。

ワイシャツのカラーの種類

ワイシャツのカラー（襟）にはいろいろな種類があります。レギュラータイプのほかにもいくつか別のタイプを揃えて、スーツスタイルに変化を。

レギュラーカラー
基本的な襟型。失敗することがないタイプなので、数枚持っていると便利

ワイドスプレッドカラー
ウインザーカラーとも呼ばれる、開きの広い型。首周りがスッキリ見える利点も

ボタンダウンカラー
襟先がボタンで留められた型で、ネクタイを外しても様になる。カジュアルな印象

クレリックカラー
襟とカフス部分のみが白無地のタイプ。スタイリッシュでおしゃれな印象に

ワイシャツのアイロンのかけ方

ポイントは「全体を霧吹きで湿らせる」「細かいところからかける」「力を入れすぎず、滑らせるようにジグザグに動かす」「左手をうまく使って、生地を引っ張りながらかける」です。

❶襟先から中心へ、左手で布の縫い目を引っ張りながらアイロンをあてる。表裏かける

❷襟を立て、肩部分をかける。肩部分以外をアイロン台の外に逃がすようにすると◎

❸カフス部分を表裏かける。襟と同じ要領で生地を引っ張りながら、端から中央へ

❹袖下の縫い目で折り、シワを伸ばしてから、袖口から肩に向かってかける

❺胴体部分（身ごろ）をかける。ポケットは下から上へ、アイロンの先端を使ってかける

❻背中部分もかける。縫い目を引っ張りながらあてるのがポイント

身だしなみの基本 ❸

スーツ姿の雰囲気を決定づけるネクタイの選び方

> ≫ 柄・幅・素材など、さまざまなタイプが揃うネクタイ。上手に選ぶには、スーツとワイシャツを含めた総合的な視点が大切
>
> ≫ まずは無地のシルク地を、スーツとシャツの同系色で選べば間違いなし。柄物は、控えめなタイプを選んで上品に

　スーツスタイルの雰囲気を印象づけるのがネクタイ。どれを買ったらいいのか迷ってしまいがちですが、購入時に普段のスーツを着ていくと、合うものが選びやすくなります。また、ネクタイ単体ではなく、シャツやスーツを買う時に一緒に選べば失敗しません。ストライプ柄は多く売られていますが、海外出張には避けた方が無難。学校や軍の所属を表す意味もあるので、似た柄をつけていると誤解を受けることも。チェック柄はカジュアルになりすぎるため、新人のうちは無地やドット柄がおすすめです。ネクタイにも流行があるので、スーツ姿が板についてきたらいろいろと試すといいでしょう。

ネクタイの選び方

素材はシルクがおすすめ。1年中、どんな場面でも使える

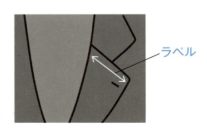

ネクタイの大剣の幅は、ジャケットのラペルの幅に揃えるようにすると◎。長さは結んだ時に大剣の先がベルトのバックルに少しかかる程度に

ネクタイの柄

どんなパターンにも合わせやすいのが無地。色違いで何本かあるといいでしょう。そのほか代表的な柄、4タイプを紹介します。揃えておくとコーディネイトの幅が広がります。

ドット
小さめのドットは上品な雰囲気があり、フォーマル向き。普段使いももちろんOK

ストライプ（レジメンタル）
英国軍の連帯旗から生まれた柄。向かって右上がりが欧州式、左上がりが米式

小紋
小さな模様や紋章が配置された柄。紋が小さいと真面目な印象に

チェック
カジュアルな印象になるため、仕事用には向かないが、おしゃれを楽しむには◎

ネクタイの結び方

ベーシックに使える「プレーンノット」

  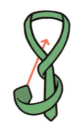 

❶小剣のつなぎ目あたりで大剣を上から交差させる
❷小剣の裏側を通し、大剣をぐるりと巻きつける
❸大剣を首もとの輪に下から通す
❹大剣を巻きつけてできた輪に通し、結び目を整える

上品な印象の「セミウィンザーノット」

❶小剣のつなぎ目あたりで大剣を上から交差させる
❷大剣を首もとの輪に通す。丁寧にやるのが大切
❸大剣をきつく巻きつけたら、再度首もとの輪に通す
❹できた輪の内側に大剣を通し、結び目を整る

身だしなみの基本 ❹

Vゾーンのアピール力で、できるビジネスマンを演出

>> スーツ、ワイシャツ、ネクタイをいかにコーディネイトするかが、身だしなみの総仕上げ。基本パターンから上級パターンまでマスターしよう

>> シーンに合わせて色使いを変え、あなたの印象を自在にコントロールすれば、仕事を有利に進められる

いくら高級なネクタイをしても、ワイシャツとのコーディネイトが失敗していると、ちぐはぐな印象を与えるだけで上品さは伝わりません。それだけにVゾーンのコーディネイトは重要な部分。<u>センスだけでなく、自分の印象や人柄までも伝わるといえる</u>でしょう。色の持つ作用や合わせ方を工夫して、プレゼン用や会議用など、場面ごとにふさわしいコーディネイトを心がけましょう。「白無地のワイシャツ＋ネクタイ」という基本的なコーディネイトを着こなせるようになったら、色無地のワイシャツや、柄を取り入れるなどして、自己プロデュース力を磨いていくとよいでしょう。

色の持つ心理的作用

色	効果	色	効果
赤	神経を興奮させ、元気や闘争心を出させる色。やる気を出したい時におすすめ	グレー	控えめな印象を与える中間色。ほかの色を引き立てるのに適している
橙	明るく楽しい気分にさせる色。食欲を増進させる効果も。親しみやすいイメージも	黒	スタイリッシュで威厳のある、男性的な色。高級感や神秘性も表す
黄	明るい気持ちにさせたり、集中力を高める色。自信をつけたい時に身につけると◎	白	清潔感やピュアさを表す色。気持ちを新しくさせてくれる効果もある
緑	リラックスさせてくれる色。協調性を表すため、協力を仰ぎたい時に使いたい	銀	洗練された都会的な印象を与える色。上品さやクールなイメージも
青	冷静にさせる効果あり。知性や落ち着きをアピールしたい時によい	ピンク	緊張を和らげ、優しい気持ちにさせる色。若々しさも感じさせる
紫	想像力や感性を高める色。高貴な色でもあるため、品格を示したい時に	茶	安定感や堅実さを感じさせる色。信頼感を得たい時におすすめ

Vゾーンコーディネイトの基本

簡単！ 失敗しない色合わせ

一番簡単なのは、シャツとネクタイを同系色にすること。淡い青のシャツに紺のネクタイなど、色を揃えると顔周りがスッキリ見える効果も。上級者は淡い青のシャツに黄色のネクタイなど、反対色を合わせるワンランク上のコーディネイトを。

> ✅ **check**
> ☐ 色の濃さはスーツ＞ネクタイ＞シャツの順にする
> ☐ シャツとネクタイは3色以内にする
> ☐ 初心者は柄物アイテムを1つにし、そのほかは無地にする

基本のビジネスマナー

Vゾーンのコーディネイト実践例

- スーツ　ストライプの紺
- シャツ　無地の白
- ネクタイ　青系

全てのアイテムを青系でまとめ、スッキリと爽やかな印象に。上品な雰囲気も

- スーツ　無地のグレー
- シャツ　無地の白
- ネクタイ　赤系

赤のネクタイが効いた、華やかな組み合わせ。自分の存在感や考えをアピールする場に◎

- スーツ　チャコールグレー
- シャツ　無地の白
- ネクタイ　ストライプのブラウン系

茶色のネクタイが落ち着いた印象を与える。大人っぽさや知性を感じさせる

- スーツ　無地の紺
- シャツ　無地の水色
- ネクタイ　チェックのピンク

青系にピンクを合わせて、涼しげでソフトな印象に。女性からの好感度も高い合わせ方

- スーツ　無地のグレー
- シャツ　ステッチ入りの白
- ネクタイ　ストライプの緑系

ステッチ入りでボタンダウンのシャツは可愛らしい印象。カジュアルOKの日に

- スーツ　チャコールグレー
- シャツ　ギンガムチェックの黒
- ネクタイ　ドットの黒

黒でできる男を、チェックとドットで親しみやすさを表す、おしゃれな合わせ方

身だしなみの基本 ❺

ツメの甘さが出る小物類にも気を配って完璧に

>> 靴やカバンなどの小物によって、身だしなみの完成度は大きく変わる。スーツスタイルに合ったものを揃えて、細部まで整えよう
>> 毎日使うものだからこそ、見た目だけでなく機能性も大切。歩きやすい靴、書類を収納しやすいカバンなど、ストレスの少ないものを選ぼう

　周囲の人は、あなたのあらゆる面をチェックしています。顔、話し方、服装、足元、取り出した名刺入れ、手帳…。いくら素晴らしい営業トークができても、社会人にふさわしくない小物を持っていたら、信頼度はがくんと下がってしまうでしょう。靴やカバン、時計などは個性を出しやすい部分ではありますが、カジュアルすぎると相手に不快感を与えたり、あなたの評価を下げることにつながりかねません。仕事以外の部分で評価を下げないよう、注意しましょう。女性の靴は男性より自由度が高いですが、ブーツで出勤しても社内でパンプスに履き替えるなど工夫を。

テイストと色味を合わせるのが小物選びの肝

色を合わせて統一感を出す
靴やカバン、ベルトといった小物類は、できるだけ同じ色で合わせると全体に統一感が出て、洗練された印象になります。また、ベルトのバックルや時計、靴の金具などの金属の色はシルバーで揃えるなど、細かい部分にも注意を。時計が革ベルトの場合は、靴やカバンの革の色と合わせます。

✅ check
小物同様、気をつけたいのが靴下。チラリとのぞく靴下は、意外に目につくもの。男性はズボンか靴の同系色を選ぶようにし、白は避けます。女性は肌の色に近いストッキングを基本とし、服装に合わせて黒もOK。柄入りは避けた方がよいでしょう。伝線した時に備え、予備の用意も忘れずに。

靴選びのポイント

ビジネスでは革のひも靴が基本。ローファーやスエード素材のものは避けましょう。色はフォーマル感のある黒なら間違いありません。女性はパンプスが基本。歩きやすさも重要です。

ストレートチップ
先端部分に直線が入った、最もフォーマルなタイプ。1足は持つようにしましょう

モンクストラップ
ひもではなくベルトがついたタイプ。スタイリッシュなデザインが多く、人気です

パンプス
つま先が見えず、適度なヒールがあるものが◎。職場の自由度を確認して選びましょう

カバン選びのポイント

カバンは床に置いた時に自立し、書類が入る大きさであることが必須。素材や色は着こなしに合うものを。

> 🔶 **step up**
> 新人はナイロン製などの機能性の高いタイプ、ベテランは革製にするなど、キャリア年数に合わせて選ぶのもいいでしょう。リュックでもOKな職場もありますが、基本的にスーツ姿には合いません。小物はスーツに合わせることを意識しましょう。

小物選びのポイント

名刺入れ
黒や茶の革製が◎。シンプルなものを選ぶようにしましょう

時計
スポーツタイプや華美なものは避けましょう。新人のうちは高級時計もNGです

財布
ボロボロだったり、派手なものは不向きです。シンプルなものを選びましょう

> ❌ **NG**
> 携帯電話を時計代わりにするのはやめましょう。メールをチェックしているように見え、失礼な人と思われる場合があります。

基本のビジネスマナー

身だしなみの基本 ❻

身だしなみを完成させる スーツ&小物のケア

>> 清潔できれいなスーツや小物が、身だしなみを仕上げる。丁寧に扱って長持ちさせ、自分の体にぴったりと合う仕事着にしよう
>> ケアの極意は"こまめに"。溜まった汚れを一気に落とすのではなく、小さな汚れを常に取り除くようにするのがポイント

日々身につけるスーツや靴は、酷使しがちです。新品のパリッとした形やきれいさは、日に日に消えていってしまいます。毎日気持ちよく仕事をするためにも、身につけるものを美しく保つのは社会人の基本。気をつけたいのは、使いすぎないことです。スーツも靴も、休ませる時間をとるようにしましょう。そして日常的なケアを怠らないこと。慣れるまでは大変ですが「着替えたらケアする」ことを習慣づければ、面倒に感じずに行えるようになります。ケアを大事にすることで、スーツや小物に消えない汚れがついてしまったり、激しく傷んでしまったりすることを防げます。

こまめなケアで美しさをキープしよう

1日着たら1日休ませる習慣を

スーツは1日着たら、靴も1日履いたらその翌日は休ませるようにしましょう。いくらお気に入りでも毎日身につけると、傷みが激しくなり、すぐにボロボロになってしまいます。長持ちさせるにはこまめなケアが大切。日々のケアを習慣化し、常にきれいな状態を保てるようにしましょう。

スーツのケア方法

スーツを長持ちさせるには、ブラッシングが有効。汚れが気にならないなら、クリーニングは1シーズンごとに一度出せばOKです。風通しのよい場所にかけておくようにしましょう。

簡単！長持ちさせる秘訣

豚や馬などの毛を使った天然素材の専用ブラシを用意し、ブラッシングを。目に見える汚れが取れるだけでなく、生地の目に詰まったホコリや皮脂を取り除くことができ、カビや虫食い予防になります。

① スーツをハンガーにかけ、ポケットを空にする
② ブラッシングをする。においが気になる時は消臭スプレーをかけ、風通しのよいところにかける
③ シワが気になる時は、アイロンのスチームショットを活用する

ブラッシングはまず下→上にかけ、最後に上→下に

シミの取り方

① シミのついた生地の裏側に、水分を吸収しやすい布を置く
② ぬるま湯を染み込ませた布を用意し、シミを生地の裏側に置いた布に移すように優しく叩く
③ なかなか落ちない場合や、しつこい油ジミなどは熱湯をかけて叩く

> **step up**
>
> ズボンは当て布をしてアイロンをかけ、シワのない状態にするのが一番ですが、出張先や時間のない時は裾をズボン用のハンガーで挟み、逆さに吊っておくのが効果的です。

靴とカバンのケア方法

靴のケア方法

月に一度は磨くようにすると、長く履き続けられます。クリーナーやクリームは多量に使うとシミになる場合もあるので、目立たない部分から使うようにしましょう。

① 靴用ブラシを使い、全体の汚れを落とす
② 3回のケアに1回程度は専用のクリーナーを使い、汚れをしっかり落とすようにする
③ 靴クリームを布にとり、靴全体に塗る。優しく塗布するのがポイント
④ 靴クリームが十分に乾いたら、ブラシをかけ、最後に布を使って磨き上げる

カバンのケア方法

革製のカバンは水分が苦手。使用前に防水スプレーをするなど、事前のケアも大切です。長期保管する時は、通気性のよい場所がおすすめです。

① 柔らかい布で拭いて、汚れやホコリを取り除く
② 落ちにくい汚れには専用のクリーナーを使って落とす。風通しのよい場所に置き、水分を完全に乾かしたら、専用のクリームを塗って仕上げる

基本のビジネスマナー

41

身だしなみの基本 ❼

美しさは細部に宿る！
ボディケアはこまめに細かく

≫ 清潔さを保つことは、社会人である前に人としてのマナー。「誰かに不快感を与えるかもしれない」という気づかいは常に持っていよう

≫ 爽やかさを身につけるには、日頃からボディケアを怠らないことが大切。自分を丁寧にケアすることは、周囲から好感を持たれる近道

商談をする相手の口臭や鼻毛が気になったり、お茶を出してくれた指先のネイルがハゲていたり……、そんな仕事内容とは関係のない細かいところから、その人や会社の印象は評価されてしまうもの。不潔さやだらしなさは、仕事の細部にまで気をつかえないといういい加減さや、ビジネスパーソンとしての意識の低さを印象づけてしまうのです。そつのないプレゼンをしても、高いスーツを着こなしていても、鼻毛が1本出ていたことでライバル社に負けてしまうこともあるかもしれません。特に、喫煙習慣のある人は口臭対策を徹底するなど、常に万全のケアをしましょう。

ボディケアセルフチェック

✓ check

男性
- □ 前髪が目にかかるなど長すぎないか
- □ フケが出ていないか
- □ 鼻毛が出ていないか
- □ ヒゲの剃り残しはないか
- □ 顔が脂ぎっていないか
- □ 口臭はないか
- □ 爪が伸びたり、汚れていないか

女性
- □ ヘアスタイルや髪の色が派手すぎではないか
- □ フケが出ていないか
- □ 肌や唇が荒れていないか
- □ メイクが濃すぎないか
- □ 口臭はないか
- □ ネイルが派手すぎないか

周囲に距離をとられる前に…においを断つ！

自分では気づきにくいにおい。体を清潔に保ち、汗をかいた時や、においの強いものを食べた後などは、きちんとケアをするように意識しましょう。

口臭ケア
食後の歯磨きはもちろんですが、歯間ブラシやオーラルケアのできるマウスウォッシュを使うのもおすすめです。虫歯がある人や長い間歯医者に行っていない人は、定期的に通って治療や掃除をしてもらうようにしましょう。

体臭ケア
出勤前に体を拭いたり、シャワーを浴びてから出かけるようにすると、体臭予防に効果的です。また、汗をかきやすい人は吸水性のよい肌着を身につけたり、制汗スプレーやデオドラントシートで体を清潔に保つように心がけましょう。

足・靴のにおいケア
足の指の間をきれいに洗い、清潔に保つことや、靴をこまめにケアすることでにおいのもととなる常在菌を減らすことができます。靴は同じものを毎日履かないようにし、履いた後は新聞紙や専用の乾燥剤を入れて、風通しのよい場所に置いておきましょう。

> ❌ **NG**
> 女性にとっての香水はメイクと同じくらい重要ですが、つけすぎると香りがきつくなり、周囲の人達の迷惑にもなります。香水をつけるなら、少量を内ももやひざの裏側につけましょう。

スキンケアやムダ毛のお手入れもマナーの一環

「この人、清潔感がないかも…」そんな印象を与えてしまうのは、実は全体の印象よりも細部の印象だったりします。男性女性問わず、以下の３点は手入れを怠らないようにしましょう。

スキンケア
きれいな肌は、清潔感を与える大きな要素。額がギトギト、唇カサカサ、そんな状態にならないよう、普段から肌のケアを大切に。

鼻毛ケア
特に男性はこまめにチェックをし、毛抜きや専用のハサミで処理する習慣を。人と会う前は鏡を見て確認することも心がけましょう。

爪ケア
爪の汚れや派手なネイルは絶対にNG。男性は忘れがちな部分ですが、きれいな手先は好印象を与えます。しっかり手入れしましょう。

> 🔶 **step up**
> 周囲に気持ちのよい印象を与えるには、整った身だしなみに加えて、イキイキとした表情が何より重要です。いくら美人でも仏頂面では好かれないように、自然な笑顔や口角の上がった明るい表情は、接する人の心をほぐし、元気にする力があるのです。

基本のビジネスマナー

身だしなみの基本 ❽

ビジネスの場にふさわしい ヘア・メイク

> ≫ ヘアスタイルは手入れをしないと不潔感を与えやすい部分。ボサボサすぎてもダメだが、整髪料ベッタリや個性的なスタイルも×
> ≫ メイクは女性にとってプラスになるビジネスアイテム。ナチュラルな美しさに仕上げて、信頼度もアップ！

　女性にとって、メイクは身だしなみの１つ。身なりをきれいに整えるという点から見ても、素肌の欠点を補うメイクは必要なものです。ただ、気をつけたいのは派手すぎないこと。目指したいのは自然なメイクです。そんなほどよい印象をつくるには、自分を可愛く見せたい！という気持ちより、周囲への配慮を優先することが大切。周りを不快にさせず、不自然に思われない、そんなナチュラルな美しさをイメージしながら、メイクするようにしましょう。これはヘアスタイルも同様。オフィスにいるあなたは、一個人ではなく、会社の人間です。自分を表現することは控えましょう。

ヘアスタイルのポイント

華美すぎず、見苦しくないように

男性の場合、長髪より短髪の方が清潔感があり、快活な印象を与えられます。女性の場合、ケアが行き届いていない長い髪はよい印象を与えません。まとめるか、美しさを保てるようなヘアケアをしっかりしましょう。カラーについては、会社によって基準がさまざまですが、明るすぎる色は男女ともに NG。黒か、濃いブラウン程度がビジネスのうえでは適当です。

❌ **NG**

 男性
- 襟足が長くてシャツの襟が見えない
- 整髪料をつけすぎている

 女性
- 職場で一番明るいカラーリング
- 長い髪を束ねず、ボサボサにしている

ビジネスにふさわしいメイク・ネイル

清潔感のある肌づくり
すっぴんはマナー違反。化粧下地とファンデーションを使って、健康的で透明感のある肌に仕上げましょう。クマなどはコンシーラーで消して、疲れの色を見せない努力を。

メイクで仕事モードをオンに

アイメイク
派手な色は使わず、茶系のアイシャドウではっきりとした目元をつくると◎。充血や疲れ目を防ぐアイケアも大切

口紅
控えめな色味のピンクベージュなどを選ぶと、上品に見える。リップライナーで唇の輪郭をとってから口紅を塗るようにする

アイブロウ（眉）
自然な眉を描くには、パウダータイプのアイブロウがおすすめ。ぼんやりとした眉や下がり眉より、キリッとした眉の方がビジネス向き。元気のよさのアピールにも

チーク
健康的に見せるためにもチークは必須。笑った時に一番高くなる部分を中心に、楕円形で斜めに入れるのがコツ。つけすぎには注意を

メイク直し
余分な皮脂をティッシュオフし、乾燥が気になる部分には乳液かクリームをなじませます。仕上げにファンデーションかパウダーを。

❌ NG
メイクで美しく見せることは大切なマナーですが、つけまつげをしたり、チークやグロスを塗りすぎるのはNG。ナチュラルメイクで清楚な印象に仕上げましょう。

🐾 step up
TPOに合わせてメイクを変えることも効果的です。

デスクワーク	来客に備えて、品のよさを心がける
プレゼン	知性とスマートさを印象づけられるような、スッキリしたヘアやメイクを
接待	女性らしさを意識し、華を添えるメイクや服装が◎

デコレーションネイルは御法度
最近ではネイルを楽しむ人も多いですが、デコレーションされた爪はオフィスにふさわしくありません。つけ爪でキーボードを叩くことは難しいはずです。ビジネスの場では、品のある控えめな色のマニキュアを塗る程度にとどめておきましょう。爪は伸ばしすぎないようにし、ハンドクリームなどでケアするのも忘れずに。

あいさつの基本

相手の心を開かせる
魔法の言葉を積極的に使う

>> あいさつはスムーズに仕事をし、人間関係を豊かにするための潤滑油。誰よりも気持ちのよいあいさつをするという意識で実践を
>> ポジティブで心に届くあいさつは、周囲の人を和ませ、明るくさせる。オフィス全体の雰囲気を変える力もある

　まだ仕事の実績がない新入社員にとって、アピールとなるのはコミュニケーション能力です。あいさつはコミュニケーション能力の基本であり、大きな効果を生むもの。あいさつが暗く、「感じの悪い人」という印象を一度与えてしまうと、それを挽回するには相当な努力が必要です。一方、気持ちのよいあいさつができる人は、それだけで周囲から評価されます。気づけば職場の人達の輪の中心にいることもあるかもしれません。あいさつは相手との信頼関係を築き、自分の誠意や意欲を伝えられるツールととらえ、元気に実践していきましょう。

ベストなあいさつの仕方

自分から声をかける
あいさつができる人は「気持ちのいい人」という印象を持たれます。たとえ返事がなくても、気にせず続けましょう。

笑顔で声のトーンを明るく
いやいやあいさつをすると、マイナスの印象を周りに与えます。まず笑顔をつくって、高めの声で元気よくあいさつを。続けていけば、職場を明るくするムードメーカーに。

step up
- ☐ 必ず相手の目を見ながらする
- ☐ あいさつをする時は、きちんとお辞儀をする
- ☐ あいさつの後に一言添える。「昨日の会議、遅くまでかかりましたね。お疲れではないですか？」など
- ☐ 「〇〇部長、おはようございます」など、相手の名前を呼びかける

よく使うシーン別のあいさつ

社内での主なあいさつは以下の通りです。ただ、会社によっては、決まったあいさつの仕方がある場合も。間違いがないのは先輩のあいさつを観察することです。

出社時と退社時
朝のあいさつは明るく元気に。退社時は、仕事を続ける人に配慮する

外出時
自分が社外に出るということを確実に伝えるのがポイント

帰社時
社内に戻ったということを周囲に伝える。戻り次第すぐにあいさつしましょう

お願いする時
タイミングを見計らって話しかける。「お手数ですが」の一言を忘れずに

頼まれた時
相手の方に体を向けて、きちんと聞いているという姿勢を見せながら言う

入室時
存在に意識を向けてもらうためにも、声がけが必要。退室の際は「失礼しました」

そのほかのあいさつフレーズ

シーン	あいさつ
話し中の相手に話しかける時	「お話し中失礼いたします。少々お時間いただけるでしょうか」
上司に相談したい時	「A社の案件でご相談があるのですが、今お時間いただけるでしょうか」
久しぶりに会う人に	「大変ご無沙汰しております。その後〜（関わった件の話など）」

正しい姿勢の基本

心づかいを表す、
丁寧な立ち居振る舞いを

> ≫ 立ち方や座り方、お辞儀の仕方など、美しい立ち居振る舞いは社会人としての基本的なマナーと心得よう
> ≫ 相手への敬意やおもてなしの心で接すると、周囲の人を気持ちよくさせられる

　正しい立ち方や座り方、美しいお辞儀は他人への配慮を表すもの。加えて、社会人としての常識や仕事への熱意をきちんと持っている人という評価を受けられます。だらしない姿勢や適当なお辞儀、乱暴なドアの開け閉め、貧乏ゆすりや目上の人の前での腕組みなどの動作には、十分に気をつけましょう。

　社内でのあなたの評価を落とすばかりか、あなたの立ち居振る舞いが会社のイメージを落とすことにもなりかねません。正しく立つ、座る、お辞儀するなどの基本的な動作は、社会人としてできて当たり前の部分。その根本には相手への配慮があることを忘れないようにしましょう。

立ち方と座り方の基本

基本の立ち方

男性は手をズボンの縫い目へ、女性は前で重ねる

足幅は開きすぎないようにする。女性はかかと、つま先を揃えて立つ

背筋を伸ばし、肩が前に入らないように

基本の座り方

目線はまっすぐ。ひじはしっかり曲がるように

背筋を伸ばし、背もたれにはもたれかからない。男性はひざを軽くあけ、女性はひざを揃えて座る

太ももと床が平行になるようにし、足の裏を床につける

印象をぐっとよくするお辞儀の仕方

お辞儀は、社内の人には敬意を、来社したお客様にはおもてなしの心と安心感を伝えるもの。基本のお辞儀に加え、最敬礼と会釈の仕方も身につけるようにしましょう。

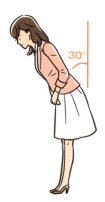  

基本のお辞儀
首と腰をまっすぐに保ち、30°の角度でお辞儀。笑顔で行うのがポイント

最敬礼
最も深い感謝や敬意を表したい時は、45°までお辞儀をし、2秒ほど停止して戻る

会釈
社内の人との日常的なあいさつや、人とすれ違う時には15°の角度でお辞儀を

> **NG**
> ペコペコと何度も頭を下げるお辞儀や、鶏のようにあごを前に突き出すだけのお辞儀、首を曲げすぎて自分の足元を見ているようなお辞儀はしないようにしましょう。

入退室のルール

入室

❶ ドアをノックする
軽く2~3回ノックし、反応があれば「失礼します」とドアを開けて入室

❷ 入室後、ドアを閉める
入室後は一礼して、ドアの方を向いた状態でドアを閉める。この時、できるだけ来客にお尻を向けないよう、斜めの体勢になることを意識するとよい

退室

❶ 一礼した後、退室する
ドアの前で体を室内に向け、一礼する。退室してドアを閉める時も体は室内を向けたままに。話し合い中でなければ「失礼します」の一言を添える

> ❌ **NG**
> ドアを後ろ手で閉めるのはマナー違反なので気をつけて。

基本のビジネスマナー

言葉づかいの基本

人のために使う敬語は、何より自分のためになる

>> 言葉づかいは、その人のスキルや人柄をストレートに表すもの。シーンや立場に合わせた話し方で信頼感を獲得する

>> 敬語があいまいなままでは、商談の際などに相手への言葉づかいを間違えて、自分だけでなく上司にも大恥をかかせるなどのリスクがある

敬語は相手を敬う言葉。上司など、目上の人に対して自分の敬意を表すものです。いわば、仕事をスムーズに進めるためのコミュニケーションツールともいえるでしょう。しかし、敬語が使えるメリットはそれだけではありません。正しい敬語を使えれば、常識があり、礼儀を心得ているという評価を受けられるのです。正しい言葉づかいができるかどうかは、信頼できる人間だと認めてもらうための大事な要素。身だしなみを整えてから出勤するのと同じように、正しい言葉づかいを身につけるようにしましょう。言葉は使うことで慣れます。積極的に使っていきましょう。

敬語の5分類

「尊敬語」「謙譲語」「丁寧語」の3つだった敬語ですが、2007年、文化審議会により右の5つに分けられました。謙譲語が2つに分類され、謙譲語Ⅰは自分がへりくだる相手が明確な場合、謙譲語Ⅱはへりくだる相手が明確ではないけれど、自分の動作を丁重に表現するものとされました。状況ごとに使い分けられるよう、理解しておくとよいでしょう。

尊敬語	相手を高める言い方
謙譲語Ⅰ	自分の行動を述べ、その動作が向かう先の相手を高める言い方
謙譲語Ⅱ（丁重語）	自分の行動を丁重に述べ、聞く側に敬意を表す言い方
丁寧語	聞く側に対して丁寧な言葉を使う言い方
美化語	物事を美化して述べる言い方

敬語をマスターするには

敬語を使わなくては！ と思っても、はじめのうちはうまく言葉を変換させられないもの。焦らず段階を踏んで敬語を使っていくと、自然に身につきます。

まずは若者言葉や、その場にふさわしくない言葉を言うのを控える

会話をする時は姿勢を正す、気持ちのよい返事をする、丁寧にお辞儀をするなど、誠意ある態度を心がける

↓

丁寧語をマスターする

語尾に「です」「ます」をつけるだけで丁寧な表現に。まずは簡単なところから言葉づかいに気をつけよう

↓

尊敬語・謙譲語をマスター

慣れてきたら尊敬語と謙譲語を覚え、使ってゆく。あわてずに話すことも大切

お辞儀だけでも気持ちは伝わるもの。態度で示すことも効果的

社会人にはふさわしくない若者言葉

「超～」「ヤバい」「私的には～」などの幼稚な言葉づかいでは、社会人としての信用を得られません。若者言葉を使うことは恥ずかしいという意識を持って、正すようにしましょう。

「ら」抜き言葉

「ら」を省略してしまう言葉づかいです。気づきにくいので注意が必要です。

✗ 「食べれる」「見れる」
○ 「食べられる」「見られる」

尻上がり言葉

「弊社としてはぁ↑A案の方がぁ↑」など、語尾のトーンを上げて話す言葉づかいです。稚拙な印象を与えるので気をつけましょう。語尾を伸ばすこともNGです。

そのほかの言葉

っていうか・てか	例「っていうか、Bさんの案は」→ 話題や論点を変えたい場合は「そういえば」や「それより」といった言葉づかいを
普通に○○○	例「普通に楽しいですよね」→ 積極的に肯定しているつもりでも、「可もなく不可もなく」という意味に聞こえてしまう。誤解を招くので注意
何気に○○○	例「何気にいいですよね」→「何気なく」が変化したもの。最近では「実に」「すごく」といった意味でも使われているが、社会人の言葉づかいとしてはアウト

覚えておきたい！ よく使う「尊敬語」と「謙譲語」

尊敬語は相手を高め、謙譲語は自分をへりくだることで敬意を表します。取引先に上司と同行した際は、取引先に対しては尊敬語、上司には謙譲語を使うように。

動詞	尊敬語	謙譲語
言う	おっしゃる	申し上げる
行く	いらっしゃる／おいでになる	伺う／参る
来る	いらっしゃる／おいでになる お見えになる／お越しになる	伺う／参る
見る	ご覧になる	拝見する
帰る	お帰りになる	失礼する／おいとまする
会う	お会いになる	お目にかかる／お会いする
居る	いらっしゃる／おいでになる	おります
する・行う	なさる／される	いたす／させていただく
知っている	ご存知	存じ上げる
尋ねる	お尋ねになる／お聞きになる	伺う／お尋ねする
読む	お読みになる	拝読する／お読みする
教える	お教えになる	お教えする／ご案内する
食べる	召し上がる／お食べになる	頂戴する／いただく

「お」と「ご」で表現する敬意

「お（ご）〜になる」…尊敬の表現

「お帰りになる」「ご出席になる」など

「お（ご）〜にする」…謙譲の表現

「お誘いする」「ご説明する」など

「お」と「ご」のつけ方

「お」…訓読み（和語）につける

「お手紙」「お話」「お許し」など

「ご」…音読み（漢語）につける

「ご意見」「ご感想」「ご出席」など

※例外として「お天気」「お行儀」など、音読みに「お」をつける場合もある

覚えておきたい！ よく使う「丁寧語」

相手や内容を問わず、表現を丁寧にしたい時に使う丁寧語。語尾を「です・ます・ございます」にしたり、「新幹線が来た」を「新幹線が参りました」と言い、相手への敬意を表します。

動詞	丁寧語	動詞	丁寧語
言う	申す	する	いたす「私がいたします」
行く	行きます／参る	食べる	いただく
来る	参る「郵便が参りました」	飲む	いただく／飲みます
ある	ございます／あります	いる	おる「猫がおります」／います

よく使う丁寧な言い方

言葉	丁寧語	言葉	丁寧語	言葉	丁寧語
どう	いかが	これ	こちら	今日	本日
とても	誠に	あれ	あちら	昨日	昨日（さくじつ）
いい	よろしい	そっち	そちら	おととい	一昨日（いっさくじつ）
誰	どなた	どっち	どちら	今年	本年
少し	少々	さっき	先ほど	去年	昨年
今度	このたび	後で	後ほど	おととし	一昨年（いっさくねん）

呼称の使い分けもしっかりと

会話に登場する人に対しても自分側はへりくだり、相手側は敬意を表す呼び方をします。

対象	相手側	自分側
会社	貴社・御社・そちら様	当社・弊社・小社・わたくしども
本人	～様・そちら様・あなた様	わたくし・小生（男性）・当方
同行者	お連れ様・ご同行の方	連れの者
夫／妻	ご主人・旦那様／奥様・奥方	夫・主人／妻・家内・女房・愚妻
両親	ご両親・お父様、お母様	両親・父、母
友人	ご友人・お友達・ご学友	友人・友達・学友・旧友

基本のビジネスマナー

column

気をつけたい「日本語」の間違い

　言葉づかいで気をつけたいのは、敬語だけではありません。普段よく使っている言い回しが、実は間違いだらけということも。特に無意識に使いがちなのが、同じ意味を重ねる「重複表現」。使わないように注意を。また、よく耳にするビジネス敬語やフレーズの中にも、上司をイラッとさせてしまうNGワードが潜んでいるので気をつけましょう。

よくある「重複表現」

- ✗ 一番最初／一番最後
- ✗ 今現在
- ✗ 注目を集める
- ✗ 被害をこうむる
- ✗ ダントツの1位
- ✗ 製造メーカー
- ✗ お中元のギフト
- ✗ 酒の肴
- ✗ 最後の切り札
- ✗ 不快感を感じる
- ✗ 後で後悔する
- ✗ 返事を返す
- ✗ 新年あけましておめでとう
- ✗ 全て一任する
- ✗ 過半数を超える
- ✗ あらかじめ予定する

気をつけたい「ビジネス敬語」とフレーズ

✗ すみませんが〜 → ◯ 申し訳ありませんが〜／恐れ入りますが〜
ついつい言ってしまいがちですが、お詫びなら「申し訳ありません」、依頼をする場合は「恐れ入ります」が正しい使い方です

✗ ご苦労さまです → ◯ お疲れさまです
原則として「ご苦労さま」は目上の人が目下の人を労う時に使う言葉。会社によっては混同されて通用する場合もありますが、正式にはNG

✗ 社長の生きざまを尊敬しています → ◯ 社長の生き方を〜
「生きざま」は自分の生き方を自嘲する時に使う言葉。人をあざける意味を持つ「ざま」を人に対して使うのは失礼にあたります

✗ 私には役不足だと思いますが、頑張ります → ◯ 私には力不足だと〜
仕事を任された時に言いがちなフレーズですが、「役不足」は自分の能力に対して、この仕事では軽いという意味になるので注意

chapter 3

社内業務

オフィスルール ❶

始業時間までに仕事を始められる準備を

> ≫ 始業前は、仕事に取り組む前の大切な準備時間。交通機関のトラブルを避けるためにも、始業時間の15分前までには出社を
> ≫ オフィスの環境を整える雑用は、周囲からの評価を得る重要な仕事と意識し、自ら行うようにすると評価も高まる

　会社の始業時間に対して、どれくらいの余裕を持って出社すればよいのでしょう？　ギリギリ間に合えばOKではありません。始業前にもやっておきたい仕事があります。会社によって異なりますが、オフィスの清掃は新人の仕事という場合も多いはず。社内の環境を整えることは、仕事の効率アップや社員のモチベーションを高めることに。ひいてはその仕事ぶりが周囲から認められ、自分の評価を上げることにもつながっていきます。そのためにも、始業時間の15分前には必ず出社し、清掃や今日進めるべき業務の確認など、働く準備をするようにしましょう。

オフィス内でのマナー違反行動とは？

これくらいOKでしょ？ はNG！

社会人として行動するうえで気をつけたいのが、公私混同。社内では会社員としての意識を常に持ち、公私の境界線をしっかりと引きましょう。朝の時間がないからといって、「会社で身支度を整えればいい」、「ちょっとくらい私用の時間を持っても平気」など、甘えるような気持ちは正し、仕事に向き合いましょう。

❌ **NG**
・始業時間ギリギリに出社する
・デスクでメイクをしたり、朝食を食べる
・就業中に個人携帯で通話をしたり、メールをする

始業前に率先してやりたいこと

1日の仕事を気持ちよく、スムーズに行うためには少し早めに出社して、オフィスの環境を整えるようにするといいでしょう。新人の仕事として積極的に心がけたいことです。

デスク周りや共有場所の掃除
自分のデスクはもちろん、ミーティングテーブルやコピー機をきれいに拭くなど、社内のみんなが過ごしやすいように率先して掃除をしましょう。職場環境を整えると、仕事効率もアップします。

ゴミの片付けや観葉植物の世話
個人で使う小さめのゴミ箱がある場合は、ゴミがあふれることのないよう、こまめに集めて捨てるようにしましょう。また、観葉植物を元気に保てるよう、水やりや栄養剤をあげるなど世話しましょう。

オフィスの空気の入れ替え
掃除と同様、朝一番の仕事として毎日行いたいのが換気です。新鮮な空気をオフィスに取り入れると、爽やかさもアップ。特に、風邪が流行る冬場などは1日数回行い、ウイルスの蔓延を防ぐようにしましょう。

来客用の飲み物の準備
取引先の人が来社する場合に備えて、茶器のセットやお盆は清潔にしておきたいもの。茶渋や水垢がついていないかチェックし、必要ならば洗っておきましょう。お茶やコーヒーが足りているかも確認を。

雑用を進んで行うメリット

仕事のメイン業務ではない雑用は、できれば引き受けたくないと思うかもしれません。しかし人が嫌がることを引き受ける人は、周りからの信頼を得られます。

雑用を積極的にやる人
先輩や上司から、何事にも積極的に取り組むタイプと評価される
↓
やる気と雑用処理の確実さが認められ、重要な仕事も任せられるように
↓
仕事が面白くなり、より積極的に仕事に取り組める。昇進もスムーズに

雑用からいつも逃げる人
新人の立場を理解していない、厚かましいタイプと評価される
↓
周囲から信用されず、重要な仕事を任される機会がない
↓
期待をされないことで、どんどん仕事がつまらなく感じ、消極的に

オフィスルール❷

退社・残業前には報告と気配りが何より大切

>> 退社する時も残業する時も、上司に1日の業務内容を報告するように。残業は許可をもらってからする
>> 退社時に周りの人が仕事を続けている場合は、手伝えることはないか気配りを。「お先に失礼します」のあいさつも必須

　終業時間になり、仕事を終えることができたら、まずは上司に仕事の進捗状況を報告しましょう。<mark>新人のうちは上司への報告を必ずし、問題点がないか、やるべきことにヌケがないかを確認してもらい、指示を仰ぐことが原則</mark>です。加えて明日以降に行う予定の業務を伝え、そのうえで明日の準備を行います。To Doリストを書き出してスケジュールを立てたり、訪問先への行き方を下調べするなど、しっかりと段取りを組んでおきましょう。

　退社時には、周囲の人への気配りを大切に。さっさとオフィスを出るのではなく、丁寧にあいさつをしてから退社しましょう。

退社前にやるべきこと

今日の振り返りと明日の用意を

アポの取り忘れがないか、社外への連絡忘れがないかを確認したら、作成したデータの保存や、書類や大切な資料の保管を。業務日誌（日報）などがあれば記入をして、仕事状況を振り返り、明日行う業務に優先順位をつけておきましょう。デスクの上には何もない状態で帰るのが理想です。

社外への連絡	社外への連絡は就業時間内に終わらせるようにする
↓	
データの保存	データはきちんとバックアップをとっておく
↓	
明日の準備	やるべきことを整理し、準備があるものは済ませる
↓	
退社準備	デスク周りを整頓し、周囲へのあいさつも忘れずに

先輩・上司よりも先に退社する時のルール

「仕事が終わった！」といって一目散に帰るのは言語道断。必ず上司とコミュニケーションをとり、退社しても問題がないかを確認しましょう。

❶上司に報告
業務の進捗、明日以降に行う内容、不安材料はないかなど、きちんと報告を

❷上司や先輩にお伺い
自分に協力できる仕事がないかどうかを、上司や先輩に確認する

❸退社
清掃や翌日の準備を終えたら、「お先に失礼します」とあいさつをして退社する

残業を断る時はどうする？
上司から残業を頼まれたら、引き受けるようにしましょう。どうしても難しい時は「明日、早出して行ってもよろしいでしょうか？」など代案の提示を。仕事を持ち帰るのは、データ流出の可能性もあり危険。なるべく社内で対応しましょう。

> ✅ **check**
> 退社後、解放感に包まれてついついはめを外したくなる時もあるはずです。しかし、社章をつけたまま、居酒屋で酔っぱらって大声で仕事の話をするのはタブー。社外秘ではなくても、業務のことを社外の人に話す際には、十分に気を配りましょう。

残業する時のルール

仕事が終わらないからといって、自己判断で勝手に残業をするのはよくありません。上司に進捗を報告し、許可を得てから仕事を続けるのが原則です。

❶上司に残業の報告
なぜ残業が必要かを報告し、上司から許可をもらうようにする

❷仕事を継続
許可がおりたら、仕事を続ける。ダラダラせず、集中力を切らさないように行う

❸報告後に退社
仕事が終わったら、上司にその旨を報告。翌日の準備をして退社する

> 🧭 **step up**
> 残業時は、なるべく効率よく仕事を終えるようにしたいもの。いつも残業を抱えていると、「仕事ができない人」の烙印を押されてしまいます。終了時間を設定し、ダラダラせず集中して行いましょう。どうしてもはかどらない場合は、明朝に取り組む選択も。

名刺交換のルール

スマートな名刺交換で
ビジネススキルをアピール

>> ビジネスパーソンの顔ともいえる名刺。相手のものはもちろん、自分の名刺も丁寧に扱い、切らさないように常に気をつける

>> 名刺交換は、初対面の仕事相手のビジネススキルを伺える場面。同時に自分もチェックされていることを忘れずに

社会人になって初めて持つ人が多い名刺は、その人自身を表し、その会社を背負っている1人であることを証明するもの。それだけに、名刺を汚したり、切らすという事態は言語道断。名刺を忘れてしまったり、粗雑に扱うということが、相手にとっていかに失礼かということを心得ておきましょう。

万が一切らしてしまった場合は、謝罪の言葉を述べ、次回会う際に渡す旨を伝えましょう。また、名刺交換の所作は、自分を紹介する場であり、基本的なビジネススキルが試される場でもあります。礼儀正しい振る舞いを身につけて、好印象と信頼感を与えられるようにしましょう。

名刺交換をスムーズにするための条件

絶対に切らさない

一番気をつけたいのは、名刺を切らさないようにすること。失礼にあたるばかりか、連絡先が伝わらなければ相手に迷惑をかけてしまいます。訪問前や来客の前に、必要枚数があるかをチェック。予備を常備しておくことも大切です。

きれいにしておく

相手に差し出した時に名刺が折れ曲がっていたり、汚れているのはNG。お尻のポケットに入れるなど、名刺を雑に扱うことはせず、きれいな状態を保ちましょう。名刺入れも見られるものですので、きれいにしておくことを忘れずに。

すぐ出せるように

カバンの奥底に入れるなど、名刺を出すのに時間がかかるのは、相手に失礼です。名刺はスーツの内ポケットに入れたり、あらかじめ手に持っておくなど、すぐに取り出せるようにしておきましょう。

名刺交換の仕方

❶ **名刺を差し出す**
名刺入れの上に名刺を重ね、名前が相手に見えるよう両端を持って差し出す

❷ **名乗りながら渡す**
会社名や所属、名前を言いながら渡す。互いに差し出している時は、右手で渡し、左手で受け取る

❸ **受け取る**
会釈をして「頂戴します」と言いながら受け取る。相手の名前を読んで確認する

❌ NG
- テーブル越しに交換する
- 財布に直接名刺を入れ、そこから取り出す
- 相手から受け取った名刺を片手で扱う
- 相手がいる前で、受け取った名刺にメモする

複数で交換する場合の順番

原則① 立場が下の人や、訪問した側から順に差し出す

原則② 役職の上の人同士から順に交換していく

※場所が飲食店などの場合は、会計をする方が立場が上と考える

交換した後の扱い方

受け取った名刺は、自分の名刺入れの上に乗せてテーブルに置きます。複数の場合は、相手の着席している順番に合わせて名刺をテーブルに並べます。
↓
名刺はもらったその日のうちに整理を。名刺ファイルや管理ソフト、クラウド型のサービスなどを使って会社別や案件別に保存し、その人の特徴や覚えておきたい情報を添えておきます。

もしもの時の対処法

名刺を切らした場合

「あいにく名刺を切らしておりまして、申し訳ありません」と謝罪し、すぐにお詫びの言葉を添えた名刺を郵送するか、次回会う予定があればその時に渡すことを告げましょう。

相手の社名や名前の読み方がわからない場合

「恐れ入りますが、どのようにお読みすればよろしいでしょうか」と言い、名刺交換直後に確認します。

自己紹介のルール

自分をプレゼンする力を身につけよう

>> 社会人になってすぐ必要となるのが、自己紹介のスキル。ビジネスパーソンとしてのトーク力の基本を培うのにも最適
>> 名前を覚えてもらうことはもちろん、好印象であることと、自分のやる気を相手に伝えられるかどうかがポイント

　自己紹介は、名前と「よろしくお願いします」を言っておけばいいんでしょ？　と思っていませんか。自己紹介は実は奥が深いもの。==ビジネスシーンで、自己紹介は人間関係を築く重要な第一歩==です。自己紹介はあなたの第一印象となり、「一緒に仕事がしたい」や「ちょっと苦手なタイプかも」などの感想を相手に抱かせることになるのです。聞き取りやすさやわかりやすさ、印象のよい笑顔という基本的なことに加え、自己PRがどれだけできるかがポイント。自分をプレゼンする力は、会社の商品をプレゼンする力にもつながります。真摯に向き合って損はありません。

自己紹介の時に気をつけたいポイント

とにかく笑顔！
表情によって、印象は大きく変わるもの。緊張していても、口角を上げて爽やかな笑顔を。

背筋を伸ばす
姿勢がいい人は、それだけで明るい印象を与えます。お辞儀も丁寧にするよう心がけて。

大きな声ではっきりと
声のトーンや大きさは、その人の性格を感じさせます。快活に語尾まできちんと話すようにしましょう。

言葉づかいは丁寧に
相手が聞き取りやすいスピードで、丁寧な言葉で話すようにします。間違ってもため口や若者言葉にならないように。

62

自己紹介の流れ

自己紹介は、ある程度パターンを決めておくと安心です。慣れれば自然と言えるようになるはず。あがり症の人は台詞を決めて、家で練習しておきましょう。

- **あいさつ**
  「こんにちは。はじめまして」まずはあいさつをする。ポイントは笑顔。緊張している場合は、話す前に深呼吸を
- ↓
- **名前を名乗る**
  「本田翔太です」聞き取りやすいよう、スピードに気をつけてはっきり発音する。フルネームで名乗り、苗字と名前を分けるように間をおくと◎。
- ↓
- **自己PR**
  「サッカーが好きで、地元では"大井町の本田"で通っています。世界の本田を目指して頑張ります！」など、氏名や出身地、趣味などを絡めた印象に残るフレーズを入れると、覚えてもらいやすくなる
- ↓
- **結びの台詞**
  「皆様、ご指導よろしくお願いいたします」最後まではっきり話す

自己紹介文の例文とポイント

新入社員の自己紹介
「はじめまして。本日より営業部に配属になりました、本田翔太と申します。愛知県出身です。赤みそのような濃厚なキャラを活かして、愛される営業を目指したいです。1日も早く戦力になれるよう頑張ります！」
出身地を言う時にちょっとした小ネタを入れることで印象を強めています。

部署異動時の自己紹介
「はじめまして。人事部から経理部に異動になりました、安藤美咲と申します。趣味は通帳記入です。数字を見るのが好きな性格と、人事部で培った人を見る目を発揮して頑張ります。ご指導のほど、よろしくお願いします」
趣味と前の仕事内容を絡めながら、意気込みを伝えています。

大人数の前・デスクを回っての自己紹介
部署全体に向かって自己紹介する場合などは、印象に残るフレーズを盛り込みつつ、なるべくコンパクトにまとめましょう。1人1人のデスクを回ってあいさつする時は、相手が忙しい場合もあるので、簡潔さを第一に考えましょう。

社内業務

🗨 step up

歓迎会なのか朝のミーティング時なのか、場面によって自己紹介に割いてもらえる時間は変わります。そのため30秒用、1分用、3分用のフレーズを用意しておくといいでしょう。エレベータートークのように、簡潔で濃い自己紹介は相手の心をつかみます。

※エレベータートーク…30秒程度の時間で、自分の話を簡潔に伝えること。由来は、アメリカの起業家がエレベーターで居合わせた投資家に、短時間でアイデアを伝えたことから

電話対応の基本 ❶

電話は積極的に取って、仕事の把握と敬語の練習に

> ≫ 電話対応は、その会社の印象を瞬時に決めるもの。顔が見えない分、声色や話し方で全てを判断されるため、1本の電話も粗雑にしない
>
> ≫ 新入社員は電話を積極的に取ることで、会社の取引き先や担当者の名前を覚えられるなど、仕事を把握するためのヒントになることが多い

新入社員の大きな仕事の1つである電話対応。はじめのうちは緊張してうまく言葉が出なかったり、焦って聞き取れなかったりすることもありますが、要は慣れです。積極的に電話を取って、いち早く電話対応を自分のものにするのが得策です。敬語で話すことに慣れたり、取引先の名前を覚えられるのも、同時に得られるメリットです。しかし、電話対応は会社の印象に直結するものと心得て、信用を落とすような失礼な態度にならないよう、丁寧で的確な受け答えをするのが重要です。スムーズに対応できるよう、準備や言い回しを確認しておきましょう。

電話対応のポイント

あらかじめ準備をしておく

いつかかってくるかわからない電話の対応をスマートに行うためには、準備が大切。保留や内線番号への回し方など、電話機の操作は事前に覚えましょう。また、スムーズに受話器が取れるよう、電話の周りにはものを置かず、すぐに手が伸ばせる状態にしておくのも大切です。そばにメモとペンの用意も忘れずに。

失礼のない対応をするために

電話に出る際に気をつけたいのは、まず3コール以内に電話に出ること。そして電話口では相手が聞こえやすいよう、はっきり話すことです。特に会社名はきちんと伝わるようにしましょう。必ず自分の部署名と名前を名乗り、相手の部署名と名前も聞くようにしましょう。

電話対応のフレーズ例

電話に出る
「はい、○△会社営業部の本田でございます」早口にならないよう、丁寧に名乗る。3コール以上待たせた場合は「お待たせしました」の一言を添える

↓

相手の名前を聞く
メモを取りながら聞く。相手が名乗らない場合は「恐れ入りますが、お名前を伺ってもよろしいでしょうか」と確認を

↓

あいさつ
「いつもお世話になっております」必ずこのあいさつをする。
初めて聞いた社名でも、社交辞令としてあいさつを

↓

用件を聞く
相手の用件を聞き、それぞれに合わせた対応をする

取り次ぐ場合	「鈴木係長、△△会社の山田さんからお電話です」
取り次ぎ相手が不在の場合	「申し訳ございません。あいにく鈴木は外出しております」
折り返す場合	「念のためお電話番号をお伺いしてもよろしいでしょうか？」
伝言を受けた場合	「かしこまりました。伝言を承ります」（→ P68～）

↓

電話を切る前のあいさつ
「～よろしくお願いします。失礼いたします」
伝言を受けた場合は「○○が承りました」と、自分の名前を伝えるようにする

↓

受話器を置く
かけた方が先に切るのがマナー。かかってきた場合は、相手が切ったのを確認してから電話を切るように。また、受話器を置く前に社内の人と話し始めると、相手に聞こえてしまう場合があるので注意を

❌ NG
電話中はなるべく、通話だけに集中しましょう。パソコンを見ながらの電話や口に食べ物を含みながら、タバコを吸いながらの「ながら電話」は、相手に落ち着きのなさが伝わってしまうので注意を。

社内業務

電話対応の基本 ❷

取り次ぎは迅速かつ的確に 対応はパターン化が可能

>> 電話を受けた後の取り次ぎは、相手を待たせないように素早く、正しく行う。社名や名前が不安な場合は、復唱して確認を

>> 担当者不在の場合は、相手の意向とこちらの状況を踏まえて対応を。たいてい「伝言」「折り返し連絡」「かけ直してもらう」のパターンに収まる

　電話取り次ぎの基本は、**相手の情報（社名、部署名、名前など）を正確に把握し、指定の担当者へ迅速につなぐ**ことです。聞き取りにくかった場合は「〇〇社の〇〇様ですね」と復唱します。間違っていればそこで指摘をもらえますし、合っていれば確認がとれます。指定された担当者が不在の場合は、用件の緊急度や担当者の状況によって、臨機応変に対応しましょう。周りに頼れる人が誰もおらず、どうしたらいいかわからない場合は「わかる者が戻り次第、折り返しご連絡します」と伝え、相手の名前や連絡先、用件の概要を聞いておくようにしましょう。

取り次ぎの基本

❶ 相手の社名・部署名・名前を確認
聞き取れなかった場合は必ず聞き直し、不安な場合は復唱して確認します。

❷ 指定された人に取り次ぐ
電話を保留にし、指定された人が在席しているかを確認してから取り次ぎます。30秒以上待たせる場合は、その旨を伝え、待ってもらえるのか、こちらから折り返しにするのか、相手の意向を聞くようにしましょう。

たらい回しにしたり、何度も同じことを言わせるのはNG

対応の仕方がわからない場合は、先輩にかわって対応してもらおう

担当者が不在の場合は

相手の指定した人がいない、「担当者不在」という状況は多々あること。この対応パターンもしっかり確認しておきましょう。

シーン	対応の仕方
トイレなどで席を外している場合	「あいにく山田は席を外しております」 社内にいることがわかっている場合は「席を外す」という表現を使う
打ち合わせや食事で外出中の場合	「山田は外出しておりまして、〇時に戻る予定です」 直帰で会社に戻らない場合は、「本日は戻らない予定です」と伝える。緊急を要する場合は、こちらから担当者の携帯へ連絡を入れ、担当者本人から折り返し連絡をしてもらうようにする。携帯番号を勝手に教えるのはNG
会議中の場合	「山田はただ今会議中です。お急ぎでしょうか？」 急ぎでない場合は伝言メモを残す（→P68～）。急ぎならば会議室に内線を回すか、電話がある旨をメモに書いて会議室へ持っていき、担当者に指示を受ける
出張中の場合	「あいにく山田は出張中で、明後日の木曜日には戻る予定です。よろしければご用件を承りますが…」 用件を聞いた場合、必要なら担当者の携帯に電話をして伝えるか、別の人にかわるなどで対応する。急ぎでないなら伝言メモを残す
退社後の場合	「山田はあいにく会社を出ておりますが、いかがいたしましょうか」 急ぎで、すぐに担当者に連絡を入れた方がいいのか、翌朝に連絡させるようにすればいいのか、相手の希望を確認する
休暇中の場合	「山田は休みをとっておりまして、出社予定は〇日になります」 出社次第連絡させるか、急ぎの場合は出張中の対応と同様にする
退職している場合	「申し訳ございません。山田は〇月をもって退職しておりまして、現在は鈴木という者が担当しておりますが、おつなぎいたしましょうか」 新しい担当者につなぐようにする。退職後の連絡先を教えるのはNG

担当者不在を伝えた相手からのセリフ別対応パターン

相手	改めてお電話いたします	→	自分	「恐れ入ります。山田にはお電話いただきましたこと、申し伝えておきます」 相手の社名、名前をメモして担当者に伝わるようにしておく
相手	戻り次第、ご連絡いただけますでしょうか？	→	自分	「かしこまりました。念のためお電話番号をお伺いしてもよろしいでしょうか」 相手の社名、名前、部署名、電話番号をメモし、復唱して確認する
相手	では、ご伝言をお願いします	→	自分	「かしこまりました。（用件を聞いた後）本田が承りました」 相手の社名、名前、部署名、用件、連絡先をメモし、間違いがないよう復唱して確認する

電話対応の基本❸

確実な伝言メモで、電話の要点を伝える

> ≫ たかが伝言メモとあなどらない。間違いを伝えればトラブルにもなりかねないので、不明瞭な点はきちんと復唱して確認を
> ≫ 伝達する際には、用件だけでなく相手の状況も伝えられるとよりよい。特に相手が怒っている場合は、メモに書き添える

　担当者不在により、伝言を頼まれることはよくあるケース。重要なのは、いつ、誰から、誰宛てにどんな内容の電話を受けたかということを正確に伝えることです。会社に伝言フォーマットがなければ、自作しておくと便利。電話を受けながら確認事項を漏れなく記入できます。メモには伝えるべき基本的な情報以外にも「なるべく早い対応を、とのこと」「お怒り気味」など、相手の意向や雰囲気も書いておくといいでしょう。また、伝言メモをデスクに置く場合にも気づかいを。すぐに見える場所で、なくならないように貼り付けるなど工夫を。口頭でも電話の内容を伝えるようにすると確実です。

伝言の受け方の基本

❶要点をしっかり確認する
伝言を受けた日時、相手の社名、部署名、名前、用件、折り返し連絡がほしいなどの対応の仕方を聞き取りましょう。

❷伝言の内容を復唱する
間違いがないよう、伝言の内容を必ず復唱します。特に電話番号の数字などは間違えやすいので、注意しましょう。

❸伝言メモをデスクへ置く
伝言メモに記入漏れがないかを見直し、自分の名前を明記します。メモを担当者のデスクに置き、飛ばないように配慮を。

❹本人には口頭でも伝える
担当者が戻ったら、電話があったことと伝言メモを置いたことを口頭で伝えます。担当者が見落とすのを防ぐことができます。

伝言メモの書き方

伝言メモには Who、When、Where、What、Why の5Wに加え、How、How much（金額）、How many（個数や度合い）の3Hをしっかり記入します。

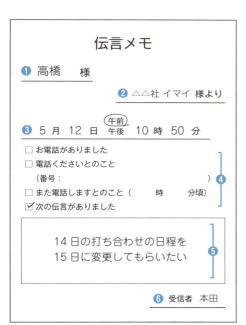

❶ 誰宛ての電話？

❷ どこの誰からの電話？
社名や名前など、漢字がわからない部分はカタカナ表記に

❸ 電話があったのはいつ？
どれくらい相手を待たせているかがわかるため、日時は正確に書く

❹ 対応方法は？
折り返し電話が必要な場合は、電話番号を書く。相手がどうしてほしいかを正確に伝えるようにする

❺ どんな用件だった？
簡潔に用件を書いておく。複数ある場合は、箇条書きでわかりやすく

❻ 誰からのメモ？

🔰 step up
聞き間違えやすいアルファベットと数字。7はヒチではなく「ナナ」、4はシではなく「ヨン」、BとDは「2番目のB」や「ディナーのD」などと言うようにしましょう。

ポイントは落ち着いて誠実に対応すること

用件がわからない場合は…？

名指しもなく、用件を聞いてもわからない場合は、焦っていい加減な受け答えをしてしまう前に、「申し訳ございません。私ではわかりかねますので、担当の者より折り返しご連絡いたします」と伝えましょう。その後上司と相談し、対応しましょう。

電話対応の基本 ❹

相手への心配りと自分の準備を万全にしてかける

>> 電話をかける時は、相手への心配りが大切。長電話、間の悪い電話、言いたいことがはっきりしない電話は嫌われる

>> 話すことをまとめ、必要な資料を取り出し、メモの準備をしてからダイヤルするようにしよう

とても忙しい時に長々と電話をされたり、ランチに出かける間際に電話がかかってくると、誰でもイライラしてしまうもの。電話は相手の時間を奪うということを忘れないようにしましょう。そのためにはタイミングを見計らうことや、通話が長引かないように話したいことをまとめておくなどの準備が重要です。どうしても朝一番や終業時間後にかけなくてはいけない場合は「時間外に申し訳ありません」や「お忙しいところ恐れ入ります」と、一言添えてから話し始めるといいでしょう。状況が見えない電話だからこそ、常に相手を思いやる気持ちを大切にしましょう。

電話をかける時のポイント

簡潔に伝える
できるだけ短い通話時間で電話を終えられるようにします。相手に時間を割いてもらっていることや、電話料金がかかっているということを忘れずに。

タイミングを選んでかける
朝一番や帰宅間際などの忙しい時間帯や就業時間外、昼休みに電話をかけるのは迷惑になるので、緊急の時以外は控えましょう。

事前準備をする
用件がたくさんある場合は、箇条書きにしてメモを見ながら話すと◎。また、相手の部署名や名前などの読み方は、きちんと把握しておくように。

電話は丁寧に切る
マナーとして、電話をかけた方が先に切ります。受話器をガッチャンと置くのは不快感につながるので、優しく切りましょう。

電話をかける時の流れ

名乗ってあいさつする
「○△会社の安藤と申します。いつもお世話になっております」
相手が出たら、はっきりとした口調で名乗る。「お世話に～」の一言を添えて

↓

話したい相手を告げる
「営業部二課の○○さんはいらっしゃいますか」
同じ苗字の人が同じ課にいるのを知っている場合は、「男性の○○さん」と伝えたり、フルネームを告げるようにする

社内業務

相手がいる場合

あいさつをする
「○△会社の安藤です。いつもお世話になっております」
話したい相手が出たら、名乗ってあいさつをする。どれだけ慣れても、このあいさつは必ずするように心がけて

↓

用件を伝える
「新商品の販促の件で打ち合わせをしたく～」
5W3H（→P69）を使って、簡潔に伝えるようにする。通話時間は1件につき3分以内を意識して

↓

あいさつをする
「よろしくお願いします。では失礼いたします」

相手が不在の場合

❶～❸のいずれかを判断する

❶かけ直す
「お戻りは何時頃でしょうか？その頃に改めてお電話します」

❷伝言を依頼する
「伝言をお願いしてもよろしいでしょうか」

❸折り返しの連絡を依頼する
「では、○○様がお戻りになったら折り返しお電話いただけるでしょうか」

✅ check
- ☐ メモができるメモ帳がそばにある
- ☐ スケジュールを確認できる手帳や進行表がそばにある
- ☐ 話す内容に関係する資料がデスクの上にある

電話対応の基本 ❺

クレーム対応は
誠意を伝える姿勢が解決のカギ

>> クレーム対応は冷静沈着が基本。怒りにつられて感情的にならないように。あなたの冷静さが相手の興奮をなだめる
>> 2次クレームを引き起こさないようにすることも大切。謝罪をする際は、相手の要求を全てのむような言い方は避ける

電話でのクレーム対応は顔が見えないだけに、行き違いが起きやすいもの。そのことを認識したうえで、しっかりとした対応をすることが大切です。ただ単に「申し訳ありません」と一辺倒に謝るだけでは、誠意は伝わりません。お客様の話をよく聞き、何に対して怒っているのか、何を求めて電話をしてきているのかを理解したうえで、怒らせた原因に対しての謝罪（限定的な謝罪）や、対策を提示するようにしましょう。対応の仕方によっては、さらなるクレームにつながることもあります。早く切ろうといい加減に対応することのないよう、落ち着いて心のこもった受け答えをしましょう。

クレーム対応の手順

話を聞く
まずは何を訴えたいのかを把握する。「お気持ちはわかります」など、共感の言葉を添えて誠意を伝えながら話すことがポイント

↓

謝罪する
不快な気持ちにさせたことをお詫びする。ただ、事実関係が不明確な場合の全面謝罪は避ける。まずは限定的な謝罪を

↓

対処法を提示
自分で対処法・解決策を提示できる場合は内容を話し、判断できない場合は一度電話を切って上司や担当者に相談する。折り返しは遅くなりすぎないよう、タイミングに気をつける

パニックにならず冷静に対応を

お詫びの使い分け

全面的な謝罪
こちらが全面的に非を認めた際の謝罪で、事実関係の確認が不可能な場合も含まれます。ただし全面的に謝罪をすることで、さらにトラブルを招くこともあるので注意を。

例文
「大変申し訳ありません」
「誠に申し訳ありません」

限定的な謝罪
お客様の主張をそのまま、こちらの非として認めるのではなく、お客様を不快にしたこと、迷惑をかけたことに対しての部分的な謝罪です。

例文
「○○様にご迷惑をおかけして、大変申し訳ありません」
「説明がいたらず、申し訳ございません」

クレーム対応でやってはいけないこと

相手が興奮しているからといって、こちらも語気を荒げては、さらなる怒りを招くだけ。ほかにもクレーム対応中に気をつけるべき点を意識して話しましょう。

感情的になる
ついカッとなってしまったり、反論すると火に油を注ぐだけ。とにかく冷静さを保って話しましょう。

責任転嫁する
自分の責任ではない、他部署のせいだといった論理展開は絶対にNG。会社全体の問題として対応を。

たらい回しにする
電話対応者が3回以上かわったり、長時間電話口で待たせるのは×。相手のイライラが募るだけです。

否定する、さえぎる
「そんなはずはございません」などの否定や、お客様の話をさえぎるのはNG。議論に発展してしまいます。

相手に恥をかかせる
クレーム内容に勘違いがあっても、お客様をストレートに正したり、責めたりすると怒りが収まりません。

✅ **check**
クレーム内容で確認したいこと
☐ いつ　　　☐ どのように起きたか
☐ 誰が　　　☐ なぜ起きたか
☐ どこで　　☐ 金額はいくらくらいか
☐ どんなトラブルが起きたのか
☐ どの程度のトラブルか

📢 **step up**
自分がクレームを受けた場合、電話を切って一安心、では終わらないようにしましょう。クレームを業務内容改善の機会ととらえ、報告書にまとめたり、みんなに発表するなどしてシェアし、再発を防ぎましょう。

携帯電話の使い方

気軽に使えるからこそ、携帯マナーを重要視しよう

≫ 個人に直接つながるものだからこそ、配慮が重要になる。かける時も、受ける時もマナー違反には気をつける

≫ 携帯電話は便利だからこそ、注意を向けたいもの。特にメールや写真、SNSの使用で公私混同しないことが原則

1人1台持つのが当たり前となった携帯電話。仕事においても必須アイテムとなりました。会社支給の携帯を持っていたり、個人携帯を仕事で使っている人も多いでしょう。その普及につれ、マナー違反も指摘されることが増えてきています。最近では社員のTwitterやFacebookなどのSNS投稿によって、会社のイメージが損なわれたりすることも。トラブルを招くかもしれない、という意識を常に持つことが大切です。使用の際は相手へのあいさつや気づかいを忘れず、使用場所についても配慮するようにしましょう。

携帯電話をかける時の注意

お互いが迷惑にならないように

携帯電話をかける時も受ける時も、自分の周囲や相手にとって迷惑にならないように配慮しましょう。相手が大事な会議中だったり、移動中の場合もありますし、自分が通話を始めたら周囲の人が迷惑する場面もあるでしょう。携帯だから気軽にかけてもOKではなく、十分に気を配りながら使うことが大切です。

✓ check
☐ 商談中や会議中ではないか
☐ 忙しい時間帯ではないか
☐ 携帯電話で話しても迷惑にならない場所かどうか
☐ かける場所、受ける場所が騒音のある場所でないか
☐ 話したい内容はまとまっているか

ビジネスパーソンの携帯電話の基本マナー

電源オフの場所もある

もし携帯電話禁止の場所で通話していたら、マナー違反で迷惑がられるのはもちろん、会社のイメージを落としかねません。電車の優先席や飛行機、病院など「電源オフ」を守るべき公共の場や、得意先の訪問時には、電源を切っておくようにしましょう。

重要な用件は固定電話で

社外秘にあたるような内容や個人情報を含む案件については、携帯電話で話さないようにします。特に周囲に人がいるような場所では危険性も高く、電波状況によっては途切れることも。仕事に関する重要な話は会社の固定電話同士で話すのが基本です。

緊急時にのみ使用する

基本的には会社の電話に連絡し、携帯電話にかけるのは緊急の時のみにしましょう。相手が出た時も「今、お電話よろしいでしょうか？」と一言都合を尋ねる気づかいを。ただ、1日中外出しているような人は携帯の方がつかまりやすいため、事前にどちらにかける方がよいか確認しておくと◎。

着信音はシンプルなコール音にし、音量も控えめにしておきます

不在時に携帯番号を聞かれたら

担当者が不在の際に、その人の携帯番号を教えてと言われた場合には、会社専用の携帯電話なら番号を教えましょう。しかし、個人携帯の場合には、本人の許可なく教えるのは厳禁です。「こちらから本人に連絡をとり、折り返させるようにします」と伝えるのが適切な対応です。

写真やSNSには注意

日常生活でなくてはならない携帯電話。その分、携帯電話に対する意識も気軽なものになっています。特に写真を撮ったり、SNSに投稿するなどの行為で情報が特定されてしまうなど、安易な行動が大きなトラブルにつながる可能性があることを忘れないように。

❌ NG
- 写真を安易に撮影する
- 社外秘の情報をSNSに投稿する
- 私用の携帯を会社で充電する
- 仕事相手に非通知設定でかける
- 派手なストラップをつける

いざという時の英語対応

　会社にもよりますが、海外からの電話が入る場合もあります。あわてて切ってしまったり、片言の英語で英語が話せないことを伝えて終わってしまうなど、せっかくのビジネスチャンスを棒に振らないよう、普段と同じように丁寧な受け答えで対処しましょう。うまく話そうとしなくても OK。基本的な会話がわかれば、英語が話せる人に取り次ぐことが可能です。

社名を伝えて、誰からの電話なのかを確認する

自分：「This is ○△ Company.」／「○△ Company.」
　　　（○△会社です。）
　　　「May I ask who is calling?」／「May I ask your name, please?」
　　　（どちら様でしょうか？）

海外：「This is Anny Davis from ABC Company.」
　　　（こちらは ABC 社のアニー・デイヴィスです。）

英語が話せる人にかわる

海外：「Hello, is this ○△ Company?　This is Anny Davis from ABC Company.」
　　　（もしもし、そちらは○△会社ですか？　私は ABC 社のアニー・デイヴィスです。）

自分：「Yes, just moment please. I'll get someone who speaks English.」
　　　（はいそうです。少々お待ちください。英語を話せる者とかわります。）

使えるフレーズ

・もう一度言っていただけますか？	Could you say it again?
・何という者におかけですか？	Whom would you like to speak to?
・番号をお間違えではないですか？	I'm afraid you have the wrong number.
・担当の者にかわります	I'll connect you to the person in charge.

指定された人に電話を取り次ぐ

海外:「Hello, this is Anny Davis from ABC Company. May I speak to Mr.Endo, please?」
(もしもし、ABC社のアニー・デイヴィスです。遠藤さんをお願いします。)

自分:「Just a moment,please. I'll put you through to Mr.Endo.」
(少々お待ちください。遠藤におつなぎいたします。)

担当者が不在、もしくは出られない場合

自分:「I'm afraid he's away from his desk at the moment.」
(あいにく今、席を外しております。)

「I'm afraid he's on another line right now.」(あいにく今電話中です。)

「I'm afraid he's in a meeting.」(あいにく会議中です。)

「I'm afraid he's out now.」(あいにく外出中です。)

「I'm sorry. He's left for the day.」
(申し訳ございません、本日は帰らせていただきました。)

「I'm sorry. He's taking a day off today.」
(申し訳ございません、本日はお休みをいただいております。)

担当者が不在時の対応のパターン

自分:「Would you mind calling again tomorrow?」
(明日またお電話いただけますでしょうか。)

「Would you like to leave a message?」
(何か申し伝えましょうか。)

「Can I get him to call you back?」
(彼にかけ直させるようにいたしましょうか。)

「Can I take your name and phone number?」
(よろしければお名前とお電話番号を
頂戴できますか。)

Thank you for calling.
(切る際のあいさつ)

来客応対の基本 ❶

お客様の不安を解消する気配りが案内の基本

>> 会社の顔となる受付。明るく丁寧に対応することで、おもてなしの心と会社のよい印象を伝えられるように
>> スムーズに担当者に取り次ぐのを第一とし、お客様を待たせないように迅速に行動する

　お客様にストレスなく、気持ちよく来社してもらうためには、会社の第一印象となる受付の仕方がカギになります。暗い雰囲気でボソボソしゃべったり、おどおどしていては、失礼だなと思われてしまいます。常に<u>自分がお客様の立場だったら、不慣れな場所でどう案内してほしいか</u>を念頭に、迅速かつ丁寧な応対をしましょう。不安な気持ちを解消できるよう、どこへ案内するのか、どんな道順になるのかを伝えるなど、一歩先回りした細やかな気配りが大切です。そのためにも、今日はどんな来客があるのかを確認し、案内のマナーを事前に頭に入れておきましょう。

スムーズな来客応対の順序

立ち上がってあいさつする
来客に気づいたら、立ち上がってあいさつをする。相手が名乗らない場合は、「失礼ですが、お名前をお伺いしてもよろしいですか」と尋ねる

↓

アポイントの有無の確認
アポイントがある場合は「お待ちしておりました」、わからない場合は「お約束いただいておりますか？」と尋ねる

↓

担当者に取り次ぐ
来社目的を確認したら、担当者に「△社の田辺様がお待ちです」と内線などで取り次ぐ。お客様には「山田は間もなく参りますので、かけてお待ちください」と案内する

打ち合わせ室までご案内いたします

担当者不在の時はどうする？

担当者の帰社を待つ場合は、応接室に通してお茶を出します。上司や関係者で代わりが務まる場合は、代理人に対応してもらいましょう。待たずに帰る場合は、社名や名前、用件などを確認して担当者に伝えます。

飛び込み営業への対応は？

担当者に確認をとり、「会わない」という場合には、会議中や取り込み中といった理由でソフトに断りましょう。取り次がないルールがある場合は「そういった件はお断りしております」と伝えます。

案内時の基本

お客様を案内する時のポイントは「3階の企画部へご案内します」など、行き先をはじめに告げ、2〜3歩先の斜め前を歩くことです。曲がる際には「こちらを右に曲がります」と言葉を添え、手で進行方向を指し示すようにしましょう。

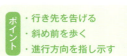
ポイント
・行き先を告げる
・斜め前を歩く
・進行方向を指し示す

上る時　降りる時

内開き

外開き

階段の案内

上る場合はお客様を前に、降りる場合は自分が前を歩きます。ただし、お客様が女性で案内者が男性の場合は「お先に失礼します」と一声かけ、先に上るようにします。

ドアの開け閉め

内開きの場合は「お先に失礼します」と言って先に入室し、ドアを押さえてお客様を案内します。外開きの場合はドアを開けたまま、お客様を部屋へ通します。

エレベーターの案内

先にエレベーターに乗り、開くボタンを押してお客様を誘導。操作盤の前に立って目的階のボタンを押したら、体の向きはお客様の方へ向けます。上座は①から順に図の通りです。

お見送り

相手によって見送る場所が変わります。親しい間柄なら部屋を出たところ、得意先なら玄関、役職の高い人やクレームで来社した人は姿が見えなくなるまでお辞儀で見送ります。

社内業務

来客応対の基本❷

席に座る時は
席次を忘れない！

>> 席次のルールは簡単で、出入り口に一番遠い位置が上座。席次はあらゆる場面で必要になるため、最初にしっかり覚えておきたい
>> 上座は、安全性や快適性の高い席。イスのタイプやイスの配置に注意すれば、迷うことはない

　席次はそのまま役職を表すもの。上司と一緒にいる場面で、自分が上座に座るということは非常に失礼になります。間違ってもそんなことがないように気をつけましょう。ルールは簡単。まずは出入り口から一番遠い席を格上の人にすすめればOKです。訪問先やお客様を迎える場合以外でも、接待の席やホテルのロビー、貸会議室などでも必要となるマナーなので、頭にしっかり入れておくようにしたいもの。しかし、乗り物などの席次については個人の好みもあるため、上司やお客様が好む席がある場合は席次に関係なく希望を優先するのがよいでしょう。

お客様を迎える前に確認しておきたいこと

使用する部屋の状態を確認する

お客様を部屋に通す前に、室内がきれいかどうかの確認をします。もし汚れていることがわかったら、「申し訳ございません。少々お待ちいただけますでしょうか」と一言断った後、一旦自分だけ部屋に入り、すぐに片付けをします。こういったことがないようにするためにも、来客の際に使用する予定の応接室や会議室などは、清掃状況を事前に確認しておきましょう。

✅ check

席に上座・下座があるように、イスにも格があります。イスの格にも気をつけるようにしましょう。
背もたれやひじかけ付きの長イス（ソファー）が最も格が高く、その後は背もたれやひじかけ付きの1人がけのイス、背もたれなどがない1人がけのイスの順に格が決まります。

席次の基本

※一番格上の席が①、番号順に格が下がります。

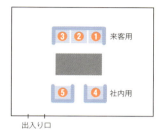

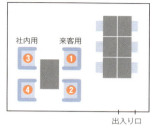

①と②に格が上のイスを置くようにします

応接室の場合
出入り口から一番遠い席が上座。複数人が座れるイスの場合は、出口から遠い順にお客様を案内します。手前に座った場合は「こちらへどうぞ」とすすめます。通常、長イスが来客用です。

オフィス内の応接コーナーの場合
デスクのすぐそばに来客用のスペースが設けられている場合は、本来上座にあたる位置でも雑多な仕事場が見えるのは×。デスクに背を向ける側が上座となります。

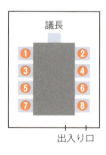

会議室の場合
社内の会議はもちろん、来客を通す場合に備えて、会議室の席次も覚えておきましょう。人数によってもさまざまな配置がありますが、基本的には出入りロから遠い位置が上座、近い位置が下座になります。

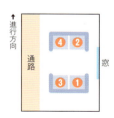
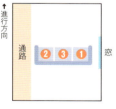

タクシーの場合
運転手の後ろが上座。下座の助手席に座る人は、運転手に行き先を告げて支払いを行う。

お客様が運転する車の場合
運転者と同格の人が助手席に。お客様に同行者がいれば、その人が上座に座る。

列車の場合
窓からの眺めを楽しめて酔いづらい、窓側・進行方向を向いている席が上座。

飛行機の場合
列車同様、窓側が上座で、ゆとりのある通路側が次に上位。真ん中の席が下座に。

来客応対の基本 ❸

おもてなしの心を表すお茶は、おいしく正しく出す

≫ お茶出しは、足を運んでくださったお客様にのどの渇きを癒してリラックスしてもらう、大切なおもてなし

≫ お茶出しのタイミングは、お客様と担当者が席に着いて話し合いが始まる前がベスト。お客様の上座から下座、自社の役職順に出す

　お茶出しは、お客様にリラックスしてもらうおもてなしのしるし。気持ちのよい笑顔で礼儀正しく出すことが大切です。商談や会議の場では、お茶やコーヒーが気分転換や脳の活性化にもつながります。仕事を充実させる大切なアイテムであることも、覚えておきましょう。ただ、かたくなにマナーを守ろうと無理な体勢でお茶を出したりすると、かえって迷惑のもとに。臨機応変な判断で行いましょう。お茶出しはお客様と顔を合わせる機会でもあります。一度会っておけば、その後の電話でのやり取りなどもスムーズに。お茶出しに積極的に名乗りを上げると、メリットも大きいはずです。

おいしい飲み物のいれ方と出し方

煎茶のいれ方
❶ 急須と茶碗にお湯を入れて温める
❷ 急須のお湯を捨てて、人数×ティースプーン1杯分の茶葉を入れる
❸ 茶碗のお湯を急須に注いでふたをする。茶葉の周りにかけるようにゆっくり入れるのがポイント
❹ 約1分（高級なお茶は2分）蒸らす
❺ 色が均一になるように少しずつ注ぎ、茶碗の七～八分目まで入れる

コーヒー・紅茶のいれ方と出し方
コーヒーはコーヒーメーカーをきれいに保つことや、豆の管理がおいしさのポイント。冷蔵保存で早めに消費を。紅茶は煎茶のいれ方と同様で、蒸らし時間は約3分です。スプーンはソーサーの手前に柄を右にして置き、カップの持ち手は右に。ミルクとシュガーも添えましょう。

お茶の出し方

 ノックして入室する
お盆には茶碗と茶托を別々に乗せて持っていく。ドアをノックして（3～4回が適当）、「失礼します」と声をかける。入室する時には、お客様に会釈をするとよい

お盆を置く
サイドテーブルにお盆を置く。サイドテーブルがない場合には、入り口に近いテーブルの端に置く

茶碗を茶托にセットする
茶碗を茶托にセットする。この時、お茶がこぼれて茶碗の底が濡れていることがあれば、ふきんでぬぐってから茶托に置く

お茶を出す
両手で上座の人から出す。できるだけお客様の右側から「どうぞ」と一言添えて出すように。書類が広がっている場合は「こちらでよろしいですか」と尋ねる

絵柄はお客様側に
一部に絵柄が入っている茶碗は、お客様から見てその絵柄が正面にくるように置きます。全体に模様があるものは気にしなくてもOK。

茶菓子とおしぼりの出し方
お茶以外に茶菓子やおしぼりを出す時は、並びに注意。お菓子はお客様から見て左側、おしぼりは右側に置くようにします。

こんな時は…

お客様の右側から出せない！
お客様の右側へ行くスペースがない場合や、お客様とお客様の間に割り込まないと出せない場合などは「前から失礼します」と声をかけて出しましょう。

お客様がたくさんいる！
複数のお客様がいる場合、部屋やテーブルにゆとりがないと1人ずつお茶を出すのは困難。社内の人が席に着いている場合は、回してもらうことも可能。厚意に甘えましょう。

社内業務

訪問の基本 ❶

アポ取りと訪問は
下準備と礼儀正しさが基本

> ≫ 時間と資料と名刺は余裕を持って。相手の時間をもらっているという意識を忘れず、効率のよいわかりやすい商談を
> ≫ 会社の代表者として訪問しているということを肝に銘じ、身だしなみや振る舞いにも細心の注意を払う

訪問において一番大切なのは、余裕を持って臨むこと。訪問相手は時間を割いて自分の話を聞いてくれるということを意識し、遅刻や段取りの悪さでムダな時間をつくらないようにしましょう。到着時間にゆとりがあれば、その分心の準備もできますし、話の流れを頭の中で組み立てることもできます。また、初めて会う場合はいかによい印象を持ってもらうかも重要です。身だしなみのチェックはもちろん、社内を案内されている最中や応接室で待たせてもらう時の立ち居振る舞いにも注意を。訪問先を出た後も、誰の目にとまるかわからないので、最後まで気を抜かないようにしましょう。

アポイントの取り方

アポイントは余裕を持って、1週間前には取るようにしましょう。まずは身分を説明し、訪問目的（相手側のメリット）を伝えます。訪問の日時を決める際は、複数の日時を提示し、相手の都合を確認して決定を。訪問の目的、日時、場所、同行人数、担当者名などの必要事項を復唱し、自分の連絡先も伝えます。最後に面会承諾のお礼を述べて、電話を切ります。相手のメールアドレスを知っている場合は、詳細をまとめたメールを送っておくようにしましょう。

アポイントを取る際は、相手に関してのデータや用件の資料、スケジュール帳やメモ帳を手元に置いておく

訪問前に確認しておきたいこと

訪問時に必要な持ち物リスト
・手帳と筆記用具
・訪問先の周辺地図
・資料（人数分＋α用意する）
・名刺（15枚以上は持っていく）
・携帯電話
・そのほか（ノートPCやタブレット型端末、ICレコーダーなど）

 check
☐ 訪問先の所在地を含め、情報を調べる
☐ 当日の行動予定を立てる（行き先、帰社時間などは上司に伝える）
☐ 身だしなみを整える
☐ ライバル社の商品を身につけていないかを確認する

社内業務

訪問先での流れ

10分前に到着
余裕を持って10分前には到着し、5分前に受付へ。玄関に入る時はコートやマフラーは脱いでおく。携帯電話もオフに

↓

受付
受付で自分の会社名、名前、アポイントの時間と相手の部署名と名前を告げる

↓

応接室へ移動
案内された部屋で席に着く。特に席を指定されなければ、下座に座る。正しい姿勢で腰かけ、荷物は足元に、コートは自分とイスの背の間に置く

> 出されたお茶を相手より先に飲んでもよいのは、相手が来るまでに自分のお茶だけが用意された時のみ。相手の分もあれば待ちます。

↓

あいさつ
担当者が来たら、立ち上がってあいさつをする。名刺交換し、すすめられてから席に着く。手みやげがあれば名刺交換の後に渡す

↓

商談の開始
「本日は○○の件でお伺いしました」と切り出す。雑談（→P162）で場を和ませてから商談に移る

↓

商談終了
用件を話し終わったら「ご検討お願いします／よろしくお願いします」などと締めくくる

↓

退出
「本日はありがとうございました」と、時間を割いてもらったことにお礼を言い、立ち上がる。コート類は玄関を出てから着用を

> 上司に同行する際は、上司の前を歩いたり、上司より上座に座らないように注意。商談中は資料を出したりメモを取るなど、上司のサポート役に徹しましょう。

訪問の基本❷

人脈づくりにも欠かせない、親密度を表す紹介のルール

>> 紹介には関係性に基づくルールがある。関係の深い人から浅い人へという順番で紹介するのが基本
>> ビジネスでは紹介でつながる縁も多い。マナーをしっかり覚えて失礼のないようにし、気持ちのよい関係性を築こう

　社内でも取引先との間でも、紹介され、紹介するという機会は多くあります。人脈形成のためにも、紹介のルールはしっかり把握しておきましょう。紹介順には役職の違いや関係性の度合いなどを伝える意味もあります。間違えれば失礼になるばかりか、誤解を与えてしまうので注意。紹介の仲介者になる際は、両者の間に立ち、手のひらを上にして紹介される側を指します。「社名、部署名、役職名、名前」を言い、紹介した後、もう一方の人を紹介して終了です。社外の人を紹介する場合には、どんな仕事を手がけている人なのかなど、一言添えるとよいでしょう。会話のきっかけにもなります。

紹介の仕方の基本ルール

先に紹介	後で紹介
社内の人 →	社外の人
1人 →	複数
紹介を依頼した方 →	紹介される方
関係が深い方 →	関係が浅い方
役職の低い方 →	役職の高い方

社内の人　自分　社外の人

紹介する時は、両者の間に立ちます。左の表に従って、まず社内の人を社外の人に紹介し、次に社外の人を社内の人に紹介します

いろいろなケースでの紹介の仕方

社内業務

紹介する場合

自分の上司を取引先の担当に紹介する
❶自分の上司を取引先の担当者に紹介
「弊社の営業部長の高橋です」
❷取引先の担当者を上司に紹介
「こちらA社の営業部の鈴木課長です」
社外の人の前では上司に敬称はつけない。上司が複数いる場合は、役職順に紹介する

担当者同士がお互いの上司を紹介する
❶立場が下の方(訪問した側、受注側)の担当者が上司を紹介し、自分の紹介をする
❷立場が上の方(招いた側、発注側)の担当者が上司を紹介し、自分の紹介をする

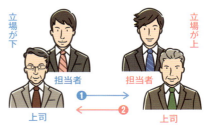

A社からの依頼でB社を紹介する
❶A社の人を自分との関係を添えて紹介
「こちらA社の鈴木さんです。○○商品の件でお世話になっております」
❷B社の人をA社の人に紹介
「こちらはB社の和田さんです。○○キャンペーンの際にお世話になりました」

紹介される場合

自社の担当者にB社を紹介してもらう
❶自社の担当者に紹介してもらい、自己紹介する
「はじめまして営業部の本田です。いつも佐藤(自社の担当者)がお世話になっております」
❷自社の担当者に取引先を紹介してもらう

B社に頼んでC社を紹介してもらう
❶B社の人に紹介してもらい、自己紹介する。この時、B社との関係を添える
「はじめまして、○△会社の本田です。B社の和田さんにはいつもお世話になっております」
❷B社の人がC社の人を紹介する

87

訪問の基本 ❸

関係性を深めるための手みやげとフォロー

>> 新規のお客様や取引先との関係をよりよくするためには、相手をリラックスさせるトークも大切。手みやげも関係を保つ潤滑油に
>> 商談がまとまっても、まとまらなくても、面会した後はお礼の連絡を。メールの場合は翌日中に、手紙の場合は3日後までに届くようにする

　商談を成功させたり、ビジネス上の関係性を深めたい場合に大切なのは、情熱や誠意ばかりではありません。相手の心をオープンにするような雰囲気づくりや、面会後のフォローなども大きな役割を担っています。初対面の相手には誰でも緊張するもの。場の空気を和ませるための会話のネタは、常に用意しておくといいでしょう。また、手みやげは相手先の人数やシーンに応じて適切なものを選び、喜んでもらえるように心づかいを。商談や打ち合わせ後のフォローはお礼の気持ちを伝え、関わる案件についての行き違いがないかの確認にもなります。小さな積み重ねで信頼につなげましょう。

和やかに話をするための会話の糸口

世間話でリラックス

商談や打ち合わせには、本題以外でも相手の心をつかむ会話をしたいもの。話し下手の人は常に、会話のネタとなる話題を用意しておくとよいでしょう。例えば「毎日暑いですね」といった季節のことや話題のニュース、「おしゃれなオフィスですね」といった訪問先の様子など。また、相手の声のトーンやテンポに合わせて話すと、相手がより話しやすくなります。

❌ NG
- 宗教や信仰について
- 政治観や支持政党について
- 応援しているスポーツチームについて
- 忙しさを強調する話について（儲かっているというアピールになる）
- 会社の経営状態について
- プライベートについて（関係が深くなればある程度はOK）

手みやげについて

得意先の訪問や初めてのお客様に、また年末年始のあいさつなどに持っていきたい手みやげ。会社によってルールが決まっている場合もあるので、事前に確認を。

持って行く際に確認したいこと

まず、会社で決められた購入先があるかや予算などを確認します。それに従って、個包装されていて日持ちするものを選ぶのがおすすめ。切り分けが必要なケーキや、好き嫌いが分かれるものなどは避けましょう。

シーン	手みやげの種類
年末年始	年末は自社のカレンダーなどが、年始はお年賀ののし紙を付けたお菓子などが一般的
お詫び	高級感があるものが◎。男性にはお酒、女性にはブランドもののハンカチなどを選ぶのもよい
得意先への訪問	個包装で分けやすく、日持ちするお菓子が喜ばれる。地方の名産品や話題のお店の品もおすすめ
お見舞い	果物セットや切り花が一般的。鉢植えの花などのNGアイテムもあるため、注意が必要（→P193）

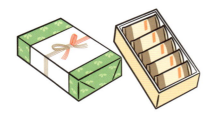

訪問後に必ずしたいフォローの連絡

次につなげるために、訪問後にはお礼メールや電話などで、必ずフォローをするようにしましょう。商談の内容に対する思い違いを防ぐ意味でも有効です。

面会に対するお礼

新規営業で商談ができた時などは、感謝の意を込めたメールを。より思いを伝えたい場合は、礼状を送るのがおすすめ。

継続的な関係がある場合のお礼

定期的に関わりを持つ場合は、こまめに状況確認の連絡を。ミスやすれ違いのないよう、お互いに確認し合いましょう。

お詫びの訪問のお礼

メールや電話ではなく、手紙にお詫びの内容と今後の対策を書き、訪問から2〜3日の間に投函するようにします。

面会のお礼メールに記載したいことは、話し合った内容の確認、不明点や問い合わせに対する回答、案件のスケジュール、窓口となる担当者の連絡先、次回の打ち合わせ日程など

出張の基本

下調べをしっかり行い、効率のよい行動を

> ≫ 出張前後に発生する手続きの確認を。行動計画表を作成し、効率的で生産性の高い業務が行えるようにする
>
> ≫ 会社には定期的に連絡し、自分の状況を報告するとともに、不在時の担当案件の状況や緊急度の高い連絡が入っていないかを確認する

　出張は目的の業務をこなすだけでなく、事前の下調べや宿泊先の予約から出張中の状況報告、経費管理、訪問先への気づかい、帰社後の報告書づくりまでさまざまな手続きや手配が必要となります。つまり<mark>下準備やケアをしっかりと行うことで、ムダのないスムーズな出張ができる</mark>といえるでしょう。

　不慣れな場所では予想外のトラブルがつきもの。時間に余裕を持って行動することを心がけましょう。公私の区切りをきっちりつけて集中力を保つことも大切。旅行気分にならないよう気をつけて。また、不在時にフォローしてくれる同僚への引き継ぎや連絡を欠かさないようにしましょう。

出張時の持ち物チェックリスト

✅ **check**

- □ 必要書類やサンプル
- □ 行動計画表
- □ 訪問先の連絡先と地図
- □ 訪問先への手みやげ
- □ 携帯電話（充電器含む）
- □ ノートパソコン
- □ 手帳と筆記用具
- □ 名刺（予備含む）
- □ 航空券や電車の切符
- □ 財布やカード類
- □ 洗面・メイク用具
- □ 替えのワイシャツ（ブラウス）
- □ 替えのネクタイ
- □ 下着
- □ 靴下（ストッキング）

ホテルに着いたら、スーツはすぐハンガーにかけてシワを防ぐ

出張前後の手続きの流れ

- **出張申請書の提出**
出張が必要な際は上司に相談し、承認を得る。会社ごとにルールがあるため、それを確認し、訪問先や日程を記入した出張申請書を提出する

- **ホテル等を予約**
出張日程に合わせて宿泊場所を決め、予約をとる。移動手段となる航空機や電車のチケットも手配する

- **行動計画表の作成**
出張は旅行ではなく、基本業務の1つ。行動計画をしっかり立てて、スムーズに業務を行えるように準備をしよう。行動計画表には、出張の目的、全体の日程とスケジュール、面会相手の部署と名前、訪問先の所在地と連絡先、ホテル名と連絡先などを記載する

- **持ち物の準備**
訪問先で必要な資料づくりやサンプルの確認、宿泊に必要な持ち物を準備する

- **帰社の報告**
出張後、帰社したらすぐ上司に商談の結果報告を。報告書作成と経費精算も行う

- **訪問先へのお礼**
訪問先にも帰社したことを伝え、面会のお礼の連絡をする

社内業務

出張業務で気をつけるポイント

定期的に会社に報告を
出張先では、朝にその日の行動予定を、夕方には1日の報告をしましょう。自分の状況を伝えるとともに、あなたが会社に不在の間に滞っていることはないか、あなた宛ての連絡が入っていないかなどを確認することも併せて行いましょう。

上司同行の際に心がけたいこと
商談時に資料をすぐ出せる準備をする、地図を頭に入れておく、アポイントの確認をしておくなど、常に上司が仕事をしやすくなるサポートをします。あくまでもアシスタントなので、訪問先で上司の顔をつぶすようなことのない振る舞いをしましょう。

体調管理に気をつける
長い移動時間や、慣れないホテルでの宿泊、普段とは違う起床時間など、出張先では普段のリズムが狂いがちです。特に長期の出張の場合は、体調管理が非常に重要。常備薬やリラックスグッズなど、自分なりに対策をしましょう。

お金はしっかり管理する
宿泊先や交通手段については、社内規定に従って予約をとるようにしましょう。出張時にかかった交通費や宿泊費、手みやげ代などは全て領収書をもらい、帰社後に清算します。領収書の出ないものは、その都度メモを取り、管理するようにしましょう。

報告・連絡・相談の基本

仕事を進めるうえで最も重要な「ホウ・レン・ソウ」

≫「ホウ・レン・ソウ＝報告・連絡・相談」のコミュニケーションは、仕事を進めるのに必要不可欠なもの。特に新人のうちは徹底して行う

≫「ホウ・レン・ソウ」は大きなトラブルを未然に防いだり、チャンスロスをなくすこともできるセーフティーネットと意識する

　仕事の経過や結果を伝える「報告」、進捗状況や予定を伝える「連絡」、ミスや不安材料の解決のためにアドバイスをもらう「相談」。上司にとっては常に部下の最新情報を把握でき、大きなトラブルを防ぐことができる大切なコミュニケーションです。自分自身もホウ・レン・ソウのクセをつければ、報告に対して上司が何を言うのかが予測できるようになり、求められるものを意識できるようになります。つまり先回りして、動けるようになるのです。ホウ・レン・ソウは自分の行動を上司に直接知ってもらう機会にもなります。積極的に行えば自己アピールになり、信頼感を得られるでしょう。

ホウ・レン・ソウの有無による結果の違い

ホウ・レン・ソウはトラブルを防ぐためにもとても有効です。その都度進捗を報告することで、上司は今後のスケジュールを立てやすくなります。また、こまめな状況説明があればヌケやミスも見つけやすく、大きなトラブルに発展する前に上司がフォローすることが可能です。怒られることを恐れ、ミスを報告せずにいると、取り返しのつかないことにもなると認識しましょう。

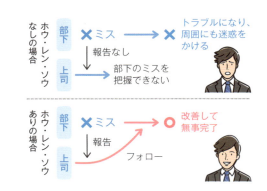

報告のポイント "意見ではなく事実を"

作業後すぐにが原則
商談の結果や自分が担当している業務の進捗などは、すぐに報告を。成果が上がったり、気になることが起こった時なども逐一報告するクセをつけましょう。

結論から事実を伝える
上司に時間を割いてもらうため、なるべく簡潔にわかりやすく伝えます。そのためには結論から話し、事実のみを述べると◎。必要であれば資料をつけます。

憶測や言い訳は NG
ビジネスの会話で重視されるのは確実性。自分の憶測でものを話すのは絶対に禁物。言い訳も事実を知るのには不必要です。評価も下がるのでやめましょう。

社内業務

連絡のポイント "とにかくこまめに"

まあいいやは NG
「これくらいのことは連絡不要かな？」と思っても、その判断を自分でするのは危険。特に新人のうちはわからないことも多いはず。小さなことも連絡を欠かさずに。

連絡ツールを状況別に
報告と同様、上司に時間を割いてもらうため、タイミングを計って行いましょう。口頭やメールなど、上司の都合に合わせた連絡ツールを使うと◎。

関係者全員に連絡を
指示を受けている上司が複数の場合や、プロジェクトチームを動かしている場合などは、関係している人全員に連絡を。伝わり方がまちまちだと混乱を招きます。

相談のポイント "すぐに＋自分の意見を伝える"

不安があればすぐに
ミスした時だけでなく、業務で不安や心配事がある時、疑問がわいた時にはすぐに相談を。やるべきことが明確になり、自信を持って業務を進められます。

自分の意見も伝える
相談だからといって、上司の指示を待つばかりでは社会人として失格。自分なりの意見や対策をまとめてから「自分はこう思いますが、いかがでしょうか」と相談を。

頼りすぎは NG
上司も相談されるのに悪い気はしないでしょうが、全てのことにアドバイスを求めていては「考えない脳」になってしまいます。あくまでも困った時だけに。

🔵 step up
上司が忙しい場合は、作業が終わるまでホウ・レン・ソウを待ちましょう。ただ緊急を要する場合は「お忙しいところ申し訳ありませんが、ご相談したいことがあります」と添えます。間が読める部下は気配りができるとして、評価もアップ。

会議の基本 ❶

入念な事前準備が、効率的で有意義な会議をつくる

» スムーズな会議の進行には、座席配置や席次、整えられた設備や機材が重要。事前に下準備をしっかりしておこう

» 会議は参加者の時間を使って行うもの。ダラダラせず、基本ルールを守って有意義な会議になるよう真摯な態度で参加する

　会議にはさまざまな種類があります。進捗と予定を確認する定例の会議や、アイデアを練る会議、問題解決のための対策会議など、目的はそれぞれです。有効な結論を導く会議を行うためには、万全な事前準備がカギとなります。アイデアを書き留めるホワイトボードや、資料をわかりやすく見せるプロジェクターなどは必須アイテム。また、会議のタイプに合わせた座席配置や席次にし、意見交換の活性化を促すような下地を整えておくことも大切です。後は参加者が基本ルールを守るよう心がければ、論理的で充実した議論を展開することができるでしょう。

一般的な会議の流れ

✅ check
会議までの To Do リスト
☐ 参加メンバーを把握する
☐ 会議室を手配する
☐ 必要であれば担当者と打ち合わせをし、使用する資料を作成する
☐ 資料を人数分コピーする
☐ ホワイトボードなどの機材を準備する
☐ 飲み物などを準備する

会議の事前準備

会議の開催が決定し、出席人数が確定したら、会議室の手配や機材の調達などの準備が必要になります。座席配置は会議の種類や人数に合わせ、的確なセッティングを。

座席配置と席次

会議の人数が多い場合は教室型の配置、意見交換を活発にしたい場合は円卓型、報告会にはコの字型、プレゼンにはプロジェクターが見やすい配置の対面型など、会議の目的に合う配置を考えましょう。

> 🔄 **step up**
> □ 議事録担当者は、発言者全員が見える席に
> □ 議長や司会者は、室内の時計が見える席に

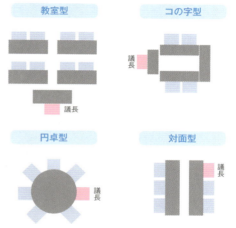

席次は上座と下座のルール（→P81）を基本にする

設備と機材の準備・確認

設備や機材は、室内の動線を邪魔しないような位置にセッティングします。OA機器などは事前に動作確認をし、不具合がないかチェック。機材の故障は会議を中断させ、モチベーションを下げてしまう要因にもなります。きちんと使用できるか、確認をしましょう。

発言を可視化できるホワイトボードや資料を大きく映すプロジェクター、気分転換できる飲み物を

会議で心がけたいこと

新人のうちは学ぶ姿勢で

はじめのうちは、うまく発言することよりも学ぶ姿勢を大切にしましょう。席に指定がない場合は出入口に近い席を確保し、準備は積極的に手伝います。社風にもよりますが、新人のうちは促されない限り発言の機会は少ないでしょう。まずは会議の主旨や討議の内容の把握に努めます。

> ✅ **check**
> 参加する際の基本ルール
> □司会者や議長の指示に従う
> □挙手をしてから発言する。ダラダラしゃべらず、結論から簡潔に話す
> □人の発言をさえぎったり、頭ごなしに否定しない。感情的になるのはNG

会議の基本 ❷

クールさと的確な進行で、活発な議論を展開させる

≫ 司会者は会議をスムーズに進行し、決議まで導く先導役。事前の予測と的確な声かけで会議を活性化させよう

≫ 話し続けたり、むやみやたらに反論する困ったタイプには、それぞれに合わせた対処法で切り抜ける

会議ではプレゼン（発表）者、書記、司会、議長（司会を兼ねる場合もある）といった役目によって、事前準備と参加の際の視点が異なります。プレゼン者は配布資料の作成や提案内容を簡潔にわかりやすく説明すること、書記は会議の内容を正確に記録し、議事録をまとめること、司会や議長は会議の進行と議論をうまくまとめ、決議を導き出すことが主な役割。それぞれが役割を認識して会議に臨むことで、実りのある内容になるでしょう。特に司会は進行だけでなく、常に客観的な意見を持ち、立場の違う参加者の意見を引き出して濃い議論を展開できるようにすることも大事です。

司会者が心得ておきたいこと

進行を予測しておく

司会者は参加メンバーを把握し、部署や担当業務の内容、性格からどんな意見が交わされるのかを予測します。複数の結論を導き出す必要がある場合には、タイムスケジュールを作成して、流れをコントロールできるように準備しておくとよいでしょう。司会進行は会議のリーダー的存在です。仕切りによって、会議の良し悪しが決まると心得て、事前に予測と対策を。

✅ check
☐ 事前に会議の進行を予測し、計画を立てておく
☐ 議論には加わらず、冷静さを保つ
☐ 意見は公平な立場で聞くようにする
☐ 主観的ではなく客観的な目線を持つ
☐ タイムキーパーとなり時間調節する
☐ ピリピリした場の空気を和ませるようなユーモアを心がける

司会進行の仕方

司会者は会議をコントロールする役目。導入で会議の目的を改めて全員に認識してもらい、意識の統一を図ったうえで始めます。定期的に議論のまとめを挟みながら結論に導きます。

あいさつと会議進行の説明
「時間になりましたので、○○会議を開催します」とあいさつ。議題を説明して共通認識を持たせ、終了予定時刻や、最後に採決をするなど議決の方法も話す

自己紹介と議題の確認
「本日の司会進行をいたします、営業部の○○と申します」と名乗り、議題の簡潔な説明をして議論の導入とする

プレゼンや発表、討議
担当者がプレゼンや発表をし、質疑応答や討議を重ね、意見をまとめていく

経過報告
ある程度討議が進んだら、意見の経緯をまとめて結論に近づける

議決
採決をとるなどして結論を出す。次回の会議が開催される場合は日時などを連絡し、閉会する

困った人・困った場合の対処法

話が止まらない人
「なるほど！おっしゃる通りですね。では○○さんはどう思われますか？」など、一度受け取って肯定してから、別の人に振ります。

常に反論したがる人
健全な進行のためには、このタイプの人とは事前に話しておきます。「事前にご意見を頂戴したい」などと協力要請をしておきましょう。

話に割り込みたがる人
すぐに人の話に割り込みたがる人には、「この件に関しては○○さんのご意見から伺いたいと思います」などと、先に話を振ってしまうのが得策です。

発言しない人には
モジモジして発言できない場合とやる気がない場合があります。消極的なタイプには積極的に指名し、無関心タイプには事前に意見をまとめておいてもらいます。

行き詰まったら
出た意見を司会者が整理して説明し、全体像をみんなが把握できるようにし、リスタートします。15分程度の休憩を挟んで、リフレッシュするのも◎。

> 🔵 **step up**
> 会議が終わったら、機材の片付けや会議室の掃除をします。冷暖房や照明を消すことを忘れないようにしましょう。司会者は議事録を確認し、あいまいな箇所がないかを他の社員とチェックします。完成した議事録は、参加者に共有を。

column
届け出のルール

　休暇や遅刻、早退などは会社の業務に支障が出ないように、なるべく早く許可をとるようにしましょう。上司にとって部下のスケジュール管理は仕事のうち。迷惑のかからない配慮が重要です。会社によっては届け出が必要な場合もあるので、事前に確認を。また、結婚や住所変更などに関しては会社に届け出ることがルールです。

業務として連絡するもの

遅刻
通院などが理由の場合は事前に伝え、寝坊や交通機関の遅れの場合は、始業10分前を目安に連絡を。遅延証明書が必要な場合もあるので、確認しておきましょう。

早退
通院や弔事関係の場合は、早めに連絡しておきます。家族の事故などの緊急を要する場合はすぐに上司に伝え、了解を得ましょう。上司が不在の場合は、後で電話でフォローを。

直行直帰
直行は自宅から取引先へ直接向かうこと、直帰は出先から直接帰宅すること。朝、急に取引先へ立ち寄らなくてはならなくなった場合や出先で遅くなった場合は、電話連絡を。それ以外は事前連絡が必要です。

欠勤
病気や事故などでどうしても会社を休まなくてはならない場合は、遅刻同様、始業10分前に電話連絡をしましょう。引き継ぎが必要な場合は必ず相談を。事後に届け出を必要とする会社もあります。

義務として届けるもの

有給届
有給取得は労働基準法で義務づけられており、規定日数以内なら給与計算から除外されることはありません。連休になる場合は周囲と調整をし、迷惑をかけないように。許可はできるだけ早くもらいましょう。

結婚・離婚、各種変更届
扶養控除などの各種手当、税法上の優遇措置と関係するため、結婚や離婚は会社にとって把握しなければならない情報です。また、住所や給与の振込先の変更なども、わかった時点で伝えるようにしましょう。

chapter 4

ビジネス文書

ビジネス文書の基本 ❶

基本ルールを守り、誰にでもわかりやすい文書を

>> ビジネス文書は基本のルールを守って、正確かつ明瞭にまとめることが重要。数字や情報の間違いは大きなトラブルの原因になるので注意

>> ビジネスで使う文章は結論から始めるのが原則。長い文章はわかりづらくなるので、1文を短くすることを心がける

ビジネス文書は正確かつ明瞭であることが重要です。5W3H（いつ、どこで、誰が、なぜ、何を、どのように、どのくらい、いくら）をはっきりさせ、簡潔にまとめましょう。基本的なルールを守れば、誰にでもわかりやすい文書をつくることができます。ビジネス文書はそれ自体が「証拠」となるもの。日時や数字、金額などに間違いがないかをしっかり確認したうえで、上司や責任者のチェックを受けましょう。慣れないうちは、ほかの人がつくった文書を真似することから始めればOKです。自分なりのフォーマットができると、効率よく文書をつくれるようになります。

ビジネス文書作成の流れ

ビジネス文書は目的をはっきりさせ、誰に（社内、社外、目上の人など）送るものかを確認してから書き始めます。基本ルール（→P101）にのっとり、わかりやすい文章を組み立てましょう。数字や日時、金額、数量などは記憶に頼らず、データを確認しながら書くように。出来上がったら、誤字脱字や情報に間違いがないかを確認し、上司のチェックを受けます。控えをとるのも忘れずに。

出来上がった書類は上司に確認してもらいましょう

ビジネス文書の基本ルール

誰が読んでもわかりやすい文書をつくるには、基本的なルールを守って書くことが大切です。それにより、トラブルを減らすことができます。

1 文書 1 用件
1 件につき、A4 用紙 1 枚に横書きでまとめます。詳細がある場合は、別紙を添付しましょう。

アラビア数字で統一
3 桁ごとにカンマ（,）で区切ります。桁が多い場合は「1 億円」など漢字を使うと◎。

専門用語は避ける
社内だけで使用している略語や、その業界だけでしか通用しない専門用語は NG。

あいまいな言葉は NG
「おそらく〜」や「〜だと思います」などのあいまいな表現は避けましょう。

重要度を指示する
重要度に応じて「部外秘」や「社外秘」などの指示を入れます。

わかりやすい文章の組み立て方

一般的な文章では「起承転結」のスタイルを用いますが、ビジネス文書では結論を最初に述べることが求められます。

自分の意見は一番最後に
最初に結論を述べ、その後で理由や経過説明を加えます。最後に自分なりの意見でまとめましょう。改行したり、箇条書きを使うことで見やすさもアップします。結論が後回しになると、何が言いたいかわかりづらくなってしまうので気をつけて。

結論 → 理由 → 経過説明 → 意見・提言

簡潔にまとめる
わかりやすい文章にするには、1 文を短くし（目安は 50 文字以内）、主語と述語を近づけるのがポイントです。文章が長くなってしまった場合はいくつかに分け、接続詞や指示代名詞（「これ」「それ」など）でつなぎましょう。

NG　商品「○○」の問題点は、先日行った顧客アンケートの結果によると操作のわかりづらさであるため、今後の商品で改善していく必要がある。

OK　先日行った顧客アンケートの結果によると、商品「○○」の問題点は操作のわかりづらさである。この件については、今後の商品で改善していく必要がある。

ビジネス文書の基本 ❷

機密性と緊急性を考えて、正しくツールを選ぶ

>> 文書ツールを選ぶ時は、機密性と緊急性を考慮して。公的な書類や個人情報が含まれるものは、必ず紙文書で送付する

>> クレーム対応やお詫びにメールは不向き。電話か面会で細かなニュアンスを伝える努力を

　ビジネスで使う文書のツールは、紙・メール・FAXの3種類。それぞれの特性を知り、正しくツールを選ぶことが大切です。現在では社内・社外問わずメールを使用することが多くなっていますが、送る相手や用件によってはメールでは失礼にあたったり、誤解を生むことも。特にクレーム対応やミスの報告などのお詫びは、メールでは誠意が伝わりません。電話か直接面会するようにしましょう。相手の状況を確認しながら相談する場合も、電話がベターです。ビジネス文書は会社によってルールが決められていたり、フォーマットがある場合も多いので、迷った時は先輩や上司に確認しましょう。

ツールの選び方のポイント

ツールを選ぶ時にポイントになるのが、「機密性」と「緊急性」。社外秘の内容や個人情報は、外部への流出を防ぐために紙文書で送付します。また、契約書や督促状など公的な性格の強いものも、必ず紙文書にしなければなりません。緊急の案件で先方の要望であれば見積書などをFAXで送ってもかまいませんが、確実に相手に届けるために電話でフォローしましょう。

✅ **check**
文書ツールは下記のポイントを確認して選びましょう
☐ 緊急の用件か
☐ 機密情報が含まれているか
☐ 誰に出すのか（目上の人／取引先／社内／社外など）
☐ 図や地図があるか
☐ 日時や数字を伝える内容か

それぞれのツールの特性を理解しよう

紙文書（→P104～）
ビジネスでは最も丁寧とされています。見積書や契約書などの重要書類のほか、社内外の文書全般に使用できます。特に、目上の人や取引先に使用すると◎。

- メリット：礼状や案内状などを出す際、メールよりも丁寧さが伝わる
- デメリット：郵送の場合は時間がかかるので、緊急の用件には使えない

重要書類は印が押されているかを確認

ビジネス文書

複数の人に一度に送る時にも便利！

メール（→P124～）
スケジュールの連絡や緊急ではない用件など、日常的な連絡に使えるツール。相手の都合のよい時に見てもらえるので、忙しい相手に送るのにも便利です。

- メリット：予定や金額などの伝達ミスを防ぐことができ、履歴として残すこともできる
- デメリット：相手がいつ確認するかわからない。表現が無機質になりやすいので、クレーム処理などでは相手の感情を逆なでする恐れがある

FAX（→P130～）
緊急の連絡や地図など、相手にすぐに読んでもらいたいものを送る時に便利。送信前、送信後に電話でフォローすることも大切です。

- メリット：図や地図などが入っているものを手早く送ることができる。受け取った側もプリントアウトをする手間がかからず、すぐに確認できる
- デメリット：送信相手以外の人にも見られる可能性があるので、機密性の高い文書の送信には向かない。細かい地図や枚数が多い資料の送付もNG

地図があって助かるな！

社内文書

あいさつは不要
社内文書は簡潔さが命

> ≫ 社内文書をまとめる時は、時候のあいさつやあらたまった敬語は必要ない。簡潔でわかりやすい文書をつくることが大切
>
> ≫ 社内文書は指示や届け出、連絡、記録などさまざまな種類のものがある。社内のフォーマットを使って書けば OK

同じ会社の中で交わされる社内文書は、情報が正確に伝達されることが目的であり、誰にでもわかりやすいことが何より大切です。ですから、==時候のあいさつなどの儀礼的な要素は入れずに簡潔に書きます==。敬語も必要以上にあらたまったものではなく、最低限で OK。社内でフォーマットがある場合がほとんどですので、目的に合ったものを選び、利用しましょう。ただし、==データをコピーして使用する際は、日時、氏名、宛名などを修正するのを忘==れずに。文書が出来上がったら見直しましょう。また、締切に遅れるとほかの人に迷惑がかかるので、早めの提出を目指して。

社内文書とは

社内文書は 4 種類に分けられる

社内文書は大きく分けると、社内の上部から下部に出される「命令・指示」、下部から上部に提出する「報告・届け出」、部門同士でやり取りする「連絡・調整」と「記録・保存」の 4 種類です。どれも社内における情報を関係者に伝達し、業務を円滑に行うためのものです。

> ✅ check
>
> 社内情報は全てが「社外秘」であるという認識を持ちましょう。特に新製品の企画や外部に未発表の事項は、友達や家族に安易に話さないように気をつけましょう。

社内文書の種類

社内文書は目的に合わせて選び、提出します。聞き慣れない名前のものもあるかもしれませんが、社内のフォーマットに沿ってわかりやすく書きましょう。

業務報告書・日報・月報など
自分の業務内容を報告するもの。日報は1日の、月報はその月の締めくくりの報告。フォーマット化されている場合がほとんどです。

始末書・顛末書（てんまつしょ）
就業規則に違反した時や、過失により会社に損害を与えた場合に求められます。重大でなくても説明が必要な場合は、顛末書が必要に。

稟議書（りんぎしょ）
案件の決裁や承認を求める書面。「伺い書」や「起案書」という場合もあり、備品の購入から経営活動方針の決定まで、幅広く作成されます。

上申書（じょうしんしょ）
職制上の権限を越えて仕事を進める必要がある場合など、上司に意見や提案を申し出て、判断や指示を求めるために書く文書です。

そのほかの社内文書

目的	文書の種類
指示・命令	企画書、指示書、通達など
報告・届け出	休暇届、退職届、遅刻届、早退届など
連絡・調整	通知書、照会書、回答書、依頼書など
記録・保存	各種帳簿類（出入金伝票、経理帳簿など）、議事録、統計書類など

社内文書作成のポイント

です・ます調で書く
文章は「です・ます調」で統一し、報告書などには「である調」を使う。敬語は最低限のものでOKです。

あいさつ文は入れない
社内でのやり取りなので、社外文書と異なり、頭語や時候のあいさつは省き、いきなり本題に入ります。

発信者名を入れる
文書を発信する責任を持つ人の名前を必ず入れます。発信者と担当者が異なる場合は、文書の最後に担当者の氏名と連絡先を書きます。

ビジネス文書

社内文書（通知書）見本

時候のあいさつのかわりに、「お疲れさまです」などのねぎらいの言葉を入れると印象がアップします。社内懇親会などのお知らせの場合は、ユーモアのある表現を入れても OK です。

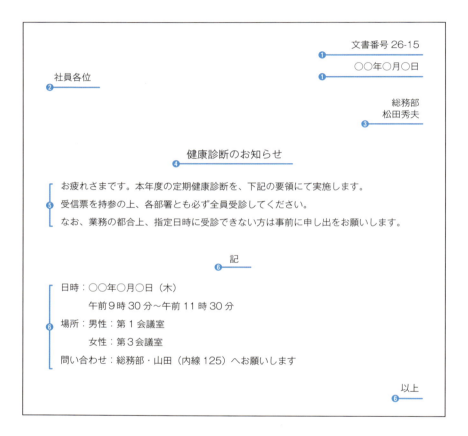

❶文書番号／日付
文書番号は会社によってはなくても OK

❷宛先
「○○部長」など役職名で書く。対象が多い場合は「○○各位」で OK

❸発信者名
所属部署、氏名を記入。内線番号などを入れる場合もある

❹件名
内容がすぐにわかるような見出しをつける

❺本文
結論から始め、簡潔にまとめる

❻概略
「記」の下に概略を箇条書きでまとめ、「以上」で締めくくる

社内文書（稟議書）見本

物品を購入する際の稟議書は、理由を簡潔に述べます。その商品を選定した理由があれば、数字を使って表すと効果的です（例：印刷スピードが25枚/分→35枚/分にアップするなど）。

総務部
松田部長

〇〇年〇月〇日

営業部
本田翔太

カラープリンターの新規購入について

表記の件について購入したく、お伺いいたします。

記

申請理由：現在使用しているプリンター（導入日 〇〇年〇月）で印刷不良などの故障が
　　　　　頻発しており、作業効率が下がり、業務に影響をきたしているため。
購入内容：カラーレーザープリンター　〇〇-XX（△△社製）　1台
購入金額：126,000円
購入先：株式会社〇〇
添付書類：メーカー比較表、商品カタログ

以上

✓ check

文書ができたら、最終チェックを忘れずにしましょう。その後上司に確認をとります。

☐ 用件は1つにしぼられているか
☐ 宛先は書かれているか（複数人の場合は「各位」を使う）
☐ 発信者の所属、名前、連絡先はあるか
☐ わかりやすい件名がついているか
☐ 「記」と「以上」が入っているか

複数の書類のまとめ方

左綴じが基本

横書きの書類は、左上をホッチキスで横（―）か斜め（／）に留めます。枚数が多い場合はクリップを使いましょう。また、縦書きの場合は右上を綴じます。

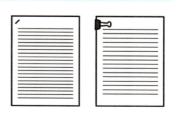

報告書の書き方

数字とデータを正確にし、簡潔な報告書を作成

>> 日報は10分程度で作成するのが効率的。業務の中で気づいたことや数字データをメモする習慣をつけよう

>> 報告書は簡潔に、結論から客観的に書いていく。感想や今後の見通しなどは最後に「所感」（反省点や課題）として付け加える

　報告を目的とする書類には、自分の業務内容や進捗を報告するもの（日報など）や、プロジェクトの区切りなどで結果や進捗を報告するもの（出張報告書や調査報告書など）があります。自分の意見はなるべく排除し、箇条書きや図表を用いて客観的にまとめ、「である調」で記入します。数字は正確に記入し、見通しや提言は最後に「所感」として付け加えます。効率よく書くためにはメモが役立つため、数字やデータなどは業務中にメモをしておきましょう。思いついたことや改善点なども、気づいた時にメモする習慣をつけると◎。現在は報告書を紙ではなく、データで提出する会社も増えています。

日報の書き方

数字やデータは正確に

日報の書式は会社や職種によって異なりますが、主に当日の業務内容、業務の進捗状況、所感などを記入します。作業にかかった時間や、誰とどんな商談をしたかも忘れずに。数字や金額は確認しながら、正確な情報を記入するようにしましょう。メモを活用しながら10分くらいでまとめられるように習慣づけて。

報告書（出張報告書）見本

会社によって、定型の出張報告書が用意されている場合もあります。ない場合は下記を参考に、簡潔にまとめて。出張報告書は会社に戻ったらすぐに作成し、上司に提出しましょう。

〇〇年〇月〇日

営業部
高橋部長

営業部
本田翔太

出張報告書

新製品の販売促進のため出張いたしましたので、下記の通り報告します。

記

1. 出張目的　名古屋エリアでの新商品「X-123」のヒアリング及び販売促進
2. 出張先　名古屋市内、近郊の小売店舗 5 店舗
3. 出張期間　〇〇年〇月〇日（火）～〇月〇日（水）
4. 同行者　営業部　田中主任

5. 結果報告　・各店舗にて販売状況をヒアリング。「X-123」の売上は各店とも好調で、旧モデル「X-001」の同時期の売上と比較すると 40％増の店舗もある。
　　　　　　・各店舗にて販促キャンペーン用のパネルを設置。△△社の商品よりも目立つ場所へのディスプレイを約束していただいた。

6. 所感　〇〇デンキ名古屋店の鈴木店長によると、ほかのエリアの店舗とは異なり、オレンジ色の売れ行きが好調とのこと。そのため、今後名古屋エリアオリジナルのポスターや POP などの作成を検討していきたい。

以上

✅ **check**

出張先で使用した経費は、会社に戻ったらすぐに精算を。接待費は同行した人数や名前も必要です。会社の所定の用紙に従って、詳細に記入しましょう。

社外文書

相手への配慮を大切にし、会社の意向を伝える

>> 社外文書では相手に失礼がないよう、ルールやマナーにより注意が必要。正しい敬語と時候のあいさつを使って、臨機応変にまとめる

>> 重要書類には社印を押す。忘れると送り直しなど先方に迷惑をかけるので、必ず送る前に確認を

社外文書は、ビジネスの相手に会社の意向を伝えるものです。社内文書では敬語は最低限にし、簡潔明瞭に書くことが優先でしたが、社外文書は敬語や時候のあいさつなどを用いて、相手に失礼のないように書くことが大切です。文例集（→P118～）を参考に作成しましょう。会社のフォーマットを使うことが多くありますが、数字やデータの直し忘れは大きなトラブルに発展する恐れがあるため、書類を作成し終わったら入念に確認を。また、重要な書類は必ず上司に書類の承認を得たうえで社印を押してもらいましょう。送る前に控えをとるのも忘れないように。

社外文書作成のポイント

敬語を正しく使ってまとめる

社外文書は、相手に失礼のないように正しく敬語を使います。回りくどい表現を使いすぎると文字数が増え、本来の用件がわかりづらくなってしまうため、スッキリさせるように気をつけましょう。また、時候のあいさつや安否のあいさつは、ビジネス特有の言い回しがあります。覚えておくと、効率よく書類を作成できます。

相手の名前や会社名などに誤字がないか、確認してから送りましょう

社外文書の種類

日常的に使用する見積書や注文書などは会社のフォーマットを使うので、一から作成することはほとんどありません。内容と形式を覚えておきましょう。

契約書
契約の内容を表示し、契約の成立を証明する文書。基本的には2部作成し、署名捺印後、双方で1部ずつ保管します。

見積書
顧客の注文に合った商品の仕様と価格を提示する書類。これによって顧客は商品の購入を判断します。

納品書
納入先に商品を納品したことを証明する書類。納品した商品、数量、合計金額等を記入し、商品と一緒に送ります。

請求書
商品を購入した顧客に対し、商品代金の支払いを請求する書類。納品書兼請求書を送付する方法もあります。

そのほかの社外文書

目的	文書の種類
取引に関する書類	注文書、仕様書、提案書、回答書など
金銭に関する書類	領収書、受領書、督促状など
そのほか	案内状、抗議書、詫び状など

社印の取り扱い方

重要書類には社印が必要

社印は小切手などにも使われる重要なものですので、取り扱いには注意して。契約書など重要な書類は、社印と代表者印を合わせて押印します。また同じ文書を2部以上作成した際に、それらの関連性を示すために2つの書類にまたがって押す印を割印といいます。重要書類に押印せずに送付すると、先方に迷惑がかかるので必ず確認を。

社印の押し方

会社名のみ
○△株式会社㊞

氏名のみ
総務部長　松田秀夫㊞

会社名＋代表者名
東京都新宿区○○町1-2-3
○△株式会社㊞
代表取締役社長　阿部雅俊㊞

社外文書（送付状）見本

頭語や結語、時候のあいさつを正しく入れて書きます。時候のあいさつは月によって変わるので、文例集（→P118〜）を参考にしましょう。

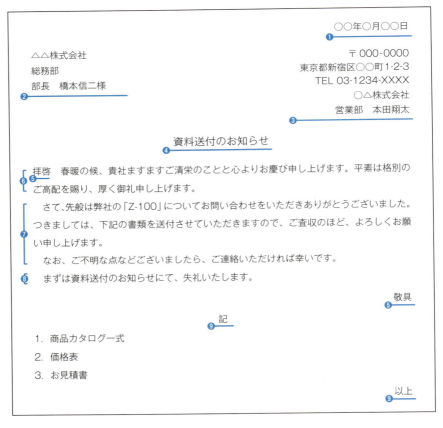

❶発信日	発信日を記入する	
❷宛先	宛先を記入する。「部長様」など、役職名に敬称をつけるのはNG	
❸発信者	発信者を記入する。氏名の横に押印する場合もある	
❹件名	わかりやすい件名をつける	
❺頭語と結語	必ずセットで使う	
❻前文	頭語から1字空けて、時候のあいさつと定型のあいさつを書く	
❼主文	改行し、「さて」「ところで」などから書き始める	
❽末文	「まずは」などに続けて締めくくる	
❾記・以上	「記」の後に内容を箇条書きでまとめ、「以上」で締めくくる	

社外文書（案内状）見本

出席の都合などを聞く場合は、下記の例のように箇条書きの下に添えます。余裕があれば新製品の特徴などを簡潔に記入できるとさらに◎。

〇〇年〇月〇〇日

〇×株式会社
販売部
部長　宮野修一様

〒000-0000
東京都新宿区〇〇町1-2-3
TEL 03-1234-XXXX
　　　　〇△株式会社
　　　広報部　佐藤雅子

新製品「Z-200」説明会のご案内

拝啓　初夏の候、貴社ますますご清栄のことと心よりお慶び申し上げます。平素は格別のご高配を賜り、厚く御礼申し上げます。
　さて、このたび弊社より、新製品「Z-200」を発売することになりました。つきましては、下記の通り商品説明会を催したいと存じます。ご多忙とは存じますが、皆様お誘い合わせのうえ、ぜひご参加いただきたくお願い申し上げます。
　まずは、略儀ながら書中をもってご案内申し上げます。

敬具

記

日時：〇〇年〇月〇日（火）　午後1時～5時
場所：〇〇ホテル2F　〇〇の間
　　　東京都港区〇〇2-34　TEL 03-0000-0000
　　　（〇〇線〇〇駅より徒歩〇分）

　なお、勝手ながらご出席のご都合を、〇月〇日（月）までに同封のはがきにてご通知くださいますようお願い申し上げます。

以上

✓ check

相手の名前や社名、役職などを間違えるのは厳禁。会社としての信頼も失いかねないので、最新の名刺と照らし合わせて再度チェックを。合っているつもりでも、変換ミスをしていることもあります。「伊藤」と「伊東」、「河合」と「川井」、「斎藤」と「齋藤」など、いくつかある表記の名字は特に注意が必要です。

社交文書

自筆の手紙で思いをしたためる

>> 社交文書とは、社外向けの手紙のこと。パソコンで作成するよりも手書きにすることで、より丁寧な印象を与えられる
>> 礼状や詫び状はなるべく早く出すことで、誠意が伝わる。季節のあいさつは出す時期が決まっているので、間違えないように

　現在では携帯電話やパソコンの普及によって、手紙を出す機会が減っています。しかし、手紙の書き方はビジネスだけではなくプライベートでも使えるので、社会人の常識として知っておきたいものです。特に、目上の方へのお礼状や季節のあいさつは、自筆でしたためることで気持ちを伝えられます。使い慣れない言葉や丁寧すぎる敬語を使う必要はありません。礼状なら、具体的な感想を入れることで、より感謝の気持ちが伝わります。また、季節のあいさつは出すタイミングが決まっているので、時期を守って書きましょう。まずは身近な人にはがきを出すところから始めてみるとよいでしょう。

封書とはがきの使い分け

目上の方には封書がベスト

封書は、はがきよりも丁寧な印象を与えるので、礼状や詫び状などあらたまった文書や、目上の方に宛てた手紙に適しています。現在では、はがきも略式的なイメージはなくなっているので、季節のあいさつや親しい人へのお礼など、気軽なコミュニケーションの手段として使うことができます。案内状などの持ち運ぶものは、封筒から取り出す手間のないはがきの方が親切です。

礼状や詫び状はすぐに書いて投函することで、誠意が伝わります

社交文書の種類

ビジネスで使用する季節のあいさつは儀礼的な習慣になっているので、印刷されたはがきを使う場合がほとんどです。それ以外は臨機応変にアレンジして作成しましょう。

目的	文書の種類
季節のあいさつ	年賀状、寒中見舞い、暑中見舞い、残暑見舞いなど
お礼	贈り物に対するお礼状、お祝い・お見舞いに対する返礼状など
お見舞い・お悔やみ	病気見舞い、災害見舞い、お悔やみ状など
お祝い	開店・開業祝い、栄転祝い、昇進祝い、受賞祝いなど
通知	社名変更のお知らせ、社屋移転のお知らせ、人事異動のお知らせなど
案内・招待	展示会の案内状、パーティー・親睦会の招待状など

✅ check

季節のあいさつは送る時期が決まっているので、注意しましょう。以下は出す時期ではなく、相手に届く日の目安です。

- 年賀状　　　元日～1月7日まで。それ以降は寒中見舞いを出す
- 寒中見舞い　1月6日頃～立春（2月4日）まで
- 暑中見舞い　7月中旬（梅雨明け）～立秋（8月7日頃）まで
- 残暑見舞い　立秋～8月末まで

社交文書作成のポイント

縦書きでより丁寧に

儀礼的な文書や、あらたまった文書、目上の方への文書は、縦書きにするとより丁寧な印象を与えられます。宛名も縦書きにするのが一般的です。

黒か青の筆記具を使う

お礼状や詫び状など、あらたまった文書は手書きで作成しましょう。必ず黒か青の筆記具（できれば万年筆）を使います。封筒と便箋は同じものを使いましょう。

便箋は無地を選ぶ

最もフォーマルな便箋は、罫線の入っていない白無地のもの。付属の罫線の下敷きを使って書きましょう。縦の罫線入りのものでもOKです。

社交文書（礼状）見本

社外文書と同様、前文→主文→末文の流れで書き、最後に後付として日付や署名、宛名を記入します。後付が2枚にまたがったり、後付だけが2枚目にくるのはNGです。

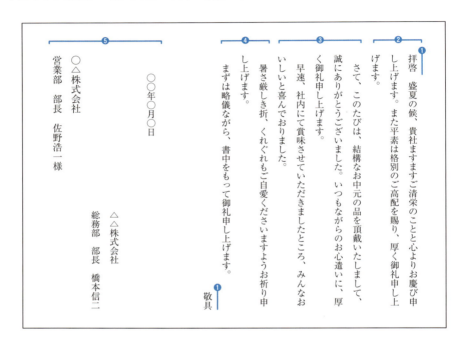

- **❶頭語と結語** 　セットで使う。頭語は最初の行に字下げせず書く。頭語の後は1字空けて続けるか、改行して続ける。結語は行末か、改行して書く
- **❷前文** 　時候のあいさつに続けて、定型のあいさつ、感謝の言葉などを書く
- **❸主文** 　改行して1字下げ、「さて」「ところで」などで書き始める
- **❹末文** 　相手を気づかう言葉や用件のまとめで締めくくる
- **❺後付** 　日付、署名、宛名を書く。日付は2～3字下げ、署名は行末に揃える。宛名は本文より大きい文字で、日付よりやや上に書く。便箋の最終行に宛名がこないよう注意

❌ NG

縦書きの手紙で、目上の人の名前などが行の下の方にきたり、2行にまたがるのは失礼にあたるので文章の調整を。また、文字を書き間違えた時に修正液を使うのもNG。もう一度書き直しましょう。

はがき（送り状）見本

はがきは略式の「手紙」なので、構成は便箋に書く手紙と同じです。上下に余白をつくり、7〜10行くらいにまとめるとスッキリします。

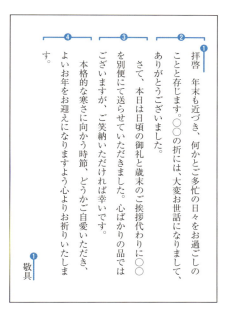

拝啓　年末も近づき、何かとご多忙の日々をお過ごしのことと存じます。○○の折には、大変お世話になりまして、ありがとうございました。

さて、本日は日頃の御礼と歳末のご挨拶代わりに○○を別便にて送らせていただきました。心ばかりの品ではございますが、ご笑納いただければ幸いです。

本格的な寒さに向かう時節、どうかご自愛いただき、よいお年をお迎えになりますよう心よりお祈りいたします。

敬具

❶**頭語と結語**　親しい相手なら「前略」「草々」を使ったり、頭語を入れず、時候のあいさつから始めてもOK

❷**前文**　時候のあいさつなどを書く。「前略」の場合は、前文を省略する

❸**主文**　改行して1字下げ、「さて」「ところで」などで書き始める。内容が少ない場合は、小さなイラストが入ったはがきを使うと◎

❹**末文**　相手を気づかう言葉や用件のまとめで締めくくる

✓ check
はがきは受取人以外も読むことができるため、プライバシーに関わることを書くのはNG。お願いごとなども、封書を使って書きましょう。

一筆箋は日常で使える手紙

一筆箋は縦18cm×横8cmほどの短冊型の細長い便箋。手紙に慣れていない人でも気軽に使うことができます。

日常的に使ってOK
プレゼントを送る時や借りていたものを返す時、社内でちょっとした資料を渡す時など、日常のさまざまな場面で使え、丁寧な印象を与えます。

定型フレーズは省略する
「拝啓」「敬具」や定型のあいさつは省略します。余白ができてもOKですが、2枚にわたるなら便箋を使いましょう。

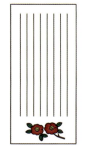

季節の絵柄が入ったシンプルな一筆箋は、目上の人にも使えます

文例集

社外文書・社交文書のパターンをマスター

>> 社外文書、社交文書は構成が決まっているので、流れに沿って正しく言葉を選べばOK
>> 頭語と結語は正しい組み合わせを確認し、時候のあいさつは季節に合ったものを選んで書く

社外文書、社交文書の構成

社外文書や社交文書は流れに沿って書いていけば、きちんとした印象を与えられます。特に目上の人への手紙やビジネス上の手紙の場合は、確認しながら書きましょう。

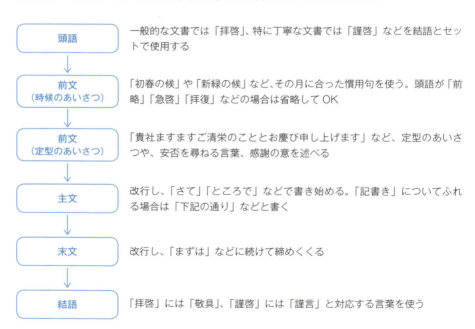

あいさつ文例集

頭語と結語は組み合わせが決まっているので、確認しましょう。頭語の後は句読点を打たず、1字空けて文章を続けます。時候のあいさつは月によって表現が変わるので注意。

頭語と結語

目的	頭語	結語
一般的な文書	拝啓　啓白	敬具　かしこ（女性が使用）
あらたまった文書	謹啓　恭啓	謹言　謹白　敬白
前文省略	前略　冠省	草々　早々　不備　不一
急用	急啓　急呈	草々　早々　不備　不一
返信	拝復　謹復	敬具　拝答　草々　かしこ（女性が使用）

時候のあいさつ

暦	あいさつ文
1月（睦月）	新春の候　厳冬の候　厳冬のみぎり　日ごとに寒さが増してまいりました
2月（如月）	立春の候　余寒の候　春寒のみぎり　梅のつぼみがほころび始めました
3月（弥生）	早春の候　春暖の候　早春のみぎり　日ごとに春めいてまいりました
4月（卯月）	陽春の候　桜花の候　仲春のみぎり　葉桜が目に鮮やかな季節となりました
5月（皐月）	新緑の候　惜春の候　軽夏のみぎり　風薫るよい季節となりました
6月（水無月）	梅雨の候　初夏の候　薄暑のみぎり　紫陽花が美しく咲く季節となりました
7月（文月）	盛夏の候　炎暑の候　猛暑のみぎり　いよいよ本格的な夏を迎え…
8月（葉月）	残暑の候　秋暑の候　晩夏のみぎり　相変わらず暑い毎日が続いております
9月（長月）	初秋の候　新涼の候　清涼のみぎり　秋風が心地よい季節となりました
10月（神無月）	秋冷の候　仲秋の候　秋冷のみぎり　すっかり秋めいてまいりました
11月（霜月）	晩秋の候　落葉の候　向寒のみぎり　朝晩はめっきり寒くなってまいりました
12月（師走）	初冬の候　師走の候　忙月のみぎり　年の瀬も押し詰まってまいりました

ビジネス文書

🔸 step up

ビジネス文書では「〇〇の候」を使うのが一般的ですが、個人に宛てたものなら、季節に合ったやわらかい表現を使うと◎。ただし、残暑が続いているのに「秋風が心地よい～」など、実際の季節に沿わない表現にならないように気をつけて。季節を問わない表現の「時下」を使ってもOKです。

定型のあいさつ

時候のあいさつに続けて書くもの。相手の繁栄を祝い、感謝の意を述べます。プライベートな手紙の場合は、自分の安否やご無沙汰を詫びる一文を入れると丁寧です。

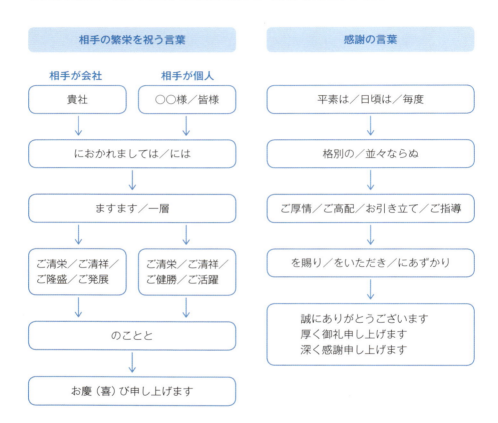

プライベートで使えるあいさつ文例

目的	文例
自分の安否を伝えるあいさつ	・私も相変わらず元気にしております ・おかげさまで家族一同変わりなく暮らしております ・おかげさまで私どもも元気で過ごしておりますので、他事ながらご休心ください
ご無沙汰のあいさつ	・長らくご無沙汰いたしまして、誠に申し訳ありません ・日頃は雑事にとりまぎれ、ご無沙汰の段ご容赦ください ・心ならずもご無音にうち過ぎ、恐縮に存じます

主文によく使うフレーズ

「さて」「ところで」「早速ですが」などの起辞（起こし言葉）に続けて切り出します。

目的	文例
お礼を述べる	・このたびはお問い合わせをいただき、誠にありがとうございます ・このたびは結構なお品を頂戴いたしまして、ありがとうございました
お願いする	・甚だ申し上げにくいことですが、折り入ってお願い申し上げます ・本日は〇〇をお願いしたく本状を差し上げます
お詫びをする	・このたびは多大なご迷惑をおかけし、幾重にもお詫び申し上げます ・このたびはお手数をおかけいたしまして、誠に申し訳ございません
返信する	・このたびは丁寧なお手紙をいただき、誠に恐縮に存じます ・先日お問い合わせいただきました件について、ご回答申し上げます
催促する	・先月ご請求申し上げた〇〇の件について、本日筆をとらせていただきました ・〇月〇日に注文いたしました〇〇が、いまだに着荷しておりません

末文によく使うフレーズ

用件によって使い分けますが、ビジネスでは発展を祈る文や支援の依頼が一般的です。

目的	文例
用件を結ぶ	・まずはお知らせ（お礼、お祝い、お詫び、ご依頼）まで申し上げます ・まずは略儀ながら、書面にてごあいさつ申し上げます ・まずは用件のみにて失礼いたします（ごめんください） ・以上、くれぐれもよろしくお取り計らいくださいませ
返事を求める	・ご多用中恐縮ですが、折り返しのご返事をお待ちしております ・ご返事をお待ち申し上げております
健康／発展を祈る	・時節柄くれぐれもご自愛くださいますように ・末筆ながら貴社のますますのご発展を心からお祈り申し上げます
支援の依頼	・今後ともいっそうのお引き立てを賜りますようお願い申し上げます ・今後ともよろしくご指導くださいますようお願い申し上げます ・今後とも変わらぬご愛顧を賜りますよう心よりお願い申し上げます

封筒の書き方

宛名まで気を抜かず、丁寧に書く

>> 宛名は楷書で間違いがないように書く。（株）や（有）などは失礼になるのでNG。部署名、肩書きまでしっかり記入して
>> 開くまで中が見えないようにするのが、書類の折り方のルール。折り目をつけたくない書類は、クリアファイルなどに入れて送付しよう

書類を封筒で送る際は、宛名に間違いのないよう、楷書で丁寧に書きましょう。（株）や（有）などの省略を宛名に使用すると大変失礼にあたりますので、「株式会社」「有限会社」と略さず書きます。一般的なビジネスの書類なら社名入りの封筒を使うことがほとんどですが、あらたまった文書には白無地の封筒を使います。迷った場合は先輩や上司に確認を。DMなどを送付する場合は印字された宛名ラベルを使用してもかまいませんが、あらたまった文書や大切な相手へ送るものは、中面と同様、手書きにすることで誠意が伝わります。また、切手の金額も不足がないように気をつけましょう。

封筒の種類と使い分け

書類送付には社名入り封筒を使う

書類を送る際に最もよく使うのが、社名入りの封筒。すでに会社名、住所が印刷されているので、宛名と「○○在中」と脇付のみ書けばOKです。ただし、あらたまった文書には白無地の和封筒、あいさつ状やパーティーの案内などははがきサイズの紙が収まる白無地の洋封筒が使われます。封筒が二重になっているものはあらたまった場合に向いていますが、弔事にはNGです。

✅ check

重要な書類など、折り目をつけずに送りたい場合はクリアファイルに入れるか、封筒に厚紙などの台紙を入れましょう。封筒の表面に朱書きで「二つ折り厳禁」と書いておくと◎。また、CDなどを送る場合はエアーパッキンなどで丁寧に梱包し、破損しないように気をつけましょう。

宛名の書き方

楷書で丁寧に書きましょう。郵便番号は機械で読み取るので、間違えないように気をつけて。

❶住所
数字は縦書きなら漢数字で書く。1行で収まらない場合は、切りのよいところで改行する

❷会社名・部署名
「株式会社」などは、社名の前につくのか後につくのかを確認して。(株)などの省略はNG。

❸宛名
住所より大きな字で封筒の中央に書く。役職名は氏名の上に小さめの文字で書く

❹脇付
内容を明記する場合は「○○在中」、本人に開封してほしいものは「親展」と書く。朱書きが一般的

❺差出人の住所・氏名
封筒の左側半分にまとめて記入する

❻日付
左上に投函日を書く。省略してもOK

> ✓ **check**
> 封筒の裏書きの封印は、未開封であることを示すもの。通常は「〆」、あらたまった文書は「封」「緘」と記入します。

書類の折り方

書類は基本的に、開くまで見えないようにします。重要な書類を送る場合も必ずこの折り方に。

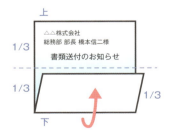
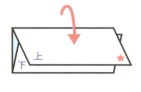

❶文面を内側にして3等分の目安をつける。下から1/3を折る

❷上の1/3をかぶせるように折る

❸★の部分が封筒の裏面にくるように入れる

メールの基本 ❶

手軽だからこそ
ルールを守って

>> メールは一度送ると取り返しがつかないので、送る前には誤りがないか確認を忘れずに。特に添付のし忘れやコピー＆ペーストの修正し忘れに注意
>> CCとBCCは特徴を把握して使い分けを。案内やお知らせなどを一斉送信する場合は、必ずBCCを使う

　現在のビジネスコミュニケーションの中でメールは欠かせないものです。丁寧な言葉を使うのはもちろんのこと、相手の時間をとらせないよう簡潔に、読みやすく書くことも大切です。また、同じメールを複数の人に送る時に使う「CC」「BCC」の機能は便利ですが、使い方を間違えると相手に失礼にあたったり、個人情報の漏洩につながることもあります。また、全てのメールを上司にCCにすると、上司の受信トレイがCCでいっぱいになってしまうことも。はじめは先輩や上司に相談しながら使い分けるとよいでしょう。送信する前には間違いがないか、念入りに確認を。

メールを送る前には確認を

うっかりミスに注意

メールは気軽に送ることのできるツールですが、内容や送る相手を間違えると取り返しのつかないことになります。特に、以前に使ったメールをコピー＆ペーストしてつくる場合は、名前や数字などを修正し忘れることがよくあります。送る前にはしっかり確認しましょう。

✅ check
- ☐ 宛先のアドレスは合っているか
- ☐ 相手の名前や部署名は合っているか
- ☐ 件名は入っているか
- ☐ 添付のし忘れはないか
- ☐ 数字や情報に間違いはないか
- ☐ 自分の署名は入っているか

メールの基本マナー

急ぎの用件は送らない
メールは、相手がすぐに読んでくれるとは限りません。急ぎの場合はメールを送信後、電話で「今送りました」などと、フォローしましょう。

必ず署名を入れる
署名がないと、メールを読んだ相手が電話をかけたいと思った時に名刺などを探さなくてはいけません。会社名、住所、TEL、FAX、URLなどを5行くらいにまとめます。

返信は速やかに
遅くともメールを受信した翌日までには返信を。すぐに答えられない内容なら「○月○日までにお返事いたします」と返信すれば、受け取った旨を相手に伝えられます。

やり取りは3回まで
質問を繰り返してダラダラとメールを続けると、相手の時間をとってしまいます。一度で必要な返事をもらえるように工夫を。3回くらいまででやり取りを終えましょう。

添付ファイルは2MB以内に
2MB以上の添付ファイルは相手のメールサーバーに負担をかけることがあるので、圧縮しましょう。また、ファイルは3つまでにとどめて。

返信の件名は「Re: ○○」でOK
返信する際に件名を変えてしまうと、それまでのやり取りを探すのに時間がかかるので、「Re:」のままでOK。

CC、BCCを正しく使い分ける

上司などに同時に報告する場合はCCを使いますが、社外への返信メールを念のため上司にも送る場合にはBCCを使うなど、2つの特徴を踏まえて使い分けをしましょう。

CC（カーボン・コピー）
宛先の人とCCでメールを受け取った人がメールを見ることができます。文中の宛名の下に（CC：○○様）と入れるようにしましょう。

BCC（ブラインド・カーボン・コピー）
BCCに入力されたアドレスは、ほかの相手には見ることができません。お知らせなど、複数の相手に一斉送信をする場合はBCCを使いましょう。その場合は、「一斉配信のためBCCで失礼します」と書き添えて。

不用意なCCは情報漏洩につながることも

メールの基本 ❷

パターンを覚えて 確実なコミュニケーションを

>> よく使う言い回しを覚えれば、簡潔にメールが書ける。ただしワンパターンにならないように注意
>> メールは改行したり、1行空けたりして見やすく書くのがコツ。相手が読みたくなるような件名をつけて

メールで使える文例

下記の例を参考にしましょう。

書き出し	・いつも（大変）お世話になっております ・ご無沙汰しております ・早速のご連絡ありがとうございます ・先ほどはお電話にて失礼いたしました ・本日はご足労いただきありがとうございました ・はじめまして／初めてメール（ご連絡）させていただきます
結び	・どうぞ（何卒）よろしくお願いいたします ・よろしくご検討くださいませ ・ご不明な点がございましたら、ご遠慮なくお知らせくださいませ ・取り急ぎ、ご報告まで

件名のつけ方

忙しい相手は、件名によってメールを読む順序を変えています。右の例のように一目でわかり、すぐに開いてもらえるような件名をつけましょう。【 】や＜＞で目立たせるのはOKですが、使いすぎに注意。

・資料発送のご連絡
・次回商談日程の件
・新商品「〇〇」ご紹介
・【至急確認のお願い】〇〇について
・〇月△日会議場所変更のお知らせ

基本のメール見本

相手に必要事項が伝わるよう、簡潔に書くのがポイント。長文のメールは見づらくなるので、資料などはファイル添付にするとよいでしょう。

件名：次回打ち合わせの日程について ❶

---

❷ △△株式会社
　総務部　部長　橋本信二様

　いつもお世話になっております。❸
　○△株式会社の本田です。❹

　先日は資料をお送りいただき、ありがとうございました。
　次回の打ち合わせですが、以下のいずれかの日程で
　お時間をいただけないでしょうか。
　--
❺・○月△日（月）
　・○月×日（水）　13時以降
　・○月○日（木）　午前中
　--
　ご多忙とは存じますが、ご連絡をお待ちしております。❻
　何卒よろしくお願い申し上げます。

　○△株式会社
　営業部　本田翔太
　〒000-0000　東京都新宿区○○町 1-2-3
❼ TEL：03-1234-XXXX
　FAX：03-1234-XXXX
　mail：honda_shota@×××.co.jp

---

❶件名
日時や案件の概要を入れ、内容が一目でわかるようにする

❷宛名
会社名、部署名、氏名を省略せずに書く。「部長様」など役職名＋様はNG。社外の場合は役職名を入れずに○○様だけでもOK

❸あいさつ
頭語や時候のあいさつは不要。「お世話になっております」など、簡単なあいさつで書き始める

❹名乗り
会社名と名前を書く。初めてメールする相手なら、簡単な自己紹介や「HPを拝見してメールしました」など、相手との接点を書く

❺用件
メールの目的を簡潔に書いた後、箇条書きなどを用いながら簡潔にまとめ、適宜改行する

❻結び
「よろしくお願いいたします」などで締めくくる

❼署名
必ず署名を入れる

✅ **check**

メール本文の目安は1行30字前後。3〜5行ごとに1行空けると、見やすくなります。
日時や場所などの情報は罫線で区切ったり、箇条書きにすると要点が伝わります。

メール文例（社内メール）

社内メールは効率優先ですが、ねぎらいの言葉を使うなどして、丁寧に書きましょう。

```
広報部　鈴木課長
❶（cc：営業部　高橋部長）❷

❸ お疲れさまです。
　営業部の本田です。

○月△日(水)13時～に予定されていた会議ですが、
高橋部長が出張のため、○日(金)13時～に
変更をお願いできないでしょうか。

もし、ご都合が悪いようでしたら、
別の日時をご指定いただければと思います。

何卒よろしくお願いいたします。❹
─────────────────────
営業部　本田翔太
❺ 内線：123
　mail：honda_shota@×××.co.jp
```

❶「名前＋役職」が一般的。「部長様」はNG。複数に送る場合は「営業部各位」「関係者各位」などにすればOK

❷ ccにする場合はその旨を書く

❸ 社内メールのあいさつは「お疲れさまです」や「おはようございます」などが基本

❹「よろしくお願いします」や、「以上」（お知らせなどの場合）で結ぶ

❺ 社内メールの場合、会社名や住所などは不要。所属、名前、内線、メールアドレスなどを記入する

メール文例（依頼）

依頼のメールは、用件と期限を確実に伝えることが大切。数字は間違えないように見直しをしましょう。

```
さて、弊社では新しいパソコンの導入を検討しています。
これから社内で予算などの調整に入りますので
一度お見積書をいただけないでしょうか。
─────────────────────
❶・希望機種：PC-1234（○○社製）
　・台数：15台
─────────────────────
❷ お忙しい中恐縮ですが
　○月○日(月)午前中までにお送りいただけますと幸いです。
```

❶ 依頼したい内容を箇条書きでまとめる。変更を依頼する場合は、変更箇所を明示して

❷ いつまでに必要なのかを具体的に記入する

メール文例（お詫び）

お詫びをする場合は、トラブルの重要度に応じて対面、詫び状、電話、メールと使い分ける必要があります。メールの場合は必ず電話でフォローを。

① ご依頼いただいていた商品カタログ送付の件ですが、
私の不注意によりまだお送りできておりませんでした。

② 貴社内での会議に必要な資料だと存じ上げておきながら
ご迷惑をおかけしてしまいましたこと、
大変申し訳ございませんでした。

③ 本日宅配便にてお送りいたしましたので
ご査収くださいますようお願い申し上げます。
カタログにつきましてご不明な点がございましたら
遠慮なくお知らせくださいませ。

④ この後すぐにお電話させていただきますが、
まずはメールでご一報申し上げます。

⑤ 今後はこのようなことのないようにいたします。
何卒ご容赦くださいますよう、お願いいたします。

❶ どんなミスをしたのかを正直に、正確に伝える
❷ できるだけ丁寧な言葉を使い、お詫びする。言い訳や責任転嫁の言葉は入れない
❸ 現在の対応を伝える
❹ メールだけでなく、電話でもお詫びをする
❺ 再発を防ぐ解決策や、今後は同じことを繰り返さないよう努める旨を書く

メール文例（返信）

複数の用件に返信をする時、相手からの文面を引用すると確実に返信できます。ただし、何度も引用すると読みづらくなるので少なめにしましょう。

＞商談の件ですが、
＞〇月〇日（水）13時以降にお越しいただけますか？
ありがとうございます。
では〇月〇日（水）13時にお伺いします。

＞その際、お見積もりの修正案をいただけますか？
かしこまりました。現在修正をしておりますので
次回商談の際にお持ちします。

❌ **NG**
引用部分に誤りがあったとしても、勝手に修正するのはNG。引用は相手が書いた文章をそのまま使います。

FAXの送り方

電話でのフォローで
確実に送信する

> » FAXで重要書類や機密書類を送るのはNG。全ての枚数が送信されたかの確認も忘れずに
> » FAXを送信する際は必ず送信票をつける。小さい文字や薄い文字は拡大して見やすくする

　FAXは受取人以外の目にも入るため、重要書類や機密書類、個人情報の入った書類の送信に使うのはNG。枚数が多い書類を送信する時は、受け取り側の紙を大量に使ってしまうので、事前に相手に確認をとりましょう。また、FAXを受け取る際は、文書の枚数が揃っているか、読み取れない文字はないかを確認し、受信した旨を相手に連絡するとよいでしょう。FAX機は会社で共有している場合がほとんど。受信したFAXがたまっていると紛失の恐れがあるので、気づいたらまめに配るようにし、紙切れやトナー切れになっていないかも確認するようにしましょう。

FAXのマナー

送信後は電話でフォローを

送信する前に原稿チェックをするのはもちろんのこと、全てのページが送信されたか、相手が受信したかどうかも確認を。相手のFAX機の状況によっては受信に時間がかかったり、受信できていないこともあります。送信後にFAXした旨を電話で伝えましょう。その際、ページに抜けがないか、見づらい文字がないかも確認します。

FAX番号は念入りに確認して

送信票見本

FAXを送る際は必ず送信票をつけます。会社でテンプレートがある場合はそれを使い、なければ下記のポイントを押さえて記入しましょう。

```
○△株式会社
〒000-0000
東京都新宿区○○町1-2-3       ❶
TEL：03-1234-XXXX
FAX：03-1234-XXXX
```

FAX送信票

送信先：△△株式会社　総務部 部長　橋本信二様	❶ 送信元：○△株式会社　営業部 本田翔太
TEL：03-0000-0000	❸ 日付：○○年○月○日
FAX：03-0000-0000	❹ 送信枚数：計2枚（本状を含む）

❺　件名：商品説明会　会場変更について

□至急　□ご確認ください　□ご返信ください　☑こちらからお電話します

いつもお世話になっております。
○月○日（金）に行われます商品説明会の場所が変更になりました。
念のためファックスにて地図をお送りします。
ご査収のほどよろしくお願い申し上げます。

❻　1／2

FAX送信票の書き方

❶送信元、❷送信先、❸日付、❹送信枚数、❺件名を忘れずに記入します。本文には時候のあいさつは不要。「いつもお世話になっております」など、簡単なあいさつから書き出せばOKです。❻送信ナンバー（1/2、2/2など）を振ると、抜けがないかがすぐに確認できます。

✓ check

送る書類の文字が小さい時や薄い時は、拡大コピーするか、FAX機に文字を鮮明にする機能があればそれを使用します。また、原稿に汚れがあると読みづらくなるので、きれいなものを送りましょう。

ビジネス文書

column
仕事に役立つメモの取り方

　仕事の中では、メモを取る機会が多くあります。会議や商談中は全てをメモしようとするとコミュニケーションがおろそかになってしまうので、要点をしぼって重要な項目だけをメモすることが大切です。また、アイデアや反省などもメモしておけば、今後の仕事に役立てることができるでしょう。

日付・見出しを入れる
「○月△日　Ａさんと商談」などと記入します。後で見た時に、「いつ・何について」書いたものかがわかり、見落としを防げます。

図・表・イラストを使う
流れや順序は「→」で結んだり、関係のあるものを線でつないだりすると、見やすくなります。簡単な表やイラストを使うのも◎。

キーワードで記入する
長い文章で書くと、一目見ただけではわかりづらくなってしまいます。小見出しをつくり、「確認事項①、②、③」「今後の予定　○月△日プレゼン」などと端的に書くのがポイント。スケジュールは後で手帳にも書き写します。

> メモを取るためには専用のノートをつくるのがおすすめ。持ち歩きやすいサイズのノートを選ぶとよいでしょう。手帳のメモ欄でもOKですが、スペースが足りなくなることも。また、To Doは付せんにメモし、そのまま手帳に貼り付けると便利です。

chapter 5
コミュニケーション

話し方の基本

内容と話し方、どちらも気を抜かないで

>> 会話の内容だけでなく、表情や声のトーンも印象を左右する要素。滑舌よく、明るく話すと印象アップ
>> ビジネス会話は結論優先。一方的に話すと相手をイライラさせることもあるので、相手の反応を見ながら話そう

　ビジネスの会話はプライベートの会話と違い、「商談をまとめる」「価格を交渉する」など明確な目的があります。ですから、常にその目的を頭において、相手に正しく伝えることが必要です。新入社員であっても、社外の人と話す時は、自分は会社の代表として話しているという意識を持ちましょう。また、話し方や態度、表情、声の大きさやトーンも、その人の印象を決める大切な要素。背筋を伸ばした姿勢でハキハキと話しましょう。はじめは緊張しますが、事前に話す内容をまとめ、練習することで次第に慣れていきます。商談やプレゼンが得意な先輩の話し方を参考にするのも上達の近道です。

印象のよい話し方

明るくハキハキとが基本

社内、社外ともに話をする時は、相手が聞き取りやすいよう、明るいトーンで滑舌よくハキハキと話します。適宜アイコンタクトをとり、相手が自分の話を理解してくれているかを確認しましょう。重要なことは少しゆっくり話すと、説得力が増します。

説明する時は語尾までしっかり話して

ビジネス会話の基本

5W3H（→P100）を意識し、わかりやすく話すのが基本。専門用語やカタカナ語を多用せず、なるべく誰にでもわかる言葉で話しましょう。

結論を先に話す

はじめに「何を頼みたいのか」「何の相談なのか」を簡潔に話し、その後重要度の高い順に説明します。自分の意見がある場合は最後に付け加えて。結論が後回しになると相手が話の展開を読めず、イライラさせてしまったり、誤解を生むことも。

あいまいな言葉を使わない

「○○だと思います」や「週明けぐらい」「なるべくたくさん」など、受け取る人によって解釈が変わるような表現はトラブルのもと。また、「多分」「一応」「とりあえず」などもビジネスの会話では信頼を失う恐れがあるので、使わないように気をつけて。

一方的に話しすぎない

ビジネスの会話に慣れていない新入社員は、話し始めると一方的に話してしまいがち。これは相手の集中力を奪い、「いつまで話しているんだ」と、印象を悪くさせる原因になります。相手の反応を見ながら適宜まとめたり、質問に答えたりしましょう。

自分がわからないことは答えない

相手から質問を受けたり、要望を言われた時に、何とか説明をしなくてはいけないと思うあまり、適当な返事をするのはNG。「その点につきましては、○日までに確認してお返事します」などと伝え、後日正確な回答をしましょう。

会話の準備

初めて行く取引先での商談やプレゼンで、緊張してしまうのは当然のこと。頭の中を整理し、入念に準備することで、自信を持って話せるようにしましょう。

テーマを決める	「今月の営業報告」「価格交渉」「納期の相談」「新商品のプレゼン」など、何のために話すのか、大きなテーマを確認する
↓	
話す内容を考える	「今月の営業報告」がテーマなら、「今月の結果の振り返り」「来月の目標」など、テーマに沿って具体的に話すことを考える
↓	
練習する	話す内容のキーワードを書き出し、順番を入れ替えたり、表現を変えたりして実際に声に出して練習する

聞き方の基本

「ええ」は失礼
多彩なあいづちを身につけて

> ≫ あいづちは「聞いている」を表す一番のサイン。同じフレーズを繰り返すのではなく、多様なあいづちを身につけて
> ≫ 会話の要点を復唱することで、相手に「ちゃんと理解されている」という安心感を与えられる。自分も聞き取りミス防止に

「話し上手は聞き上手」という言葉があるくらい、相手の話を上手に聞くことは会話を成立させるためのカギになります。**聞き上手になるには、態度が何より大切。アイコンタクトをとりつつ、バリエーションに富んだあいづちを打ちましょう。**ただし、「はい」というあいづちでも、小声だったり、「はーい」と伸ばしたり、「はいはい」と繰り返すのは、ビジネスの会話としてはとても失礼です。話の内容に合わせて表情を変えながら、相手が話しやすくなるようなあいづちを打ちましょう。話が盛り上がってきたら、少し前のめりになると、会話に引き込まれていることをアピールできます。

あいづちは「聞いています」のサイン

「はい」にはプラス一言を

あいづちの基本は「はい」ですが、「はい、わかりました」「はい、私もそう思います」など、ほかのフレーズを付け加えると、きちんと聞いていることをアピールできます。相手を肯定するあいづちはほかにも「その通りですね」や「さすがですね」などがあるので、適宜使い分けて。また、「それでどうなったのですか？」などと話の展開を促すと、相手が話しやすくなります。

❌ NG

「ええ」というあいづちは、丁寧に聞こえますが、本来は自分と対等か目下の相手に使う言葉。目上の人と話す時やクレーム対応には、「はい」を使いましょう。「なるほど」も目上の人に使うのは避けて。

聞く態度の基本

相手の話を聞く時は、「聞いています」というリアクションをすることが大切です。あいづちに加えて以下のアクションをすることで、相手が話しやすくなります。

話を最後まで聞く

相手の話を途中でさえぎるのは、とても失礼です。質問したいことがある場合は、話の区切りがいいところで、「先ほどの○○についてお伺いしたいのですが」と切り出しましょう。また、自分の中で話の結論を決めつけて「○○ってことですよね？」などと口を挟むのは、相手の気分を害するのでNG。

復唱する

重要なポイントや数字は「○○ですね」と復唱しながら聞くと、相手が「ちゃんと理解してくれているな」と安心し、話しやすくなります。自分も要点を確認できるので、誤解や聞き取りミスを防げます。

メモを取る

メモを取りながら聞いていると、きちんと話を聞いているという印象を与えられます。ただし、メモを取るのに一生懸命になりすぎて、アイコンタクトやあいづちがおろそかにならないよう、キーワードだけをメモしていきましょう。

相手に一生懸命さをアピールすることもできます

疑問点はあいまいにしない

会話の中でわからないことや疑問点があったら、必ずその場で解決しましょう。わからないことが恥ずかしかったり、相手に失礼なのではないかと思ってしまうかもしれませんが、あいまいにしたまま仕事を進めてしまうと、後で大きなトラブルのもととなります。相手の話の区切りのよいところで、不明点は解消していきましょう。

> ✅ **check**
> 質問する時は以下のフレーズを参考に。
> ☐ 「○○」でよろしいでしょうか
> ☐ 先ほどの「○○」の件は、つまり「△△」と理解してよろしいでしょうか
> ☐ 恐れ入りますが、もう少し具体的に教えていただけないでしょうか
> ☐ 申し訳ありません。先ほどの「○○」について、もう一度お教えいただけないでしょうか

敬語の使い方 ❶

間違い敬語で信頼を失うこともある

>> 「させていただきます」の使いすぎは、相手をイライラさせるので注意。「いたします」などを使ってスッキリさせて
>> 社内、社外の人に対する尊敬語と謙譲語をしっかり使い分けて。社外の人と話す時、社内の人を高めるのは失礼にあたる

　新人の場合は、接する人のほとんどが目上にあたるので、敬語は必須のマナーです。しかし、自分では丁寧に話しているつもりでも、過剰な表現になっていたり、間違った敬語を使っていることがあります。例えば「させていただきます」という言葉は本来、相手の許可を得て何かをする時の表現。相手のものを借りた時に、「使わせていただき、ありがとうございました」というのはOKですが、そうではない場面で「私どもが発売させていただいた商品をお持ちさせていただいて…」などと乱用すると、相手を不愉快にしてしまいます。間違って覚える前に、正しい敬語を身につけましょう。

「させていただきます」の使いすぎに注意

「させていただきます」を何度も使うと回りくどく、稚拙な印象を与えます。また、不要な「さ」を入れた表現は間違いなので、正しい表現を覚えましょう。

✕ 過剰な印象を与える	◯ これでスッキリ
・ご説明させていただきます ・お電話させていただきます ・発表させていただきました商品	・ご説明いたします ・お電話いたします（差し上げます） ・発表いたしました商品

✕ 不要な「さ」が入っている	◯ 正しい表現
・書かさせていただきます ・使わさせていただきました	・書かせていただきます ・使わせていただきました

こんな敬語を使っていませんか？

二重敬語

尊敬語に「られる」をつけるなど、二重の敬語表現はNG。

✗ 課長が先日おっしゃられましたが〜
○ 課長が先日**おっしゃいました**が〜

✗ どうぞ召し上がりになってください
○ どうぞ**お召し上がりください**

✗ ○○さんがお越しになられました
○ ○○さんが**お越しになりました**

「ご覧になりましたか」でOK

社内外の逆転敬語

社外の人に話す時に、社内の人を高める（自分を低める）言い回しはNG。

社外の人に、自社の部長の発言を伝える

✗ ○○部長が「△△」とおっしゃっていました
○ **部長の○○**が「△△」と**申しておりました**

同僚から引き継いでいる旨を顧客に伝える

✗ その件に関しては○○から伺っております
○ その件に関しては○○から**聞いております**

「申し上げる」は謙譲語で、社内の人を高めるので、「申し伝えます」に。また、社外の人と話す時は「部長の○○」が正しい言い方

アルバイト敬語

学生時代のクセで出てしまうアルバイト敬語は、間違いが多く、軽い印象を与えます。

✗ ○○でよろしかったでしょうか
○ ○○で**よろしいでしょうか**

✗ ○○の方をお持ちしました
○ **○○をお持ちしました**

✗ しばらくお待ちいただく形になります
○ しばらくお待ちいただく**ことになります**

「資料はこちらです（でございます）」でOK

敬語の使い方 ❷

評価が上がる
ワンランク上の敬語表現

≫ 「恐れ入りますが」「よろしければ」などのクッション言葉を使うと、丁寧な表現になる。お願いする場合は伺う形にすると◎
≫ 「さようでございますか」など、かしこまった敬語も場面に応じて使い分けて。今日→本日などに言い換えるとさらに印象アップに

　敬語の基本が使えるようになったら、ワンランク上の表現も覚えたいもの。お願いする場合に、「この書類にご記入ください」と言うのは間違いではありませんが、「お手数ですが、こちらの書類にご記入いただけますか」と伝える方が、より丁寧で、相手も受け入れやすくなります。また、普段使う単語も「お名前」「ご住所」など、「お」や「ご」をつけるようにしましょう（自分が行為の主体の場合に使うのはNG）。ただし、かしこまった表現は使いすぎると逆に失礼になることもあるので、場面に応じた使い分けを。相手を思いやる気持ちを込めて話すことが一番大切です。

クッション言葉を使って丁寧に

お願いする時や、相談する時は敬語表現を使うのはもちろんのこと、気持ちを表す一言をプラスすると丁寧です。

シーン	クッション言葉
お願いする場合、断る場合など	すみませんが／申し訳ありませんが／恐れ入りますが
少し面倒なお願いをする場合	ご面倒をおかけしますが／お手数をおかけしますが お忙しいところ恐れ入りますが／厚かましいお願いでございますが
相手の意向を尋ねる場合	（もし）よろしければ／お差し支えなければ／ご都合がよろしければ できましたら／お手すきでしたら

ワンランク上の敬語

言葉	使い方
かしこまりました	目上の人には「わかりました」より丁寧な表現にする
頂戴いたします	資料を受け取った時や名刺交換の際に使う
とんでもないことです	褒められた時などにへりくだる表現
恐れ入ります	「ありがとうございます」よりかしこまった印象を与える
いたしかねます	「わかりかねます」など、「ない」という言葉を避けると丁寧
いかがいたしましょうか	目上の人の意向や要望を聞きたい時に使う

場面に応じた丁寧なあいづちを

何度も「はい」を繰り返すよりも、「さようでございますか」「さようでございましたか」を使うと、相手の話を深く聞こうとする気持ちを伝えられます。ただし、使いすぎには注意。

お願いする時は伺う形に

何かをお願いする時は、「お伝えいただけますか」「お伝え願えますか」など、疑問の形にするとより丁寧になります。クッション言葉（→P140）もセットで使いましょう。

> **step up**
>
> 「あれ、これ、それ、どれ」は「あちら、こちら、そちら、どちら」にすると◎。また、今日→本日、明日（あした）→明日（みょうにち）、さっき→先ほど、後で→後ほどなど、日常のちょっとした表現を丁寧に言うと敬語がより際立ちます（→P53）。

指示の受け方

「指示受け上手」は
できる新人の代名詞

>> 新人の仕事は、上司や先輩から指示されて始まることがほとんど。難しいと思っても「頑張ります！」の姿勢で引き受けよう

>> 指示を受けたら疑問点を確認する。期限内に終わりそうにない場合は、現状を説明して優先順位の判断を仰ぐ

　入社してしばらくは、上司や先輩から指示を受けて仕事をすることがほとんど。簡単な仕事でも、それを通じて仕事の内容や流れを理解することにもつながります。ひとつひとつの仕事をきちんと行う姿勢はやる気を表し、上司からの信頼も高まるので、期限までに確実に行いましょう。ただし、上司がはじめから細かく指示をしてくれるとは限りません。5W3H（→P100）を中心に、不明な点は質問するのを忘れずに。自分勝手な判断は、後々会社に迷惑をかけることになります。同じ資料でも用途によってつくり方が変わるので、意図や要点を聞き、自分なりに工夫するとよいでしょう。

指示を受ける時のポイント

難しい指示は成長のチャンス

上司から難しい仕事の指示を受けた時に、「私にはできません」「無理です」と言ってしまうと、上司の期待を裏切ることになり、二度と頼まれなくなってしまいます。頼まれた仕事は自分を成長させるチャンスであると認識し、「頑張ります！」という姿勢を表すのが大切。「不安なところはご相談しながら進めていってよろしいですか？」と、サポートをお願いするとよいでしょう。

step up

わからない部分は、自分で解決することも大切ですが、そこで時間をとるより、ほかの人に聞く方が効率的な場合もあります。普段から周りの人とコミュニケーションをとって、相談しやすい環境をつくっておきましょう。

指示を受ける手順

上司や先輩から指示を受けたら、わからないところはしっかり確認し、メモを取りましょう。積極的な姿勢は評価アップにつながります。

❶名前を呼ばれたら返事をする

名前を呼ばれたらすぐに「はい」と返事をする。作業中でも手を止め、ペンとメモ帳を用意し、速やかに上司のところへ行く。上司が自分の席まで来た場合は、立ち上がって話を聞く

❷わからない箇所はその場で確認する

わからない部分をあいまいにすると、後々迷惑をかけることになるので、その場で確認を。上司の話を途中でさえぎるのではなく、区切りのよいところで質問をする。最後に復唱して、確認漏れを防ぐ

❸期限を確認する

いつまでに行う必要があるのか、必ず確認を。もし今抱えている仕事との兼ね合いで間に合わないようなら、現状を説明し、「○○まででもよろしいでしょうか」などと相談して、上司の判断を仰ぐ。「よろしくね」と声をかけられたら、明るく返事をしよう

✅ check

仕事が終わってから「終わりました」と報告するのではなく、「今ここまでできているので、明日までに終わりそうです」などと中間報告をすると、上司が安心できます。もし頼まれた仕事が難航して、期限までに終わらないようなら、気づいた時点ですぐに上司に相談を。期限になってから「できませんでした」と言うのは評価を下げることに。

ミスの報告の仕方

ミスは対処の仕方で評価が左右される

≫ 仕事を行ううえで、ミスや失敗はつきもの。ミスに気づいたら、いち早く報告し、謝罪することで誠意を表して

≫ ミスは事実だけを報告することが大切。言い訳や責任転嫁は厳禁。原因を分析し、ノートに書き留めることで、今後に活かすことができる

仕事において、失敗やミスは避けて通れないもの。しかし、その後の謝罪や報告、対応の仕方で結果は変わってきます。上司への謝罪と報告はスピード勝負。誰かに指摘されてから謝罪するのと、自分から報告するのではまったく印象が異なります。また、自分にとって都合の悪いことをあいまいにしようとすると、上司は事実が把握できず、次の判断ができません。報告をする時は結論から簡潔に説明し、自分のミスを素直に認めて謝罪しましょう。ミスの原因を把握し、二度と同じミスを繰り返さないという意気込みは、周りからの評価をアップさせます。

謝る時のポイント

「すみません」はNG

ビジネスの場で「すみません」という謝り方は、軽い印象を与えてしまいます。「(大変/本当に)申し訳ございませんでした」という言葉を使って。口先だけでの謝罪は、すぐに相手に伝わってしまうもの。心を込めて謝罪しましょう。頭だけを下げてペコペコするのではなく、腰から曲げてしっかりお辞儀をします。

申し訳ございませんでした

ミスの対処法

ミスに気づいたら、まずは気持ちを落ち着かせて。自分だけで何とかしようとすると、後々大きなトラブルを引き起こします。自分の中で事実を整理し、すぐに上司に報告を。

気づいた時点で報告する

ミスや失敗に気づいたら、その時点で上司に報告を。誰にもばれないから放っておこうという考えは危険です。特に社外とのトラブルは、時間が経つほど事態が悪化するもの。事実を正確に報告し、上司に対処の指示を受けます。

事実だけを報告する

上司が知りたいのは「何が起こっているのか」という事実。言い訳をしたり、「○○さんがこうおっしゃったので」などと責任転嫁するのはNG。まずは謝罪し、釈明したい場合は、原因を分析する際などに事実だけを客観的に説明します。

原因を分析し、対策を立てる

同じミスを繰り返さないために、失敗の原因を究明し、今後の対策をノートなどに書いておきます。確認不足、理解不足、連絡不足など、自分がしやすい失敗を把握できれば、ほかのケースにも応用できます。

いつまでも引きずらない

今後の対策を考えたら、いつまでも引きずらないのが社会人としてのスキルです。挽回するつもりで気持ちを切り替え、次の仕事に取り組みましょう。

> **❌ NG**
> 上司から叱られたとしても、ふてくされたり、泣いたりするのはビジネスパーソンとしてNG行為です。報告が終わったら、「今後は十分に注意いたします」「今後はこのようなミスを繰り返さないように気をつけます」などと、反省の言葉を伝えましょう。

取引先へのお詫び

取引先とのトラブルは、上司に報告し、今後の対策などの指示が出たらすぐに相手に連絡します。ミスの原因や、どのようにすれば防げたかなどをはっきり伝えることで、誠意を表すことができます。

> **✅ check**
> お詫び訪問をする場合は、上司に同行してもらいます。取引先の前では自分が話すのではなく、上司に話してもらいましょう。身だしなみを整え、お辞儀は最敬礼（→P49）を。

依頼の仕方

仕事は1人ではできない
謙虚な姿勢で依頼を

> ≫ 依頼するからといって、横柄な態度は厳禁。相手の都合を聞いたうえで、謙虚な姿勢でお願いしよう
> ≫ 依頼する際は、具体的にわかりやすく説明を。受け取る相手によって解釈が異なるような、あいまいな表現はトラブルのもと

　ビジネスの場では、新人であっても誰かに依頼をする場面があります。急いでいる時は自分の都合を押しつけてしまいがちですが、あくまで「依頼」なので相手の都合が優先。伺う形でお願いしましょう。内容を説明する際はあいまいな表現はNG。「なるべく早く」など、受け取る側によって解釈が異なる言い方は誤解のもとです。納期をギリギリに設定すると、内容に不備があった場合に修正の時間がとれなくなってしまうので、少しゆとりを持って設定すると◎。仕事が完了したら丁寧にお礼を伝えましょう。それによって信頼関係ができ、お互いにスムーズに仕事が進められるようになります。

社内で依頼する時のポイント

声をかけるタイミングに注意

社内の人にお願いする時は、いきなり話しかけるのではなく、「今お時間よろしいでしょうか」などと声をかけ、もし忙しいようなら「ご都合のいい時に5分ほどお時間いただけませんか」などと伝えます。ほかの部署の人であまり面識がない人にお願いする場合は、「○○部の△△と申しますが〜」と名乗ってから用件を伝えましょう。

こちらをお願いできませんか

依頼する時に伝えるポイント

依頼する時は、自分の都合を押しつけるのではなく、相手の状況を確認します。わかりやすく説明すれば、ミスなく仕事が進められます。

5W3Hを意識して説明する

相手が内容を理解しやすいように、5W3H（→P100）を意識して説明します。社外の人に仕事を依頼する場合は納期や予算・数量など、大切な数字は後でメールで送るとミスを防げます。

わかりやすい資料をつくる

相手が仕事を進めるうえで必要になる資料があれば、作成して渡しましょう。重要なポイントについては事前に説明すると、間違いを減らせます。

不明な点を確認する

相手に質問がないかを聞いて、自分の意図が理解されているか確認を。また、「何かあったらいつでも質問してください」と伝えると相手も安心します。

進捗を管理する

事前にスケジュールを伝えつつ、案件によっては途中で経過の確認をすると、ミスがあった場合の軌道修正が早めに行えます。ただし、期限内なのに急かしすぎるのはやめましょう。

> ✅ **check**
> お願いする時は丁寧な言葉づかいを。クッション言葉（→P140）を使い、「お願いしたいのですが、よろしいでしょうか」「お力を貸していただけませんか」など、謙虚な気持ちを表して。また、その人だからこそお願いしているという理由を伝えると、相手も気持ちよく引き受けてくれます。

お礼も忘れずに

お願いした仕事が完了したら、お礼を伝えて内容を確認します。内容に不備があれば修正を依頼し、問題がない場合も、その旨を相手に連絡します。

お礼の言葉に
一言プラスすると◎

（ありがとうございました！助かりました）

断り方

時には断ることで
仕事のクオリティアップに

>> 頼まれた仕事は引き受けるのが基本。ただし、全てを引き受けて、内容が
　おろそかになるのは信頼を失うことに
>> 断る時は、まずできないことを謝ってからにする。なぜできないかを伝え、
　いつならできるかなど代わりの案を示せば、相手との関係を保てる

　上司や先輩から仕事を頼まれた時は、できる限り引き受けるのが基本。ただし、自分のキャパシティを超えて引き受けてしまい、どれも中途半端になるのでは、かえって信頼をなくすことになります。やむを得ず断る場合は、依頼した相手の気持ちを害さないように丁寧な言葉を使い、自分にできる代替案を示しましょう。「ちょっと忙しくて…」などとあいまいな言葉を使って、相手に「ノー」を察してもらうのはNGです。飲み会など、業務以外の誘いに全て参加する必要はありませんが、断り方によっては関係を悪くすることも。誘ってもらったことに感謝の言葉を述べて、次につなげましょう。

忙しい時にほかの仕事を頼まれたら

相手の話は最後まで聞く

忙しい時にほかの仕事を頼まれて、相手の話を聞き終わる前に、「私、今忙しいので…」などと断ろうとすると、相手の気持ちを損ねるうえ、「もうこの人に頼むのはやめよう」と思われてしまいます。まずは断らない気持ちで話を最後まで聞き、断る場合はP149のステップを使って、お互いが気持ちよく会話できるようにしましょう。

✅ **check**

断る場合もクッション言葉（→P140）を使うと◎。「お気持ちはありがたいのですが」「お心づかいはうれしいのですが」「せっかくですが」「大変残念ですが」などをつけることで、相手の気持ちを和らげることができます。

断る時のステップ

上司や先輩から頼まれた仕事をどうしても断る場合は、以下の3ステップを使用します。「どうすれば仕事を引き受けられるか」という代替案を示して、やる気を見せましょう。

丁寧に謝る
いきなり「できません」と言うのではなく、まず「申し訳ございません」と丁寧に謝る

↓

現状を伝える
「やらせていただきたいのですが、本日分の仕事が立て込んでおりまして、本日いっぱいかかりそうな状態なのです」などと、すぐにとりかかれない現状を伝える。「ちょっと忙しくて」などといったあいまいな言葉ではなく、「○時までかかりそうです」など、具体的な言葉を使うと相手が把握しやすい

↓

代替案を出す
「明日は朝からとりかかれますが、間に合いますか?」など、代替案を出して指示を仰ぐ

断る時のフレーズ

今回はお断りさせてください

ビジネスの場では時に、きっぱり断ることも大切。この後に「せっかくなのに申し訳ございません」と続ければ◎

ぜひ誘ってください!
次の機会はまた

取引先の依頼を断る時

一度回答を保留にした案件を断る場合は、「よく考えさせていただいたのですが」や「検討させていただいたのですが」など、前置きをしてから断ります。また、「今回は見送らせてください」というフレーズを使えば、次の可能性を示して相手との関係を保つことができます。

業務以外の誘いを断る時

飲み会などを断る時は、誘ってくれた相手の気持ちを害さないよう、「お声をかけていただき、ありがとうございます」などと感謝の気持ちを伝えて。その後「あいにく先約がありまして」と事情を説明し、「次回はぜひ参加させてください」と前向きな姿勢を示せば、また誘ってもらえるでしょう。

困った時の一言

とっさの一言でピンチの場面を切り抜ける

>> 言いにくいことを言う時は、感情的にならず、冷静に伝えることが大切。相手の間違いも「私の勘違いかもしれません」という謙虚な姿勢で

>> ビジネスでは断られることもしばしば。「そこを何とか」と何度も粘るのは逆効果。相手の不満を聞き出すことができれば、今後につながる

言いにくいことを言う時のフレーズ

間違いを指摘する

社外の人や上司の話している内容に誤りがある場合、「間違っています」と言うのは相手の面子をつぶすことになります。

✗「それ、間違ってますよ」

○「私の勘違いでしたら申し訳ございません。先ほどの○○ですが、△△ではないでしょうか。ご確認いただけますか」

苦情を伝える

感情的にならず、冷静に伝えることが大切です。頭の中を整理し、事実を正しく把握してから相手に伝えましょう。

✗「納期を過ぎているのに、まだ届いてないとはどういうことですか!」

○「昨日までの納期の商品がまだ届いておりません。予定が進まず、困っております。早急に状況をお知らせいただけますか」

反論する

相手に反対意見を述べる時、全面的に否定するのはNG。相手の意見を受け入れたうえで、自分の考えの1つとして述べます。

✗「私はそうは思いませんが…」

○「なるほど。そうですね。ただ、○○の視点から見ると△△という考えもありますが、いかがでしょうか」

誤解されてしまった時の対処法

自分の意見を誤解され、相手が怒ってしまった場合は冷静に対応を。自分の言い方が悪かったことを伝えれば、相手の気持ちも和らぎます。

✗「そういう意味ではなくて、〇〇ということです」

○「先ほど申し上げたのは「〇〇ではないか」という意味でした。言葉足らずで申し訳ございません」

相手が誤解していると感じたら、このフレーズで改めて説明させてもらうと◎

✓ check
そもそも誤解は、あいまいな言葉やわかりづらい言葉を使うのが原因で起こります。専門用語やカタカナ語は避け、具体的な言葉で話すように心がけましょう。

断られた時の対処法

依頼した案件や提案を断られた時は、相手の立場に立って行動することが大切。断ることは心苦しい行為であるので、その気持ちを汲んで謙虚に受け止めましょう。

謝る	「かえってお手数をおかけし、申し訳ございませんでした」「こちらこそご無理を申しまして、失礼いたしました」など、相手の立場を気づかう言葉を述べる
交渉する	もう一度交渉したい場合は代案を出す。断られた理由が「予算が厳しい」というものなら、「お値段のことでしたらご相談に応じますので、お考え直しいただけませんか」などと提案する（ただし、上司の確認は必要）。また、「どのような点がご不満なのか、参考までにお聞かせ願えますか」などと相手の不満を聞き出すことができれば、今後の交渉にも役立つ
受け入れる	あまり強く押しすぎるのはNG。2回断られたら「今回は残念ですが、今後ともよろしくお願いいたします」など、次につなげる言葉で締める

上司とのつき合い方

仕事を左右する、上司とのコミュニケーション

>> 上司や先輩には、礼儀正しい態度で接するのが基本。あいさつをする時はほかのことをしていても、一度手を止めるようにしよう

>> 相談する時は上司の都合を聞き、頭の中を整理してから伝える。その後どうなったかの結果報告も忘れずに

先輩や上司と円滑なコミュニケーションをとることは、社会人としてとても大切なことです。**まずは自分から積極的に行動し、仕事に前向きに取り組む姿勢を見せましょう。**自分より長く社会で働く先輩や上司の仕事ぶりからは、学ぶことも多いはず。会議や交渉に同席する際などは、話のまとめ方や振る舞い方などを見て、よい部分を取り入れれば、自分を成長させるきっかけになります。相談がある場合は漠然と「どうしたらいいですか」と聞くのではなく、「私としてはこのようにしてはどうかと思うのですが、いかがでしょうか」など、少しでも自分なりに考える習慣をつけましょう。

上司には礼儀正しい態度で接して

作業の手を止めてあいさつを

元気のよいあいさつと返事は、新入社員の印象を左右するもの。「おはようございます」「お疲れさまです」のあいさつは、仕事中でも手を止めて、相手に顔を向けてするようにしましょう。作業をしながら小さな声であいさつするのはNG。名前を呼ばれた時も「はい！」と元気よく返事をしましょう。

> ❌ **NG**
> 「ご苦労さまです」「了解です」は目上の人には使えない言葉。「お疲れさまです」「承知しました」などを使って。また、上司より先に帰る時は「お先に失礼します」、上司が外出する時には「いってらっしゃいませ」を使います。

上司に相談する時の手順

上司に相談や質問をする時は、まず上司の都合を聞いてからにしましょう。自分の頭の中を整理して、簡潔に、わかりやすく伝える努力を。

上司の都合を尋ねる	相談はある程度時間がかかる場合が多いので、上司の忙しそうな時を避けて、「相談させていただきたいのですが、ただいまお時間よろしいですか」などと声をかける
用件を伝える	「○○についてご相談させていただきたい点が、3点ほどあります」など、概略を伝える。あらかじめメモなどにまとめて要点を整理しておくと、上司の時間をとらせないので◎
内容を説明する	相談内容を上司に伝える。自分なりの対策やアイデアを最後に加えて、アドバイスをもらうと、積極的な姿勢を示すことができる
結果を報告する	相談して、行動した結果がどうなったのかを必ず報告する。「ありがとうございました！」と伝える

こんな上司とはどうつき合う？

発言内容が変わる上司

「この間は○○とおっしゃっていました」と相手の矛盾をつくのはNG。まずは「わかりました」と受け止めて、「先日は○○とお聞きしていたと思いますが、△△ということでよろしいでしょうか」などと確認して。

頭ごなしに叱る上司

話の途中で「それでも…」や「そういう意味ではなくて…」などと口を挟むと、相手の気分を害してしまいます。上司が言いたいことを全て言い終わって、落ち着いてから冷静に事実を伝えましょう。

> **step up**
> 苦手な上司だからといって、相談せずに仕事を勝手に進めたり、あからさまに嫌っていることを態度に出すのは厳禁。上司のよいところに注目するように心がけると、苦手意識が薄れ、コミュニケーションがうまくとれるようになります。

同期・後輩とのつき合い方

頼れる同期と
お互いの成長を目指して

>> 同期とは苦手な部分をフォローし合い、お互いの成長を目指そう。ライバル視しすぎて、同期を批判したり見下したりするのはNG
>> 公私を分けることは、社会人のマナーの1つ。同期と仲良くなってもビジネスの場では愛称で呼び合ったり、くだけた話し方をするのは避ける

　同じ年に入社した同期は、これから長くつき合うことになる仲間。困ったことや悩みは相談し、フォローし合いましょう。同期の成功を一緒に喜び、さらに自分も頑張ろうとお互いに切磋琢磨することが、今後の成長につながります。ただし、ビジネスとプライベートの境界線がなくなってしまうのはNG。職場では、お互いにビジネスの場にいるという意識を持って接しましょう。また、入社2年目になれば後輩ができることもあります。ミスをすることもあるかもしれませんが、自分が新人だった時のことを思い出して、親身に相談にのってあげるように心がけましょう。

同期とのつき合い方の基本

フォローし合える関係づくりを
同期とはお互いの苦手な部分をフォローし合い、切磋琢磨できる関係がベスト。そのために、積極的に情報交換や意見交換を行いましょう。また、ライバル意識は成長を促すきっかけにもなりますが、同期の成功を喜べなかったり、批判するのはNG。そういった態度は信頼関係を壊し、自分の評価も下げることになってしまいます。

同期とのつき合いで気をつけたいこと

同期は気の置けない存在ですが、仲良くなるにつれビジネスの意識を忘れてしまうことも。節度を持ってつき合うように気をつけましょう。

まんべんなくつき合う
同期の中でも気が合う人、合わない人がいるのは当然ですが、特定の人とだけつき合ったり、接し方を変えるのはNG。職場では公平に接し、助け合える関係をつくるように心がけて。

くだけた話し方は避ける
いくら仲良くなっても、友達同士のような話し方はビジネスの場では厳禁。社内では男女問わず「○○（名字）さん」という呼び方を使い、丁寧な言葉を使って話しましょう。仕事中の私語も慎んで。

公私を分ける
社内恋愛は自由ですが、周りに迷惑をかけたり、業務に支障をきたすのは問題です。仕事とプライベートはきっちり分け、職場では仕事を最優先させましょう。お金の貸し借りも避けるように。

> ✅ **check**
> 同期といっても、高卒、大卒、大学院卒など、年齢やキャリアはさまざま。人によっては年下の人になれなれしくされるのが不快な人もいるので、最初は丁寧な言葉づかいを。

後輩ができたら

後輩ができると、相談や質問を受けたり、指示を出す立場になったりします。自分が新入社員だった時のことを思い出して、しっかりフォローしてあげましょう。

質問された時
質問を受けたら、手を止めて聞きましょう。パソコンを見ながら話すのは失礼です。やる気を引き出すようなフレーズを使って。

❌「そんなことは自分で考えて」

⭕「最初は誰でも不安だから、気にすることはないよ。またわからなかったらいつでも聞いてね」

後輩がミスをした時
ミスを責めるのではなく、今後繰り返さないための改善策を一緒に考えましょう。また、人前で叱責するのもNG。

❌「あなたのミスがどれだけの迷惑をかけているか、わかってるの!?」

⭕「今回のミスを通じて、ちょっとしたことで相手に大きな迷惑がかかるのがわかったでしょう。今後はどんな対策をしたらいいと思う？」

社内の酒席のマナー

社内の飲み会は今後の関係をつくる機会

>> 上司に飲みに行こうと誘われたら、なるべく参加を。社内や部署内の飲み会も、普段話せない人と距離を縮めるチャンスととらえて

>> 酒席ではネガティブな話題はNG。「無礼講で」と言われても、常識の範囲内で敬語を使い、節度を持った行動を

仕事後に、上司から飲みに誘われることはよくあるでしょう。気乗りしない時もあるかもしれませんが、上司と直接話ができたり、自分のことを知ってもらえるチャンスですので、積極的に参加するのがおすすめ。また、親睦会や忘年会など、社内や部署内の飲み会はあまり話したことのない人とも交流でき、その後の仕事でのコミュニケーションを円滑にするきっかけになります。自分から話しかけたり、質問したりするとよいでしょう。また、お開きの後や飲み会の翌日には、誘ってくれた上司や幹事に「今日は（昨日は）ありがとうございました」とお礼を言うのを忘れずに。

会社の飲み会では節度を持って

「無礼講」にもルールはある

上司から「今日は無礼講で」と言われても、何でもやっていいというわけではありません。お酒の席なので、必要以上に緊張することはありませんが、敬語を使って失礼のないように話すのが大人としてのマナーです。また酔っぱらってはめを外さないよう、自分の適正量を守って飲みましょう。

酒席での話題の選び方

お酒の席にはふさわしい話題と、そうではない話題があります。自分の評価を下げかねないネガティブな話題を避け、明るく楽しい話を引き出すと、和やかな場をつくることができます。

愚痴・悪口・噂話はNG

お酒の席で愚痴や悪口など、ネガティブな話題は避けて。噂話も「口が軽い人」というレッテルを貼られ、信頼を失いかねません。相手が誰かの悪口を言っていても「そうですよね」などと話に乗らず、「そういうこともあるんですね」とあいづちを打ち、さりげなく話題を変えましょう。

愚痴や悪口は、自分の印象を悪くしてしまいます

仕事の話は内容に気をつける

社内の飲み会でうっかり「今度のプロジェクトの○○ですが〜」などと話してしまうと、情報が漏れてしまう恐れがあります。仕事の話をするのはOKですが、社外秘の話や進行中の仕事の話は、会社の外に出たら話すのはやめましょう。

みんなが楽しめる話題を

家族の話やスポーツ、趣味の話など、幅広い年代がみんなで楽しめる話題づくりを。普段聞けないような、打ち解けた話題を選ぶとよいでしょう。なるべく聞き役に回り、相手の話を引き出せると、場が盛り上がります。

幹事を任されたら

社内の親睦会や歓送迎会などの幹事を任されたら、まずは候補日を何日か挙げ、参加者に都合を聞いたうえで日時を決定します。右のリストの項目を参考にインターネットなどでお店を調べ、予約をしましょう。詳細が決定したら、日時や会費、お店の情報、アクセスなどを全員に知らせます。会費は前日などに集金しておくと、当日バタバタせずに済みます。

✅ **check**

お店選びは、以下のポイントを押さえると◎。できれば下見に行きましょう。
- ☐ 職場からアクセスがよい
- ☐ 予算に合う
- ☐ 料理が出席者の年齢、好みに合う
- ☐ お酒の種類が豊富にある
- ☐ 個室がある

接待の基本

接待は仕事の一部
心からのおもてなしを

>> 接待の席では、相手に常に気を配って。グラスが空になっていないかを確認し、お酌に回る。自分が酔っぱらうのは厳禁
>> 和やかな場をつくるためには、話題選びもポイント。仕事の話はなるべく避け、事前リサーチをもとに相手の好みに合わせた話をしよう

　接待は、ビジネスの相手との関係を深めるために行うもの。ただの飲み会とは違い、相手をおもてなしするものと考え、準備から入念に行います。会場を決める場合は上司に相談し、相手に喜んでもらえるような場所を選びましょう。当日は、常に相手に気を配るのが新人の役目。お酒や料理が足りているかなどを常に確認し、合間を見てお酌をしましょう。相手からお酒を注がれることもありますが、接待の席で自分が酔っぱらうのは厳禁。お酒に弱い人は無理して飲まず、「飲めない体質で…」などとやんわり断ればOK。ただし、乾杯の後は一口つけるようにしましょう。

席次のルール

基本は奥が上座

接待では、相手側の役職の高い人から上座をすすめます。基本は奥から順番に上座→下座となりますが、床の間のある和室は、床の間の前の中央が上座です。お店によって席次が変わる場合もあるので、事前に上司と相談して決めておくとよいでしょう。

※一番格上の席が①、番号順に格が下がります。

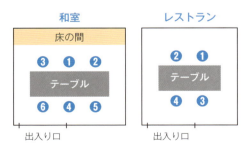

お酌の仕方

相手のグラスのお酒が少なくなったら、「いかがですか？」とお酌に伺います。ただし、無理強いはやめましょう。

ラベルは上を向けて

ビール
瓶の下側を右手で持ち、左手で瓶を支えます。最初はやや高めの位置から勢いよく注ぎ、だんだんゆっくりにすると◎。受ける側の場合は両手でグラスを持ち、あまり傾けすぎないように気をつけましょう。

日本酒
とっくりの胴部分を右手で持ち、左手は下側に添えます。盃にいっぱいに入れると飲みづらいので、八分目を目安に注ぎます。受ける時は盃を片手で持ち、左手を下から添えましょう。

接待の席で気をつけること

接待では、相手に楽しんでもらうことを忘れないように会話をしましょう。事前に相手のことを調べて、さりげなく会話に盛り込めるとよいでしょう。

会場には早めに到着を
接待する側は、全員揃って相手を迎えるのがマナーです。そのため、開始時間の20～30分前には会場に到着するようにしましょう。相手側が到着したら、店の入口や個室の入り口で出迎えます。

仕事の話をしすぎない
接待の目的はビジネスを円滑にするためのものですが、宴席の場で仕事の話ばかりをしては相手がうんざりしてしまうことも。接待する側は聞き役に回り、バランスのよい会話で場を盛り上げましょう。

会計はスマートに行って
終了時間が近づいたら、洗面所に行くふりをして会計を済ませます。費用は会社の経費として処理するので、必ず領収書をもらいましょう。❶宛名、❷金額、❸項目、❹日付に間違いがないか、3万円以上の支払いには❺収入印紙が貼られているか確認を。

個人宅への訪問

相手の生活に配慮して、印象よく振る舞って

>> 個人宅は相手の生活の場なので、約束の時間より少し遅れて到着しよう。相手の家族構成に合わせて手みやげを選ぶのがポイント

>> 手みやげは、生もの以外は部屋に通されてから渡す。「つまらないものですが…」より、「お好きだと伺ったので」と言う方がよい印象を与える

社会人になると、上司の家を訪問したり、ビジネスの相手の自宅で打ち合わせをする場面も出てきます。基本的には他社を訪問する時のマナーと同じですが、個人宅は生活の場なので、配慮が必要です。アポイントは相手の都合に合わせますが、特に指定がなければ午後2時から4時を目安に設定すると、食事の時間帯を避けられるので、迷惑がかかりません。また、約束の時刻より前に相手の家に着くと、まだ準備ができていないことも。数分遅れてインターホンを押すくらいでOK。ただし、お詫びのために訪問する場合は時刻通りに伺います。ちょっとした手みやげも持参するようにしましょう。

個人宅を訪問する時の手みやげ

手みやげは相手の好みに合わせて

手みやげは相手に気をつかわせないよう、2000円～3000円程度のものが目安。相手の家族構成や当日の人数を考え、選びましょう。相手の好みに合ったものや季節を感じられるお菓子などがおすすめ。目上の人のお宅へ訪問する際は、手づくりのものは避けるのが無難です。

❌ NG

訪問先の近所で手みやげを買うのは、あわてて買ってきたという印象を与えます。また、購入しようとしていたお店が休みだった場合、手ぶらで行かなくてはいけなくなることも。余裕を持って用意するようにしましょう。

訪問先でのマナー

後ろ向きで玄関に上がらない

玄関で靴を脱ぐ時は、部屋の方を向いたまま靴を脱ぎ、スリッパを履いた後に振り返って靴を揃えます。後ろ向きに靴を脱いで上がるのは、訪問先の人にお尻を向けることになるのでNGです。

ひざをついて靴を揃えます

渡し終えたら紙袋は持って帰って

手みやげはあいさつの後に渡す

手みやげは部屋に通された後、正式にあいさつをしてから渡すのがマナーです。紙袋から中身を出し、正面に向けて渡します。「ほんの気持ちです」「○○がお好きだと伺ったので」などと言葉を添えましょう。

お茶やお菓子のいただき方

「コーヒーか紅茶、どちらにしますか?」と聞かれたら、「コーヒーをお願いします」など、好きな方を答えて。「どちらでも結構です」などのあいまいな答えは、相手を困らせてしまいます。温かいものは温かいうちにいただきましょう。

コーヒー・紅茶
音を立てないようにかき混ぜ、ソーサー(受け皿)は置いたままカップを持って飲む。低いテーブルならソーサーごと持ち上げてOK

日本茶
右手で茶碗を持ち、左手を横か底に添える。フタつきのものは裏返して茶碗の右脇に置く

2~3時間を目安においとまを

滞在時間の目安は2~3時間。必ず訪問した側がおいとまを切り出します。「楽しかったので、つい長居をしてしまいまして…」や「すっかり長居してしまい、申し訳ございません」などと言うとよいでしょう。玄関では改めてお礼を伝えて。

> ✅ **check**
> 食事をすすめられても、基本的にはお断りするのがマナー。ただし、相手がすでに用意している場合は、「お言葉に甘えて…」と厚意を受け取りましょう。

雑談の仕方

場を和ませる雑談は、商談に欠かせないツール

≫ 雑談は商談に欠かせないもの。当たり障りのない話題を選べば、相手の警戒をほぐすきっかけになる

≫ 雑談は議論ではないので、相手が気持ちよく会話ができるようにリアクションを。相手の言葉を繰り返し、同調するだけでOK

商談などの前に行う<mark>雑談は「アイスブレイク」と言われ、相手の警戒心をゆるめ、場を和ませるために必要なものです。</mark>また、商談の後に軽く雑談をすれば、最後によい印象を残すこともできます。内容は仕事とは関係のない、当たり障りのないものでOK。相手の年代や業種によっては、テレビや最近の流行などの話題でもいいですが、天気や周囲の環境、食べ物などの話題の方が年代を問いません。最初は雑談に苦手意識があっても、慣れれば自然にできるようになります。社内の人とエレベーターで一緒になった時や、訪問に同行する時などに自分から話しかけるようにしましょう。

雑談のコツ

雑談に結論はなくていい

雑談は場の空気をつくるものなので、結論は必要ありません。中身のない会話でも、親しみを感じてもらえたり、和やかな空気をつくることができればOKです。議論にならず、お互いが「そうですね」と言えるような当たり障りのない話題を選ぶようにしましょう。

雑談に適した内容とは

雑談には、仕事とあまり関係のないネタを選ぶのが無難。相手のことを観察したり、事前に調べておくことで話を弾ませることができます。

雑談に使える話題例

ジャンル	話し出しのフレーズ例
天気・季節	・毎日暑いですね。昨日もクーラーをつけたまま寝てしまいました ・桜が咲き始めましたね。お花見の予定はありますか？
スポーツ	・W杯の試合はご覧になっていますか？　私は毎日寝不足です ・昨日のオリンピックの〇〇選手、すごかったですね！
周囲の環境	・このあたりはおいしそうなお店がたくさんありますね ・最寄りの〇〇駅、大きなビルができたんですね
移動手段	・今日は電車が遅れていたので、朝から大変でした ・このあたりの道は渋滞しやすいんですよ。大丈夫でしたか？
相手のこと	・(話し方などで) 関西のご出身ですか？　私も大阪の出身で… ・カラフルで素敵なネクタイですね！
相手の会社のこと	・先日、御社の商品を「〇〇」というテレビ番組で拝見しました ・明るくて、素敵なオフィスですね

❌ NG

雑談では宗教、政治、思想、悪口、噂話、相手のライバル企業に関する話題はNG。また、相手のプライベートに踏み込んだ質問をしたり、自分のプライベートを話しすぎるのも避けましょう。

相手の話にはリアクションを

雑談を盛り上げるには、リアクションが大切。相手の話にちょっとした質問をすれば、テンポよく会話が続けられます。また、「昨日は暑かったね」と言われた時に、「本当に昨日は暑かったですよね」と繰り返すだけでも、相手の気持ちを和ませることができます。

✅ check

雑談はさっと切り上げるのもポイント。エレベーターや偶然会った時の雑談なら、「それでは！」「では失礼いたします」などと切り上げればOK。商談の前なら、「ではそろそろ…」と本題に入ればOKです。

column
聞き取りやすい声をつくるトレーニング

　小さな声やこもった声は、聞き取りづらく、ビジネスの場ではマイナスの結果を生みます。場面によって使い分けは必要ですが、通る声を出せるよう、トレーニングをしてみましょう。

腹式呼吸
よい発声は腹式呼吸が大切。以下の手順で5回程度繰り返しましょう。

> 上下の歯を軽く閉じ、「スー」と声を出しながら口から息を吐く。最後まで吐き切ったら、腹筋をゆるめるように鼻からゆっくり息を吸う。

滑舌をよくするトレーニング
滑舌が悪いと、相手が話に集中できず、テンポよく話せなくなってしまいます。以下のフレーズを大きく口を開けて繰り返してみましょう。表情筋も鍛えられ、自然な笑顔をつくる効果もあります。

> 「あ・え・い・う・え・お・あ・お」「か・け・き・く・け・こ・か・こ」〜「わ・え・い・う・え・を・わ・を」まで丁寧に発音する。声に出さなくても効果があるので、プレゼンなどの前のウォーミングアップにもおすすめです。

「あいうえお」トレーニング
母音を発声する時の口の形がいいと、聞き取りやすい声になります。大きく「あ・い・う・え・お」と発音し、母音の口の開き方を確認しましょう。

> あ…大きく口を開ける
> い…唇を横に引っ張る。上下の歯は離す
> う…口をすぼめて前に突き出す
> え…「い」と同様、唇を横に広げるイメージ
> お…「あ」から少し口をすぼめて

「い」の口は歯を離すのがポイント

chapter 6

冠婚葬祭

結婚式のマナー ❶
返信用はがきは祝福を伝えるツール

>> 結婚式や披露宴に招待されたら、快く出席するのもマナーの1つ。招待状を受け取ったら、遅くとも1週間以内には返信を
>> 返信用はがきには、一言メッセージを添えるのを忘れずに。弔事と重なって欠席する場合、理由はあいまいに伝える

　社会人になると友人関係だけでなく、会社の先輩や上司、同僚の結婚式に出席する機会も増えます。あまり親しくない人の結婚式は気乗りしないこともあるかもしれませんが、ご招待を受けたらできる限り都合をつけて出席するのも、ビジネスマナーの1つといえます。招待状が届いたら2～3日中に返信するのがベスト。新郎新婦ははがきを出席者のリストとして使うので、職場で顔を合わせる場合も口頭やメールではなく、はがきで返信しましょう。お祝いの一言メッセージを添えて、事務的ではなく心のこもった返信ができるとよいでしょう。欠席の場合は、祝電を贈ると喜ばれます。

欠席する場合の返信の仕方

欠席の場合はまず電話を
やむを得ず欠席する場合は、早く返信しすぎると、受け取った側が寂しい気持ちになってしまいます。まずは電話で出席できない旨を伝え、1週間以内を目安に返信はがきを投函して。身内の不幸などの弔事と重なった場合は「どうしても都合がつかず、出席できません」など、ぼかした表現に。

✅ check
予定がはっきりしない場合も、電話で連絡を。返信の期日内に決められないようなら、結婚式は欠席にしましょう。新郎新婦側としては人数の調整をする必要もあるため、いつまでもあいまいにしておくと迷惑がかかります。

返信用はがきの書き方

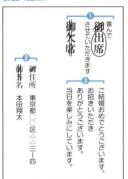
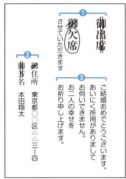

❶「出席」「欠席」を○で囲む

不要な文字を消し、どちらかを○で囲み、「出席（欠席）させていただきます」となるように文字を付け加えます。「御」などの1文字は2本の斜線で、2文字以上は2本の縦線を使って消しましょう。

❷住所・氏名を記入する

「御」や「御芳」など、自分に向けられた敬称を二重線で消します。

❸一言メッセージを添える

「ご結婚おめでとうございます」だけでもOK。弔事と重なって欠席の場合は、電話の時と同様にぼかした表現にします。

❹宛先の「行」を消す

2本の斜線で「行」を消し、左に「様」を書きます。

> **step up**
> 不要な文字を消す時に、「寿」を使うとおめでたさがアップします。また、「出席」の文字の右に「喜んで」と付け加えると上品です。

欠席の場合は祝電でお祝いを

「115」への電話でもOKですが、インターネットならいつでも申し込むことができ、割引料金になることも。式の10日前までには手配しましょう。式場の住所と日時が必要です。

- NTT 東日本　http://www.ntt-east.co.jp/dmail/
- NTT 西日本　http://dmail.denpo-west.ne.jp

結婚式のマナー ❷

主役は新郎新婦
華やかで控えめな服装を

> ≫ 男性は、同僚や友人の結婚式・披露宴であればダークスーツでOK。ネクタイやポケットチーフで華やかさを出そう
> ≫ 女性はワンピースが一般的。昼は肌を露出しすぎないよう気をつけて。タイツやサンダルなど、フォーマルな場にふさわしくない服装はNG

　男性の礼装にはモーニングや燕尾服などの「正礼装」、ブラックスーツなどの「準礼装」、ダークスーツの「略礼装」がありますが、==同僚や友人の結婚式・披露宴であれば略礼装で十分で==す。ネクタイやベスト、ポケットチーフで、ビジネスの場とは違うおしゃれをプラスしましょう。女性はパステルカラーのワンピースなどが一般的ですが、和装は場が華やかになるのでとても喜ばれます。親しい友人ならぜひ検討を。結婚式・披露宴の主役は、あくまでも新郎新婦。お祝いの席なので地味にする必要はありませんが、==2人よりも目立つような服装にならないよう、気をつけましょう。==

披露宴にこんな服装はNG！

平服＝普段着ではない
招待状に「平服でお越しください」と書かれている場合がありますが、これは「モーニングなどの正礼装でなくてかまいません」という意味で、普段着ではNGです。男女ともにフォーマルな服装を用意しましょう。2次会だけ参加する場合、男性はダークスーツでなくてもOKですが、ジャケットは着用を。シャツやネクタイを少しカジュアルなものにするとおしゃれです。

❌ NG
結婚式において白は花嫁の色なので、女性ゲストが上下白の服を着るのはNG。また、サンダルやブーツ、タイツもフォーマルの場にはふさわしくありません。ワニ革や蛇革などの革製品は殺生を意味し、「場を汚す」とされるので避けましょう。

披露宴にふさわしいゲストの服装

男性

カフスボタンを付けると、よりおしゃれな印象に

シャツ
白のドレスシャツが◎

ネクタイ
シルバーグレーが主流。カラーのネクタイでもOK

ポケットチーフ
ネクタイの色と合わせるのが無難

スーツ
ダークスーツ（チャコールや濃紺でもOK）で、ベストはシルバーかスリーピースのもの、パンツの裾はシングルがフォーマル

靴
黒の革靴（ストレートチップやプレーントゥ）に、靴下は黒のドレスソックスを

> **step up**
> ポケットチーフは、左のイラストのような「TVホールド」がおすすめ。ポケットチーフを広げ、縦・横の順に折り、正方形にする→三つ折りにする→ポケットの高さに合わせて下の部分を折る、の順でつくります。ポケットからチーフの縁を1～2cmほどのぞかせるのが一般的です。

女性

ドレス
パステルカラーなど、優しい色合いのものが上品。黒を着たい場合は、ストールや小物で明るい色を取り入れて。昼はなるべく肌を見せないようにし、夜のパーティーなら肩や胸元が開いたドレスで華やかさを演出して

バッグ
小ぶりのものを。キャンバス地など普段使いのものはNG

靴
ヒールの高さは5cm以上のものを。ペタンコ靴はカジュアルなのでNG。ストッキングはベージュが◎

冠婚葬祭

結婚式のマナー❸

気持ちを表すご祝儀
水引にも意味がある

>> ご祝儀の目安は3万円。相手との関係性で判断を。2万円にする場合はお札を3枚に分けると◎
>> 結婚のお祝いの場合の祝儀袋は、一度結んだらほどけない「結び切り」。結び直せる「蝶結び」の祝儀袋は厳禁

披露宴に招かれた場合のご祝儀は、披露宴での飲食代や引き出物代にお祝いをプラスしたものと考えます。20代なら3万円が相場と言われていますが、社会人になりたてなら無理をせず2万円でもよいでしょう。お祝いの気持ちを表すご祝儀ですので、正しいマナーで包むことも大切です。祝儀袋の水引は、一度結んだらほどけない「結び切り」のものを必ず使用しましょう。また、披露宴に出かける前には祝儀袋の中にお金が入っているか、再度確認を。祝儀袋はそのままバッグの中に入れるのではなく、袱紗(ふくさ)を使うと丁寧。慶事・弔事のどちらにも使える、紫色の袱紗を用意しておくと便利です。

ご祝儀の目安

相手との関係性で判断を
ご祝儀の金額は、
- 職場の同僚や上司の場合…2〜5万円
- 取引先の場合…3〜5万円
- 友達の場合…2〜3万円

が目安です。割り切れる偶数は縁起が悪いとされていましたが、最近は「ペア」を意味する2万円はOKになっています。1万円札と5000円札2枚にするとよいでしょう。いずれの場合も必ず新札を用意して。

✅ check
二次会だけに出席する場合は、ご祝儀は必要ありません。会費はおつりのないように用意し、封筒に入れて持参しましょう。なるべく新札を使うと丁寧です。

祝儀袋の書き方

外袋

表書きや名前を手書きする場合は毛筆（筆ペン）を使って

下側を上にかぶせることで「喜びを受ける」ことを意味します

❶表書き
「寿」「壽」「御結婚御祝」が一般的。印刷されていないものは手書きする

❷水引
結婚祝いは喜びが重なるように10本の水引が正式で、先端が上を向いている「結び切り」を。結び直せる「蝶結び」は厳禁

❸名前
個人なら中央に、連名なら右から順に目上の人を書く。4人以上の場合は、代表者名の左に「外一同」と記入し、別紙に全員の名前を書いて中袋に入れる

❹外袋の折り方
上→下の順で折って下側を上にかぶせ、水引をかける

内袋

❺お札の向き
お札の肖像が表の上にくるように入れる

❻金額
金○萬円と書く。数字は「壱、弐、参」を使うと◎

❼差出人
外袋を外した時に紛れないよう、住所・氏名を書く

袱紗の包み方（慶事）

祝儀袋は、袱紗に包んで持参しましょう。慶事では赤やえんじ色、弔事では紺やグレーのものを使いますが、紫なら慶弔どちらでも使えます。慶事と弔事では包み方が異なるので注意。

祝儀袋は中央よりやや左に置いて

❶袱紗の裏側に祝儀袋を置き、左の角を中央に向けて折る

❷祝儀袋を包むように上→下の順で折る

❸右側を中央に向けて折り、角を反対側に折り込む

結婚式のマナー❹

温かい雰囲気をつくり、大人としての振る舞いを

>> 結婚式・披露宴に遅刻は厳禁。30分前には会場に到着するように心がけて。やむを得ず遅刻する場合は、新郎新婦ではなく、会場に連絡を

>> 新郎新婦だけでなく、ご両親にもあいさつとお祝いの言葉をかけましょう。受付の際も「本日はおめでとうございます」と言葉を添えて

　結婚式・披露宴は、多くのゲストや新郎新婦の親族も集まる場。ゲストの振る舞いが新郎新婦の評価につながることもあるので、大人として恥ずかしくないマナーを身につけておきたいものです。形式張ったものをイメージしてしまいがちですが、大切なのは2人をお祝いする気持ちです。楽しそうな雰囲気をつくることが、新郎新婦にとってうれしいもの。面識のない人とも積極的にあいさつや会話をするように心がけて。また、新郎新婦だけでなく、ご両親と顔を合わせたら必ず招待へのお礼とお祝いの言葉をかけましょう。洋食のテーブルマナー（→P184〜）も確認しておくと安心です。

当日あわてないための準備

忘れ物がないかチェックを

女性のパーティーバッグは小ぶりなものが多いので、会場内で使わないものはサブバッグに入れてクロークに預けるとよいでしょう。忘れ物をしないよう、前日には右記のリストのものを揃えておきます。祝儀袋にご祝儀が入っているか、再度確認することも大切です。

✅ **check**
- □ 招待状（会場の地図）
- □ ご祝儀、袱紗
- □ ハンカチ、ティッシュ
- □ カメラ
- □ 筆記用具
- □ メイク用品（女性）
- □ 財布、携帯電話など

披露宴の流れ

一般的な披露宴は、下記の流れで行われます。受付は混雑することがあるので、友人が受付係だったとしても話し込んだりせず、スマートに会場に入りましょう。

会場に到着	ギリギリに会場に行くのはNG。受付やお手洗いに行く時間も必要なので、披露宴開始の30分前には到着するように心がける。貴重品以外はクロークに預けるのを忘れずに
受付	「本日はおめでとうございます」などとお祝いの言葉を述べて、芳名帳に記入する。ご祝儀は受付の人に祝儀袋の正面が向くようにして、両手で渡す
会場に入る	同じテーブルの人にあいさつし、面識がない人と同じテーブルになった時は、「高校時代の友人の○○です」などと軽く自己紹介をする
披露宴中	歓談の際もなるべく周りの人と会話をして、和やかな場をつくりましょう。スピーチ中の食事はOKですが、最初と最後は手を止めて拍手を。どうしてもお手洗いに行きたい場合は、スピーチ中を避けるように
退場	最後に新郎新婦と両親からのお見送りがあるので、「本日はお招きいただき、ありがとうございました」などとお礼やお祝いの言葉をかける

遅刻しそうなら会場に連絡して

やむを得ず遅刻する場合は、新郎新婦に連絡するのではなく、会場に電話を。到着後は会場スタッフの指示に従って、静かに席に着きます。ご祝儀は披露宴がお開きになった後、お詫びの言葉とともにご両親に渡しましょう。

ご両親には必ずあいさつを

披露宴中に新郎新婦のご両親と顔を合わせたら、必ずあいさつを。その時は「○○さんの友人の△△と申します。いつも○○さんにお世話になっています」などと自己紹介したうえでお祝いの言葉を送りましょう。

気持ちを伝える一言フレーズ

相手	おすすめフレーズ
新郎新婦に	・お似合いですね ・末永くお幸せに／いつまでもお幸せに ・とても楽しい披露宴でした（お見送りの際に） ・すっかり幸せのおすそ分けをもらった気分です（お見送りの際に）
新郎新婦のご両親に	・本日は晴れやかな席にお招きいただき、ありがとうございます ・○○さんの花嫁姿をとっても楽しみにしています（控え室などで） ・○○さん、とてもきれいですね／○○さんのドレス姿、とても素敵ですね ・素敵なご主人（奥様）ですね

結婚式のマナー❺

受付・スピーチ・余興は快く引き受けて

>> 受付係は、ゲストが最初に目にする「両家の代表」。笑顔を忘れず、丁寧な対応でお迎えを
>> スピーチを頼まれたら、快く引き受けるのもマナー。大まかな流れは決まっているので、コンパクトに新郎新婦の長所をアピールして

　受付を頼まれたら、受付中は新郎新婦の身内として振る舞います。披露宴会場でゲストが最初に目にするのが受付係ですので、両家の代表として笑顔を忘れず、正しい言葉づかいでお迎えしましょう。ご祝儀を預かる大切な役目もありますので、受付が始まったらその場を離れないように注意して。また、スピーチを頼まれたら、苦手だなと感じても快く引き受けるのがマナーです。長く話す必要はありませんので、お祝いの気持ちを込めて、新郎（新婦）のよいところをアピールしましょう。友人としてのスピーチなら格式張らなくてもかまいませんが、内輪だけで盛り上がるようなネタは避けましょう。

受付の仕事の流れ

受付準備	集合時間がゲストと異なるので、事前に新郎新婦に確認を。また、会場でトイレや喫煙所の場所をよく質問されるので、到着後スタッフに聞いておくと◎
ゲスト来場	ゲストに「ご出席ありがとうございます」とあいさつを。祝儀袋を両手で受け取り、芳名帳に記帳をお願いする。新郎新婦から預かった車代なども渡す
受付終了	受付終了時間になったら、新郎側と新婦側それぞれでご祝儀と芳名帳をまとめ、指定された人に渡す

✅ **check**
ご祝儀は本来、事前に渡すもの。特に親族は先にご祝儀を渡している場合が多いので、受付でご祝儀を渡されなくても、そのままご案内しましょう

スピーチのまとめ方

友人としてのスピーチなら3分程度（800字くらい）がベスト。下記の流れでコンパクトにまとめましょう。緊張するようなら、手紙に書いて読めばOKです。

❶自己紹介
司会者に名前を呼ばれるので、「ただいまご紹介にあずかりました、新郎（新婦）○○さんの高校時代の友人の△△と申します」など、自分の名前と新郎（新婦）との関係を述べる

❷新郎新婦、両家へお祝いの言葉をかける
「○○さん（新郎）、△△さん（新婦）、ご結婚おめでとうございます。そしてご両家のご親族の皆様、心よりお祝いを申し上げます」と祝辞を述べる

❸新郎（新婦）の人柄がわかるエピソードを紹介
新郎（新婦）の人柄がわかるエピソードを1～2個盛り込む。ただし、内輪だけで盛り上がるようなネタは、周りのゲストにとって退屈なのでNG

❹締めの言葉
「これから温かい家庭を築いてください」などと締めの言葉を言った後、最後にもう一度新郎新婦に「おめでとうございます」と述べる

新郎（新婦）のことを宣伝するつもりで話しましょう

冠婚葬祭

❌ NG
下記の言葉は、別れや再婚を連想させるので避けましょう。
別れる／切れる／帰る／壊れる／切れる／重ね重ね／たびたび／返す返す など

余興を頼まれたら

余興も5分程度で手短にまとめるのが◎。新郎新婦やその友人にしか伝わらない内輪ネタや下品なネタ、過去の恋愛を暴露するようなものは、親族も多く出席する披露宴では厳禁。楽器演奏や歌、新郎新婦の人柄やよいところがクローズアップされるようなクイズ、ビデオレターなど、老若男女が楽しめるものを用意しましょう。

弔事のマナー❶

突然の訃報は
あわてず日程の確認を

> ≫ 訃報を受けたら、お悔やみの言葉を述べた後で通夜や葬儀の日程の確認を。参列できない場合は弔電を送ると◎
>
> ≫ 通夜から出席するのか、葬儀にのみ参列するのかは、故人との間柄で判断を。親しい間柄なら全てに参列するように都合をつけて

　仕事関係の人の訃報を受けたら、通夜や葬儀の日程などを確認したうえで上司に報告を。故人の死因を聞いたり、臨終の様子を聞いたりするのはNG。遺族は悲しみの中で忙しく葬儀の準備をしなくてはならないので、電話は手短に済ませましょう。近親者の場合はできるだけ早く弔問に駆けつけますが、その際は喪服や香典は不幸を予期していた印象を与えるので、地味な普段着でOK。通夜や葬儀・告別式は喪服で出席し、香典を持参します。また、進んで手伝いを申し出るのも大切です。近親者以外の場合は、故人との関係性で通夜、葬儀のどちらから参列するかを決めましょう。

通夜・葬儀・告別式とは

故人と関係が深い場合は、通夜から告別式まで全てに出席を。どうしても昼間の告別式に出席できない場合は、通夜の席で遺族にその旨をお詫びします。また、友人や会社関係者の親族など、故人とさほど親しくない関係なら葬儀・告別式のみ参列しましょう。

通夜	故人とこの世で過ごす最後の夜。親類縁者など、親しい人が中心に参加する
葬儀	通夜の翌日に行われる、死者を送り出す宗教的な儀式
告別式	故人に別れを告げる式。遺族・親族から一般の弔問者までが参列し、出棺までを見送る。最近では葬儀と続けて行うのが一般的

訃報を受けたら

訃報を受けたら、あわてずに通夜や葬儀の日程などの確認を。仕事関係者が亡くなった場合は、社内で規定があることも多いので、自分で判断するのではなく、まずは上司に報告しましょう。

今後の予定、宗教を確認する

訃報を受けたら、まずはお悔やみの言葉を述べ、以下の事項を確認します。

- 亡くなった人は誰なのか（○○さんの義父の△△さんなど）
- 通夜や葬儀・告別式の日時と場所
- 宗教、宗派
- 喪主
- 誰に伝えておくか

仕事関係の人の場合は、その内容を上司に報告します。自分の近親者の場合は、早めに駆けつけられるよう上司に相談を。

必ずメモを取り、復唱しましょう

葬儀に参列できない場合は弔電を

通夜、葬儀・告別式に参列できない場合は、喪主宛てに弔電を送ります。遅くとも告別式の開始時間までに会場に届けるようにしましょう。その際、差出人が個人名だけだと遺族側がわからないこともあるので、故人との関係がわかるような肩書きを入れると◎。

step up
葬儀が終わってから不幸を知った場合は、仏式なら四十九日までは香典や花などを持って訪問し、焼香させてもらいましょう。四十九日を過ぎていたら、線香やろうそく、お菓子などを届けるとよいでしょう。

お悔やみの言葉

訃報を受けた時や、通夜・葬儀などで遺族と顔を合わせた時は、「このたびはご愁傷さまです」と声をかけます。その後に「お力落としのないよう、お体にお気をつけください」などと付け加えてもよいでしょう。ただし、キリスト教の場合は亡くなることは神に召されると解釈するため、「安らかなお眠りをお祈り申し上げます」と伝えて。

NG
通夜や葬儀の中では「生死」を直接的に表現するのはNG。「ご逝去」や「生前」、「お元気だった頃」などの表現にしましょう。また、不幸が続くことを連想させるような「続いて」「追って」などの表現も避けましょう。

弔事のマナー❷

喪服の準備は早めに
遺族に失礼のない服装を

>> 男性ならブラックスーツ、女性なら黒のスカートとジャケットのスーツを準備しておいて
>> 通夜は地味な平服でもOKですが、事前に日程がわかっている場合は、喪服の着用が一般的

社会人になったら喪服の準備をしておくとよいでしょう。通夜は地味な平服でもOKですが、葬儀はきちんとした喪服でないと遺族に大変失礼にあたります。男性はブラックスーツ、女性はひざ下のスカートとジャケットのスーツを1着揃えておきましょう。夏でも肌を出さないのがマナーなので、半袖のワンピースの場合は、必ずジャケットも購入して。喪服はたびたび買うものではないので、長く着られるデザインのものを選ぶとよいでしょう。また、自分の家が仏教であれば、自分用の数珠も用意を。葬儀の時だけでなく、法要や墓参りの際にも必要になります。

通夜にふさわしい服装

通夜は地味な服装で

通夜は儀式ではなく、「取り急ぎ駆けつける」という意味も残っているので、喪服ではない地味な服装でもOK。以前は喪服を着ていくと、死を予期していたようでむしろ失礼とされていました。しかし、現在は事前に通夜の日時がわかっている場合が多いため、喪服を着用するのが一般的になっています。

step up

突然の訃報で職場から通夜に駆けつけることもあるので、男性は黒いネクタイ、女性は黒いストッキングを職場に置いておくと安心です。

葬儀にふさわしい服装

男性

シャツ
礼装用の無地の白いシャツ

ネクタイ
黒無地のもの。ネクタイピンやポケットチーフは使わない

時計
派手なものやゴールドの金具のついたものはNG

スーツ
ブラックスーツ（シングル、ダブルどちらでもOK）が基本。ストライプなどの入ったものはNG。ベルトも黒のものを

靴
光沢のない黒の革靴。靴下も黒いもので揃える

女性

ワンピース／スーツ
黒のワンピースやフォーマルスーツで。長袖が望ましい。スカートはひざ下のものを

アクセサリー
基本的にはなし。パールの一連ネックレスは、涙の象徴とされるのでOK

バッグ
小ぶりな黒い布のバッグが正式。布製がない場合は、光沢のない黒の革のものを

靴
光沢のない黒のパンプスに、黒のストッキングを（タイツはNG）

✅ **check**
メイクは薄めにするように心がけて。アイシャドウやチーク、口紅はベージュ系か薄いピンクを選びましょう。派手なネイルは落とすように。髪もスッキリまとめましょう。

弔事のマナー❸

故人の宗教・宗派に合わせた香典を用意して

>> 香典の名目は宗教、宗派によって異なる。訃報を受けたら必ず確認を。わからない場合は「御霊前(ごれいぜん)」がベター

>> 香典は新札に折り目をつけて包むと◎。香典袋の表書きは「涙で墨の色もにじむ」という意味で薄墨を使う

　香典は本来「お香を供える」という意味で、仏教のみに使う言葉でしたが、現在は葬儀などで金銭的に負担がかかる遺族のために、宗教を問わず香典という形で金銭を包みます。ただし、宗教、宗派によって香典の名目は異なります。仏式なら御霊前（浄土真宗のみ御佛前(ごぶつぜん)）、神式なら御玉串料(おたまぐしりょう)、キリスト教式なら御花料(おはなりょう)となりますので、訃報を受けた時に故人の宗教、宗派を確認しておきましょう。また、「香典返し」は式場の出口などで品物を渡されることが多いですが、後日郵送されることもあります。その場合は、喪主の負担を考え、お礼の連絡はしないのがマナーです。

香典の目安

新札に折り目をつけて包むと◎

香典の金額は
- 親しい人の場合…1万円
- 友人や同僚、またはその家族の場合…5000円～1万円

が目安です。職場などで連名で包む場合は1人1000円～2000円程度がよいでしょう。新札はNGですが、くしゃくしゃのお札も失礼。新札に縦に折り目をつけると丁寧です。

> **step up**
>
> 通夜と告別式の両方に参列する場合は、香典は通夜に持参するだけでOK。また、最近は香典を辞退する家も増えています。これはお返しの煩雑さを避けるためなので、辞退されたら無理に渡さないのもマナーです。

不祝儀袋の書き方

外袋

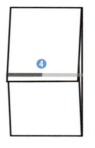

表書きや名前は薄墨の毛筆や筆ペンを使って

上側をかぶせることで「悲しみを流す」ことを意味します

内袋

❶表書き
宗派によって異なるが、「御霊前」はたいていの宗派に使える

❷水引
二度とあってほしくない弔事には「結び切り」の水引を使用する。結び直せる「蝶結び」は厳禁。仏式なら黒白か双銀の水引を

❸名前
慶事と同様、個人なら中央に、連名なら右から順に目上の人を書く。4人以上の場合は代表者名の左に「外一同」と記入し、別紙に全員の名前を書いて中袋に入れる

❹外袋の折り方
下→上の順で折って上側を上にかぶせ、水引をかける

❺お札の向き
お札の肖像が表にこないように入れる

❻金額
不祝儀の場合、金額は裏側に書くことが多い

❼差出人
外袋を外した時に紛れないよう、住所・氏名を書く。のりづけはしなくてOK

袱紗の包み方（弔事）

慶事と同様、香典は袱紗に包んで持参すると丁寧です。ただし、包み方が慶事とは逆になるので注意して。

祝儀袋は中央よりやや右に置いて

❶袱紗の裏側に祝儀袋を置き、右の角を中央に向けて折る

❷香典袋を包むように下→上の順で折る

❸左側を中央に向けて折り、角を反対側に折り込む

弔事のマナー ❹

故人を偲ぶ、通夜・葬儀での振る舞い

>> 葬儀・告別式に遅刻は厳禁。受付ではお悔やみの言葉をかけてから、香典を渡して。代理の場合は名前の書き方に注意

>> 焼香は宗派によって異なるので、わからない場合は遺族のやり方にならえばOK。丁寧な動作を心がけて

故人を偲ぶ通夜や葬儀は、遺族に失礼のないよう心がけます。通夜は急な場合もあるので、遅れてでも駆けつけてOKですが、葬儀・告別式は開始10〜20分前には到着を。遺族には「このたびはご愁傷さまでした」や「心よりお悔やみ申し上げます」などとあいさつしますが、この時は口ごもるような声で悲しみを表現しましょう。また、通夜の後に通夜振る舞い（飲食）をすすめられることがあります。これは故人との最後の食事を意味するものですので、よほどの事情がない限りは箸をつけましょう。退席する前に遺族に言葉をかけ、もう一度焼香をさせてもらうようにします。

受付の仕方

香典を渡し、必ず記帳を

受付ではまず一礼し、「このたびはご愁傷さまでした」などとお悔やみの言葉をかけます。香典を渡す時は表書きの文字を相手の正面に向けて両手で渡します。「御霊前にお供えください」と言葉を添えて。通夜で香典を渡している場合は、葬儀の際は「昨日も参列しました」と伝え、記帳のみでOK。芳名帳には住所と氏名を記入します。

✅ check

代理で参列する場合は、来られなかった人（上司など）の名前の下に「代理」と書き、その下に自分の名前を小さく記入します。上司から名刺を預かった場合は、名刺の右上に「弔」と書き、香典袋に添えて渡します。

葬儀での振る舞い方

焼香の作法

数珠は左手に持つ

❶ 次の会葬者に軽く黙礼して席を立ち、僧侶と遺族に一礼する

❷ 焼香台へ進み、遺影に一礼する

❸ 親指、人差し指、中指で抹香をつまみ、目を閉じて目の高さまで上げ、静かに香炉に入れる。これを丁寧に1回行う

❹ 焼香が終わったら合掌し、一歩下がり遺影に深く一礼する。僧侶と遺族に一礼してから席に戻る

> ✅ **check**
>
> 焼香の回数や作法は宗派によって異なるので、親族やほかの人のやり方を真似するようにしましょう。神式では「玉串奉奠（たまぐしほうてん）」、キリスト教式では献花がありますが、いずれも喪主や親族のやり方に合わせます。

数珠の扱いは丁寧に

数珠は仏具であり、神聖なものなので、畳やイスの上に直に置くのはNG。席を離れる時は、バッグの中に入れるように。また、数珠の貸し借りは避けましょう。

出棺まで見送る

出棺までお見送りするのが本来のマナー。霊柩車が出発する時には頭を下げ、合掌を。冬でもコートは着ずに、喪服のままで。見送った後は静かに退出します。

積極的に手伝いを

会社関係の葬儀の場合、通夜や告別式で受付や誘導などの手伝いを頼まれることがあるので、進んで協力を。場所柄、笑顔を見せるのはNGです。

テーブルマナー ❶

世界共通のマナー
基本を押さえて美しく食べる

>> 食事を始める前からマナーに気をつけて。店に着いたら、大きな荷物やコートは預ける。イスにもスマートに着席を
>> カトラリーは外側から内側の順に使う。肩と腕の力を抜き、ナイフは軽く動かす程度でOK

　結婚式や接待の場で必要になることの多い洋食のテーブルマナーは、社会人として身につけておきたいもの。世界共通のマナーですので、覚えておけば海外旅行や海外出張に出かける際も安心です。店に着いたところからマナーは始まります。時間に余裕を持って到着し、コートや大きな荷物は入口で預けましょう。イスの背もたれには背中をつけず、姿勢よく座って。ナイフとフォークの基本的な使い方を押さえるだけでも、きちんとした印象を与えられます。堅苦しく考えてしまいがちですが、マナーは食事を楽しむため、周りに不快感を与えないためのものであるととらえましょう。

食事を始める前のマナー

スマートな着席の方法

イスへの出入りは左側から行います。お店の人にイスを引いてもらったら、左側から中に入ります。この時、テーブルと体が軽くつくぐらいの位置に立つのがポイント。そうすると座った時に、テーブルとお腹の間にこぶし1つ分の間隔ができます。お店の人がイスを押し、イスがひざ裏についたらゆっくり腰を下ろします。背中を背もたれにつけないようにして座りましょう。

✅ check
食事が始まったら、終わるまで中座しないのがマナー。お手洗いはレストランに入る前か、オーダー直後に済ませておいて。どうしても途中で行きたくなってしまったら、料理が下げられたタイミングで短時間で済ませます。

ナプキンの使い方

料理のサービスが始まる前にナプキンをひざにかけて

食事中
ナプキンを二つ折りにし、輪の部分を手前にしてひざにかけます。口を拭く時はナプキンの内側を使い、汚れが見えないように戻しましょう。

食後
きちんとたたむと「料理が不満だった」という合図になってしまうので、軽くたたんでテーブルの上に置きます。中座する時は軽くたたんで、イスの上に置きます。

> ❌ **NG**
> ナプキンでグラスやテーブルを拭くのはNG。ナプキンがあるのにハンカチやティッシュを使うのも、失礼にあたるのでやめましょう。

ナイフとフォークの基本

フォークやスプーン、ナイフなどのカトラリーは、料理の順に並んでいます。外側から内側へ、順番に使っていきましょう。

基本の持ち方
右手でナイフを持ち、刃の付け根に人差し指を沿わせます。フォークは左手でふんわり握り、人差し指で柄を支えます。切るものをフォークでしっかり押さえ、ナイフを軽く動かしましょう。

ひじを張らないように

一旦手を止める時
フォークは背を上にし、ナイフは刃を内側にして八の字にします。

食後
フォークは腹を上にし、ナイフは刃を内側にしてお皿の右下に揃えます。

> ❌ **NG**
> 落としたカトラリーを自分で拾うのはNG。ナイフやフォークの先を上に向けたり、こすり合わせるのもマナー違反です。

テーブルマナー❷

料理をおいしくいただく
マナーを実践

> » 「一口大に切る」「お皿を持ち上げない」「音を立てない」といった基本マナーを守り、それぞれの料理をきれいに食べて
> » 立食パーティーは会話をし、親睦を深めるのが目的。握手をすることもあるので、グラスやお皿は片手で持つと◎

　西洋料理のフルコースは前菜（オードブル）、スープ、パン、魚料理、肉料理、サラダ、デザート、コーヒーの順番で1品ずつ出てきます。それぞれの料理には、おいしくいただくためのマナーがあります。「料理を一口大に切る」「お皿を持ち上げない」「食器の音や食べる時に音を立てない」が基本なので、覚えておきましょう。お皿を勝手に動かしたり、交換するのはNG。また、立食パーティーは会話を楽しむためのもの。食事を楽しみながらも、積極的に輪の中に入って親睦を深めましょう。イスが用意されていても、バッグなどで席を取るのはNG。よほど疲れた場合以外は、座るのを避けましょう。

乾杯＆お酒のマナー

ワイングラスの扱い方
グラスは常に右側に置きます。基本的に、ワインはお店の人に注いでもらうもの。注いでもらう時はグラスを置いたままに。

乾杯ではグラスを合わせない
乾杯の時にグラス同士を合わせると、グラスが傷つくこともあるので避けましょう。グラスを目の高さに上げて、周りの人とアイコンタクトをとるだけでOKです。

乾杯の時はイスの左側に立ちます

おいしい食べ方の基本 〜洋食編〜

スープ
スプーンを器の手前に入れ、奥に向かって動かします。スプーンの6割程度まですくい、口に入れる時はスプーンを横にした状態で手前から流し込むようにして飲みます。

パン
一口ずつちぎり、バターをつけて食べます。パン皿がない場合、テーブルクロスがかかっていれば、自分の左側に直接置いてOK。メインの皿の上に置くのはNG。

サラダ
レタスなどの葉野菜はナイフで折るなどして小さくまとめ、フォークで刺して食べます。豆やコーンなどは、フォークの腹ですくって食べてもOK。

肉料理
大きめの肉料理は、左側から一口ずつ切って食べます。最初に全部切ってしまうのはNG。ナイフでソースを絡ませながら口に運んで。骨付き肉は、骨に沿ってナイフを入れます。

魚料理
骨付きの魚は上身を外して皿の手前に置き、左側から一口大に切ってソースに絡ませて食べます。上身を食べ終えたら骨を外して奥に置き、下身を食べます。魚をひっくり返すのはマナー違反なので注意。

デザート
ナイフとフォークを使って食べます。ミルフィーユなど、食べづらいものは倒してから一口大に切って食べます。

> ❌ **NG**
> パスタは本来スプーンを使わないのがマナー。手前から少量のパスタをフォークのみで巻き取って

立食パーティーでの振る舞い方

人差し指と中指でお皿を持ち、薬指にフォークを挟む。グラスは親指と人差し指で支えて

グラスとお皿は片手で持つ
立食パーティーの時は、左手だけでお皿やグラスを持つと、料理を取ったり、周りの人と握手をするのに便利です。料理は前菜、メインディッシュ、デザートの順に取りましょう。料理が並ぶテーブルの近くで話し込むとほかの人の邪魔になるので、取り終えたら移動を。

テーブルマナー❸

正しい箸づかいは社会人としてのたしなみ

>> 正しく箸を使えないと、マイナスの印象を与えることも。自信がない人は普段の食事で練習しておこう
>> 「嫌い箸」に注意。マナー違反の箸づかいをしていると、周りの人に不快な印象を与えることも

箸の使い方はその人の育ちや品格を表すこともあるほど、日本人にとっては大切なもの。接待や社内での食事の場面で正しく箸を使えていないと悪い印象を与えることもあるので、自信がない人は正しい箸の持ち方を練習しておきましょう。ご飯やおかずは、箸先から3cmくらいまでの部分を使って、やや少なめに量をつかむとよいでしょう。また、やってはいけない箸づかいを「嫌い箸」や「忌み箸」と言います。箸の先をなめたり、お膳の上で箸をうろうろさせたり、箸を使って器を自分の方へ引き寄せたりするのは、とても下品な動作です。周りの人にも不快感を与えるのでやめましょう。

基本の箸の持ち方

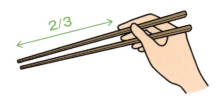

箸先から2/3ぐらいの位置を持つように

正しい箸の持ち方をおさらい

上の箸を親指、人差し指、中指の3本で持ちます。下の箸は薬指の上と親指の付け根あたりに置いて固定し、親指で上下の箸を押さえます。上下の箸の間には常に中指が入っている状態にし、食べる時は上の箸だけを動かしましょう。

箸を持ち上げる時、置く時

普段の食事では、利き手でそのまま箸を持ち上げても OK ですが、フォーマルな食事の時は下記のような動作で持つと、丁寧な印象を与えられます。置く時は逆の手順で行って。

❶右手で箸をそっと持ち上げる。胸より上には上げないように注意

❷左手を箸の下から添える

❸右手を箸の下に滑らせる。左手を外し、右手で正しく持つ

冠婚葬祭

✅ check

割り箸を割る時は相手から見えないよう、テーブルの下で割りましょう。割り箸を横に持ち、片側だけを動かします。割った後に割り箸同士をこすり合わせるのは NG。箸置きがない場合は、箸袋をひと結びして代用するのがおすすめです。使い終わった箸は箸袋に戻し、使用済みであるのがわかるよう、箸袋を折っておくとよいでしょう。

NG の箸づかい

知らず知らずのうちに間違った箸づかいをしていることも。クセになっているものは早めに直すよう、普段の食事から気をつけましょう。

渡し箸
箸置きを使わず、箸を器の上に渡すように置くこと

もぎ箸
箸の先についたご飯粒などを口で取ること

ちぎり箸
両手に 1 本ずつ箸を持って、料理を切ること

刺し箸
料理を箸先で刺すこと

涙箸
箸でつまんだ食べ物の汁を垂らしながら口に運ぶこと

迷い箸
何を食べるか迷って、料理の上で箸を行き来させること

大皿のおかずを取る時に、箸を逆さにするのは不衛生なので NG。取り箸を使って

テーブルマナー❹

焼き魚を正しく食べられれば、和食マナーの達人

>> 日本料理は器を持って食べるのがマナー。胸の高さくらいで持つと、姿勢よく食べられる

>> 焼き魚はひっくり返したり、骨の間から下身をほぐすのはNG。下身は骨を外してから食べるのがマナー

　和食のマナーの特徴は、器を持って食べること。持ってはいけない器は刺身や焼き物の皿、大きな皿などで、そのほかのお椀や小鉢、しょう油皿などは全て持って食べるようにします。ただし、器に直接口をつけてかき込むのではなく、きちんとお箸で食べましょう。また、左手を受け皿のように使うのは一見上品に見えますが、マナー違反なので気をつけて。刺身や天ぷら、煮物などは盛りつけを崩さないよう、手前から順番に口に運びます。また、日本料理は器を丁寧に扱うことも大切。特にフタ付きの器は、置く時もゆっくりとした動作を心がけて。食後に食器を重ねるのはやめましょう。

器を持つのが和食のマナー

器と箸は同時に持ち上げない

箸と器を同時に持ち上げるのは、粗相のもとになるので気をつけて。先に両手で器を取り、左手にのせた後、右手で箸を取ります。右の図のように箸先の1/3くらいを左手の薬指と小指の間に挟み、右手を横に滑らせて持ち替えると上品です。

丁寧な動作を心がけましょう

おいしい食べ方の基本 ～和食編～

焼き魚

❶上身を頭の後ろから一口ずつほぐし、食べる

＼ひっくり返すのはNG／

❷上身を食べたら、頭を押さえながら中骨と下身の間に箸を差し込み、骨をずらす

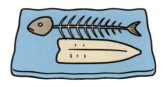

❸骨を外して下身を食べる。外した頭や中骨はお皿の奥に置く。食べ終わったら骨はまとめて右上に置く

寿司

箸を使って取っても、手でつまんでもどちらでもOK。どちらの場合も側面の中央を挟み、ネタの先に少量のしょう油をつけます。シャリにつけると、型崩れの原因に。

煮物

器を手に持つか、器のフタをひっくり返して持ち、汁が垂れないように気をつけましょう。手で受けるのはマナー違反です。残った汁は飲んでもOKです。

汁物

お椀のフタを取り、裏返して器の右側に置いてから食べます。音を立ててお吸いものをすするのはNGなので注意。食べ終わったら、フタを元通りに戻しましょう。

天ぷら

左手前から順に、盛りつけを崩さないようにして食べます。食べかけのネタをお皿に戻したり、天つゆの中に入れたままにするのはNG。海老のしっぽなどはお皿の端にまとめましょう。

刺身

しょう油にワサビを溶くのはNG。刺身1切れずつにワサビを少量のせてから、しょう油をつけます。刺身の下にあるツマは、刺身を食べ終えたら口直しに食べましょう。

軍艦巻きはシャリの先に少量のしょう油をつけて

お見舞いのマナー

家族の了解を得て、病状に合わせたお見舞いを

>> お見舞いに行く前に、家族と本人に了解をとるのを忘れずに。仕事関係の人の場合は、上司に相談を

>> お見舞いの品は、相手の好みに合わせたものでOK。食事制限がある場合は食べ物の持参は避けて

友人や親戚、仕事関係の人が入院していると聞いたら、すぐにでもお見舞いに行きたいと思うかもしれません。しかし、相手は心身ともに弱っている状態なので、お見舞いに行ってもいいかどうか、事前に家族に確認をすることが大切です。また、仕事関係の人の場合は、自分だけで判断せず上司に相談を。入院している病院によって面会時間などのルールが決まっているので、それらを守り、周りの方にも迷惑をかけないようにしましょう。お見舞いに行く時はお見舞い品を持参しますが、病状によってはふさわしくないものもあるので気をつけて。思いやりのある、温かい言葉で元気づけましょう。

お見舞いのマナー

お見舞いはタイミングを選んで

お見舞いに行く時は、事前に家族から様子を聞き、本人の了解をとったうえで訪問可能な時間を確認します。入院直後や手術前、入院が短期間の場合は避けましょう。また、同僚や取引先の人が入院した場合は、お見舞いの社内規定に従うのがベター。まずは上司に相談しましょう。お見舞いに行った際は、長居をすると周りの患者さんにも迷惑なので、15〜20分程度で切り上げます。

✅ check
お見舞い時は、下記のマナーに注意を
・家族と本人の了解を得る
・面会時間を守る
・長居しない
・大勢で押しかけない
・子ども連れは避ける
・派手な服装、香水は避ける
・携帯電話の電源を切る

入院された方を励ますお見舞い品

お見舞いに行く時は、お見舞い品を持参するのがマナーです。相手の状況に合わせた品物を選んで。また、入院中の人にかける言葉にも気をつけましょう。

お見舞い品の選び方

本人の好みに合うものを贈ってかまいませんが、食事が制限されていることもあるので、食べ物を持って行くなら事前に家族に確認を。雑誌や本も喜ばれます。花を贈る場合、香りの強いものは避けて。鉢植えの花は根付く（寝付く）を連想させるのでNG。「死」や「苦」に通じるシクラメンや、落ちる花も縁起が悪いとされています。

現金を贈る場合は一言添えて

お見舞いは現金やギフトカードでもOKです。ただし、目上の人に現金を贈るのは本来はマナー違反なので、「お好みの品がわからなかったので」などと、お詫びを添えて。

・友人…5000円
・親戚…5000円～1万円
・同僚…有志で1人3000円程度

紅白の結び切りの水引（のしはなし）や、白無地、左に赤い線が入った封筒を使う。表書きは「御見舞」や、目上の方なら「御伺い」を

冠婚葬祭

お見舞いの場では言葉に注意

お見舞いに行った時に、病気や病状について深く尋ねるのはNG。「痩せたね」などと相手を不安にさせたり、「頑張れ！」などの過度な励ましも避けましょう。「ご気分はいかがですか？」などと伺ったり、「元気になったら、また○○しましょう」と元気づける言葉をかけるとよいでしょう。

おかげんはいかがですか

お見舞いをもらったら

完治したら快気内祝いを

お見舞いをいただいた時は、完治して10日以内を目安に「快気内祝い」を贈ります。金額はいただいたお見舞いの半額～1/3程度。品物は使い切れるもの、食べてなくなるものが一般的。洗剤や石鹸などの日用品、お菓子などがよいでしょう。

品物を贈る前にお礼状を出すと丁寧です

贈り物のマナー

日頃の感謝の気持ちを贈り物に込めて

>> ビジネスの相手へのお中元やお歳暮は、社内規定がある場合も。必ず上司に確認を
>> 贈り物をいただいたら、お礼状を出すようにする。結婚祝いや出産祝いをいただいた時はお返しが必要

　社会人になると結婚式や葬儀以外にもおつき合いのお金が必要になったり、贈り物をする場面が多くなります。ビジネスの相手に対するお中元やお歳暮は、会社名義で贈ることになり、予算や内容に社内規定がある場合も多いので、贈りたい相手がいる時はまずは上司に相談を。社内の人に結婚や出産などのプライベートのお祝いをする場合は「営業部一同」など、グループで贈るのがベターです。相手の好みや状況を考えて、喜ばれるものを選びましょう。また、贈り物をもらったら、お礼状を出すのを忘れずに。結婚祝いや出産祝いはお返しが必要なので気をつけましょう。

水引のルール

のし紙は正しいものを選んで

ギフト包装には熨斗と水引が印刷された「のし紙」をかけるのが一般的です。のし紙をかける際、適していない結び方の水引を使うと失礼にあたるので気をつけて。控えめに贈りたい場合は、品物に直接のし紙をかけ、その上から包装する「内のし」、持参して渡す場合は、包装後にのし紙をかける「外のし」を使うとよいでしょう。

花結び（蝶結び）
お礼・出産・栄転など、何度繰り返してもよいものに使う

結び切り、あわじ結び
二度と繰り返すことがないようにと願う場合に使う。婚礼、弔事、お見舞い、全快祝いなど

さまざまな贈り物

金額は目安なので、贈る人との間柄で判断を。発送する場合は品物が届く前に、季節のあいさつを添えた送り状を出すと丁寧です。

結婚祝い

挙式・披露宴でご祝儀を渡す場合は、贈らなくても問題ありません。親しい間柄なら事前に希望を聞くと◎。キッチン用品や食器など、新生活で使えるものが人気です。

金額の目安	5000円～2万円
時期	挙式の1週間前までに発送

出産祝い

赤ちゃんのお世話が大変な時期なので、訪問する時は状況を確認して。洋服を贈る場合は、成長を見越して1歳用（80cm）くらいのものを。現金やギフト券も喜ばれます。

金額の目安	3000円～1万円
時期	生後7日～1ヵ月まで

お中元・お歳暮

日頃の感謝の気持ちを得意先や親、恩師などに伝える、季節のあいさつ。どちらか一方を送るならお歳暮を。

金額の目安	3000円～5000円
時期	お中元：7月初旬～7/15 （関西は8月初旬～8/15） お歳暮：12月初旬～中旬

品物は相手の家族構成や年齢、好みなどを考慮して。季節感のあるものも◎

贈り物をいただいたら

贈り物をいただいたら、遅くとも3日以内にお礼状を出すのが基本です。親しい間柄なら電話やメールでもOK。具体的な感想を書いて、気持ちを伝えましょう。結婚祝いや出産祝いは時期を見てお返しをします。お中元やお歳暮は基本的にお返しの必要はありませんが、お歳暮をいただいたら、「お年賀」としてお礼をするとよいでしょう。

結婚内祝い

披露宴に出席しない方から結婚祝いをいただいた場合は、式後1ヵ月以内に半額程度のお返しをします。

出産内祝い

出産後1ヵ月以内に半額～1/3程度のものをお返しします。水引の下には子どもの名前を入れて。

column

プライベートの報告の仕方

　結婚や出産といったライフイベントは、プライベートなことであっても会社での手続きが発生するため、必ず報告を。気をつけなくてはいけないのは、直属の上司に最初に報告すること。直属の上司を飛び越えて所属長に報告したり、同僚から話が広まった後に上司に報告するなどはNG。引っ越しも住所や通勤経路の変更があるので、事前に連絡しましょう。

結婚が決まった時

まずは直属の上司に報告を

職場に結婚報告をする時は、順番が大切です。まずは直属の上司に報告し、その後同僚や先輩に報告します。結婚の話は広がるのが早いので、関わりのある人にはなるべく同じタイミングで報告するのが大切です。

結婚を報告するタイミング

結婚を報告するタイミングは、結婚式の日取りや会場が決定してからがベスト。上司を結婚式に招待する場合は、出席してほしいという旨と日程、会場を伝えます。招待しない場合は「親族のみで行います」と伝えましょう。

今後の仕事についての相談

結婚にともない、仕事を続けるか退職するのかを伝えます。退職する場合は3ヵ月前までに相談を。また、結婚式や新婚旅行にともなう休暇についても相談します。

> 報告は忙しい時間を避けて、就業時間前や昼休みを使って。同僚や先輩にもメールではなく、直接伝えるようにしましょう。

子どもができた時

女性は産休の相談を
出産の予定と産休の希望を、直属の上司に伝えましょう。流産の可能性が少なくなる妊娠3～4ヵ月頃が一般的ですが、つわりがひどい場合は早めに報告しておいた方が安心です。出産後、復職するか退職するのかも相談を。

男性も必ず報告を
保険や扶養の手続きがあるため、安定期に入った6ヵ月前後に出産予定日を報告します。

> 産休とは産前（出産予定日の前の6週間）と産後（分娩日の翌日から8週間）を合わせた休業期間のことで、本人が希望すれば休業ができます。ただし、産後6週間は必ず休業しなければなりません。育児休業は、原則として子どもが1歳に達するまでの間に労働者（男女）が取得できるものです。

身内に不幸があった時

葬儀の日程の連絡を
社員の家族が亡くなった場合、会社として弔電や弔慰金、花輪を出すことがほとんどなので、「誰が亡くなったか」「通夜、葬儀・告別式の日程と会場」をなるべく早く上司に連絡します。また、忌引きの予定も伝えましょう。目安は右記の通りですが、会社によって異なるので上司に相談を。

> 忌引きの目安
> ・父母…7日間
> ・祖父母…3日間
> ・兄弟姉妹…3日間
> ・おじ・おば…1日間
> ・配偶者の父母…3日間
> ・配偶者の祖父母…1日間

column
ビジネス会話で困らない用語集

あ

相見積もり（あいみつ）
複数の業者から見積もりを取って比較し、検討すること

アウトソーシング
自社の業務の一部または全部を外部の企業に委託すること

アサイン
個人に対して仕事を割り振ること、ある事業に人員を割り当てること

アジェンダ
本来は「予定表」を意味する。ビジネスの場では、会議や打ち合わせの議題をまとめたものを指す場合が多い

アポイント（アポ）
アポイントメントの略。面会の約束や予約のこと

アライアンス
企業同士で提携したり、共同事業を行うこと

インセンティブ
目標を達成するための刺激を表す。ビジネスでは報奨金を意味することが多い

ASAP
「As Soon As Possible」の略。「できるだけ早く」という意味

OEM／ODM
製造メーカーが他社ブランドの製品を生産することを OEM、設計から製造まで行うことを ODM という

OJT
「On the Job Training」の略。部下の指導や育成を指す

か

議事録
会議の内容や決定事項を記録したもの

クライアント
顧客や依頼主のこと

グロス
細かい単価で出すのではなく、全てをまとめてという意味。見積り額の交渉の際、「グロスで〇〇円でいかがでしょうか」などと使う

コア・コンピタンス
競合企業に対して圧倒的な優位性を持つ、その企業ならではの技術やノウハウ

コミットメント
責任を伴う約束。達成できなければその責任を明らかにすること。「コミットする」という言い方をする場合もある

コモディティ化
「コモディティ」は商品のこと。メーカーごとの商品の機能や品質などの差や特徴がなくなってくること、または高価格商品が一般化・大衆化することを指す

コンセンサス
意見の一致、総意。ビジネスの中では「根回し」を表すことも

コンプライアンス
法令遵守。企業が法律や規則、社会的な常識に沿った活動を行うこと

コンペティター
ビジネスにおいて競争し合う相手企業のこと

さ

CS
「Customer Satisfaction」の略。「顧客満足」という意味

シュリンク
圧縮を意味する言葉。ビジネスの中では市場の縮小を指すことが多い

スキーム
ある事業の計画、体系、枠組みなどを指す。「取引のスキーム」や「事業スキーム」などという使い方をすることが多い

セグメント
全体をいくつかに分割した断片を指す。例えば、客層を年齢別や職業別に分類した時の1つの層のこと。また、そのように分類することを「セグメントする」とも言う

た

たたき台
素案、土台となる案。「これはあくまでもたたき台ですので、ご意見をいただければ…」などと使う

直行／直帰
朝、出社せず、直接訪問先に向かうことを「直行」、訪問先から会社に戻らず、そのまま帰宅することを「直帰」と言う。外出ボードには「NR」(ノーリターン) と書くことも

デッド
デッドライン＝締切、納期の略。

ドラスティック
「ドラスティックな変化」「ドラスティックな改革」などと使い、思い切った様子を表す

ドラフト
下書き、草案。契約書などはドラフトで確認後、正式な契約書を交わす

な

ニッチ
マーケティング用語で、ターゲットをしぼった狭い市場のこと。対義語は「マス」

日報
1日の業務内容を報告する書類。週報、月報を提出する場合もある

は

バズマーケティング
口コミを用いたマーケティング手法。インターネットやSNSでの口コミも含む

バッファ
本来はIT用語で、データを一時的に保存しておく記憶領域のこと。転じて、予定などに余裕を持たせることを表す

パテント
特許または特許権

BtoB／BtoC
B＝Business（企業）、C＝Consumer（消費者）を表す。BtoBは企業間取引を、BtoCは企業と消費者の取引を意味する。略して「B2B／B2C」と表記することも

フィードバック（FB）
ある業務の結果を検証し、業務改善を図ること。「フィードバックして」と言われたら、結果をまとめて報告すればOK

フィックス（FIX）
ビジネスの場では「確定する」の意味で使われる。「この内容でフィックスします」と言う場合は、それが最終決定になる

プライオリティ
優先順位のこと。「この案件はプライオリティが高い（低い）」という使い方をする

ブラッシュアップ
一定のレベルに達しているものに、さらに磨きをかけて完成度を高めること

ブレイクスルー
本質的な課題を打破する、革新的な解決策。また、それを見出すこと

ブレーンストーミング
あるテーマについて複数の人で自由に意見を言い合い、アイデアを連想する発想法。「ブレスト」と略される

フローチャート
記号や矢印などを用いて、流れや手順を図式化したもの

ベンダー
販売代理店のこと

ペンディング
計画や決定を保留にしたり、一旦中断すること。結論を先送りする時に使われる場合が多い

ポテンシャル
潜在能力や可能性のあることを表す

ま

前株、後株
前株とは、「株式会社○○」と会社名の前に「株式会社」がつく会社。後株は「○○株式会社」のこと。領収書をもらう際などに伝えることが多い

マター
本来の英単語は「問題」「事柄」という意味。ビジネスの場では「人事部マター」などと使って、誰の仕事であるかを指す場合が多い

メソッド
方法、手法のこと

ら

リスケジュール（リスケ）
予定を立て直したり、日程調整を行うこと

稟議
業務上必要な案件について、上司や決裁権のある人に決裁や承認を求めること。稟議書（→P105）を関係者に回覧する場合が多い

ルーチン
決まった手続きや手順のこと。日常的に行う業務や作業のことをルーチンワークという

ロールプレイング（ロープレ）
営業などで、クライアント役と営業役に分かれて、あいさつや営業の実演を行うこと

PART 2

整理は、仕事を効率よく進めるために欠かせないもの。

デスクや書類を整理することでミスやムダをなくし、

時間や思考も整理することで、

仕事の成果を飛躍的に伸ばしましょう。

chapter 1

整理の基本

整理の基本 ❶

「整理」がなぜ必要なのか、考えてみよう

>> ものや頭の「整理」ができていないと、仕事の効率が悪くなり、ひいては周りからの信用を失うことにもなる
>> 「整理」をすることで得られるメリットはさまざま。自分自身が気分よく仕事できるだけでも、大きな変化

「ものの整理などできていなくても、どこに何があるかわかっているから大丈夫」。そう思う人も多いようですが、ものや頭の中の整理ができていることで手に入るものがあるとしたらどうでしょう。

「整理」をすることで得られるものの1つが「時間」です。どこに何があるかわかっていても、机の上がぐちゃぐちゃなら、ほしいものをさっと手に取ることはできません。そのわずかな時間も、積もり積もれば大きな損失に。整理することで大幅な時間短縮ができるのです。また、仕事がスムーズに進むことで、「信頼」というかけがえのないものも得られます。

整理によって得られるものの1つは「時間」

ものが整理できていると
ものの整理ができていると、必要なものがすぐに見つかり効率がアップ。物事が順調に進み、時間の余裕が生まれます。逆に、整理ができていないと探し物に余分な時間がかかり、仕事の効率も成果もダウンしてしまいます。

頭の中が整理できていると
整理できるのは「もの」だけではありません。頭の中が整理できていると、やるべきことが常に明確になり、仕事もスムーズ。よいアイデアも浮かびやすくなります。頭が整理されていないと、何から手をつけていいのかわからなくなることも。

整理をするメリット

ものや頭の中を整理すると気分がよくなり、物事がうまく進んで仕事の成果にもつながります。

必要なものをすぐ取り出せる

机の上や引き出しの中、棚などが整理されていると、書類やファイルの場所が一目瞭然になります。その結果、必要な書類や頼まれた書類をすぐに取り出すことができ、仕事のスピードが上がります。

過去の経験・ノウハウを活かせる

これまでに行った仕事の記録や資料が整理されていると、同じような仕事が発生した時に大いに役立ちます。そこからヒントを得て、新しいアイデアが生まれることもあるでしょう。

ストレスがない

よくわからない資料に場所を取られて仕事のスペースが狭くなると、それだけで心理的なプレッシャーが生まれます。書類やものの山がなくなるだけで、気分よく仕事に打ち込めます。

未整理のデメリット

信頼損失につながることも

必要なものが見つからないと、そこで仕事が中断します。集中力が途切れ、再び集中するまでに時間がかかってしまうことも。その結果、提出期限に遅れたり、会議に間に合わなくなったりしては、周りからの信頼も失ってしまいます。

整理の基本 ❷

戻す・分ける・捨てる
3ステップで整理上手に

≫ 整理をする前に、散らかさない、ものがあふれないコツを考えてみよう。
　それにより、整理のコツも見えてくる
≫ 片付ける場所がなければ、散らかる一方。まずは、何をどこに片付けるの
　かを考え、そこに戻すことから始める

　ぐちゃぐちゃな机の上や、溜まった書類を整理するといい。それはわかっていても「どうすれば整理できるかわからない」という人は多いでしょう。では、なぜものがあふれたり、書類が山積みになるのでしょうか。まず思い当たるのが、使ったものをそのままにしていること。そうなってしまうのは、ものを片付ける場所が決まっていない、つまり仕分けができていないからです。そして最大の原因は、いらなくなっているものを捨てずにとっていること。こうした原因が重なって、ぐちゃぐちゃな状態が生まれているのです。「戻す」「分ける」「捨てる」を基本とし、整理の第一歩を踏み出しましょう。

整理のセルフチェック

自分では「整理できている」と思っていても、実はできていないということもよくあります。以下の項目にあてはまる人は要注意です。

✅ **check**
もの編
☐ 1日に2回以上、探し物をする
☐ 外出先から電話で資料の場所を説明しても見つけてもらえない

✅ **check**
頭の中編
☐ 締切に遅れることが多い
☐ 「この資料、なんだっけ？」と思うことが週に1回以上ある

散らかさないための3ステップ

```
使ったら戻す
    ↓
分類する
    ↓
不要物を捨てる
```

使ったら戻す　一度整理できてしまえば、後は散らかさないようにするだけでOK。どんなものでも、使い終わってすぐにもとの場所に戻せば、少しの労力でいつもスッキリ

分類する　雑多なものでも種類ごとに分け、片付ける場所をきっちり決めておけば、整理はグンとしやすくなる。分類ができれば、何がどこにあるかも把握しやすくなる

不要物を捨てる　スペースも頭の中も、管理できる量には限りがある。周りにあるのがいらないもの=ゴミばかりでは、本当に必要なものが見つけにくくなる恐れも。不要なものはどんどん捨てるように

3つの仕組みで基本を固めよう

❶定位置を決める
どこに片付けるかが決まっていないと、出しっぱなしになったり、どこかにいってしまいがち。大まかでもいいので、A社に関係するものはこの棚、社内資料はこのボックスなど、定位置を決めておきましょう。

❷一目でわかる
クリアホルダーやボックスなどがどんなにきれいに整理されていても、中に何が入っているのかがわからなければ、結局探すはめに。タイトルやインデックスをつけたりして、一目でわかる工夫をしましょう。

❸すぐに取り出せる
よく使う資料のボックスが棚の一番奥にあったのでは、手前にあるものを毎回どけて奥のボックスを出さなければいけません。面倒なだけでなく、しまい込んで存在そのものを忘れてしまう恐れも。使う頻度に合わせて置く場所を決めましょう。

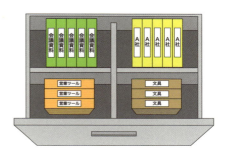

整理の基本 ❸

「分ける」コツは
ルールを明確にすること

> ≫ 「例外」をつくらないことが一番大切。「50音順」「年月日順（時系列）」は最もシンプルで、矛盾が生まれない方法
> ≫ 分類数が多すぎるのは、分類していないのと同じ。大まかに分け、必要に応じてその中でさらに分類するのがポイント

ものを「分ける（分類する）」にはテーマをつくることが必要ですが、==ここで重要なのは、「あてはまらないものをつくらない」==ことです。あてはまらない＝分類できないものが出てくると、それがどんどん溜まり、迷子のものが出てきます。そして陥りがちな失敗は、あてはまらないものが出てくるたびに新しいテーマを設けること。これをしてしまうと、テーマの数がどんどん増えて収拾がつかなくなるので、気をつけましょう。また、仕事では人と情報を共有することが必須なので、==自分にしかわからないテーマ分けにするのもNG==。誰でもわかるシンプルさがポイントです。

ルールは単純かつ矛盾なしのものを

誰でも使えるルールが大切

分けられるルールと分けられないルールの違いは「単純か否か」「矛盾が生まれるか生まれないか」です。例えば50音順や年月日順など、誰が分けても迷わず、同じように分類できるのがベストなルールです。

❌ NG

こんなルールは失敗のもとです。

・担当者別
　→複数で担当した案件はどう分類する？
・取引状況別（新規・継続など）
　→取引ストップ後、復活したらどうする？

テーマは大まかに

細かいテーマ設定は、矛盾が出やすくなるので避けましょう。また、細かく設定するとテーマの数が多くなりすぎて、結果的に探しづらいということにもなります。

上のような分け方は一見わかりやすそうですが、新たに「業界ニュース」が発生したらテーマを増やすことに。下の大まかな分類なら、「業界ニュース」も「情報」の中にまとめることができます。

緊急度・時系列は分類の2大ルール

仕事には必ず「いつまでに」という期限がついてくるので、「緊急度」も漏れなく分類できる方法の1つ。また、保管しておく資料などは「時系列」が有効です。

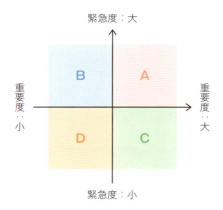

書類などは、分類した時点で仕事の優先順位もある程度決まってくるもの。上の図のA→B→C→Dの順に処理をすればOK

🔖 step up

資料の場合、時系列を基本にしながらひと工夫加えると、より使いやすくなります。考え方は「時系列×テーマ別」。まず「2019年上半期」や「2019年4月」などのように、時系列に書類を分けます。その後、それぞれの分類の中でテーマ別に分類すれば、検索性がぐっと上がります。

整理の基本 ❹

「捨てる」コツは
機械的なルールを設けること

>> まずは「不要なもの」をしっかりと意識。そうすれば、自分のところに溜まるものが少なくなる
>> 「必要かも」でずっと残しておくのは、整理の妨げに。迷ったら保留期間を設け、使わなければ機械的に捨てる

　ものがあふれているのはわかっているけれど、「もし後で必要になったらどうしよう」と思うと捨てられない…というのはよくある話です。しかし、それでは整理は進みません。なぜなら、どんなに広いスペースを用意したとしても、収納には限界があるから。「捨てる」ということをしなければ、ものは溜まり続け、仕事にも支障をきたします。

　「捨てる」という行為で重要なのは、「機械的」に捨てること。「分ける」のルールと同じく例外をつくらなければ、自動的にものを捨てることができ、いつもスッキリした気持ちのいい環境を保つことができます。

捨てる書類は4種類

❶ 使用済みの書類
重要書類でない限り、1年以上使ったことがなければ、今後も使うことはないと考えて間違いありません。

❷ 重複している書類
同じ書類が2枚以上あれば、1枚以外は不要。また、データとして残っている書類も、基本的には捨ててかまいません。

❸ 保存期間を過ぎた書類
書類の性質によって保存すべき期間は異なりますが、その期間を過ぎた書類はどんどん破棄していきましょう。

❹ 郵便物・DM
それぞれに必要な処理を済ませたら、残しておく必要はありません。素早く処分していきましょう。

迷ったら保留扱いに

「捨てるか残すか、どうしても決められない」という場合は、一旦「保留」としておけばOK。期限を決めて保管し、それが過ぎたら迷うことなく捨てましょう。

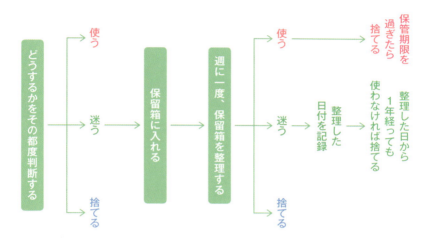

> ❌ **NG**
>
> ❶「もしかしたら後で使うかも…」
> ものにもよりますが、1年使わなかったものはその後も使わない可能性大です。使う可能性が低いものを持ち続けることの方がムダだと考えましょう。
>
> ❷「あったら便利かも…」
> 本当に必要なものなら「あったら便利かも…」とは思わないものです。こう思ったら捨てる。その判断で間違いありません。
>
> ❸「捨てたら後で困るかも…」
> 後でもう一度手に入れられるものなら、捨ててしまっても困りません。「後で困るかも…」ではなく、「後でもう一度入手できるか」を考えてみましょう。

捨てる時はまずものをまとめてから

今まで整理ができていない人は、まず不要なものを捨てることから始めましょう。書類なら、次の手順で進めるのが有効です。

❶ 一旦まとめる

机の上や引き出しの中、個人用の棚、カバンの中など、手元にあるあらゆる書類を一旦取り出し、大きめの段ボール箱などに入れましょう。その中から使用中の書類だけを取り出し、机の上に戻します。

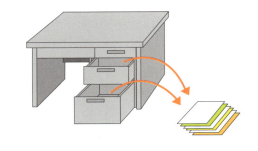

❷ 仕分ける

段ボールの中にある書類を「保存すべきもの」「破棄すべきもの」に分けます。判断に迷うものは「保留」とします。全ての書類を仕分けることができたら、「破棄すべきもの」はその場で処分しましょう。

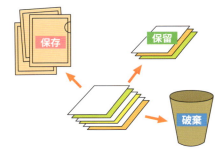

❸ 相談する／1年寝かす

「保留」と判断した書類は、上司に処分してよいか相談し、判断を仰ぎます。上司から「しばらく保管して」と言われたら、そのまま段ボールの中に入れ、日付を書いて保管します。1年後、段ボール箱の中に入ったままだった書類は破棄します。

郵便物の処理と廃棄

郵便物にはいろいろな種類があり、処理の仕方が異なります。放っておくとどんどん溜まるので、種類に合わせた処理をしましょう。

あいさつ状・お礼状

内容をすぐに確認して、返信が必要なものは返信を。その後に保存または破棄の判断をします。

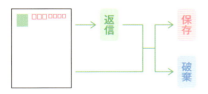

年賀状・暑中見舞い

返信が必要なものに対応し、住所の変更などがないか確認して記録。その後、保存または破棄の判断をします。

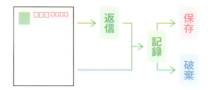

案内状

出席の有無を伝える必要がある場合は、早めに返信します。基本的に、案内された催し物が終わったら破棄してかまいません。

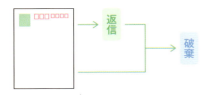

移転などの通知状

まずは知らされた内容を記録しましょう。記録さえ取れば、通知状そのものは不要なので破棄して OK です。

DM・パンフレット

内容を確認し、購入の必要性を検討します。必要がなければ破棄。購入する場合も、手続きが済んだら破棄してかまいません。

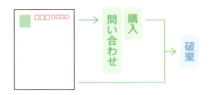

整理の基本 ❺

「整理は仕事の一部」と考えると、長続きする

>> 整理を一度にやる、完璧にやる必要はない。「無理せず、自分なりに」を心がけると長続きする
>> 整理は大切な仕事の1つ。仕事の予定としてスケジュールに組み込んでしまおう

　整理下手な人がよく口にするのが、「片付けることが好きじゃない」といった言葉。また、仕事が忙しく、どうしても整理にまで手が回らないこともあるでしょう。しかし、仕事の効率や精度への影響を考えたら、取り組まずにはいられません。また、仕事が日々続いていくように、整理も一度したら終わりというものではありません。こまめに繰り返し、整理された状態を保つ必要があるのです。

　整理を習慣化するのに最も有効な方法は「整理は仕事の一部」と考え、仕事の予定の中に組み込んでしまうこと。そうすることでいつも快適な環境をキープすることができます。

整理をした時としない時

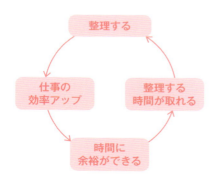
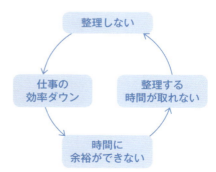

整理の時間を予定に組み込む

整理を継続するためには、整理する時間をスケジューリングするのが効果的です。最初から、「この時間は整理をする時間」と決めてしまえば、徐々にそれが習慣になるはずです。

整理するタイミングの例

タイミング	整理のポイント
出社時	出社したらまず、その日の仕事が進めやすいように机の上やその周りを整理する
昼食時	午前中の仕事を見直し、終わった仕事に関連するものを所定の場所に片付けてから休憩に入る
終業前	次の日の予定を確認し、必要なものが揃っているかをチェック。整理と準備を心がける
休日前	片付け忘れたものを整理する、絶好のタイミング。次週の仕事に備えた整理もしておく
プロジェクト終了時	プロジェクト終了時など大きな仕事が終わった時には、その仕事に関連する書類などを整理する

整理するタイミングを決めれば、それが自然と習慣になっていきます

🐾 step up

❶ **自分の仕事に合った整理のタイミングを考える**
ルーチンワークが多い人と、日々違う仕事をしている人とでは、整理に適したタイミングも違うもの。仕事の区切りに合わせて整理をすると、効率も上がります。

❷ **絶対的な整理術はない。自分に合わせてアレンジを**
全ての状況に通用する整理術はありません。常に「自分の仕事に合う整理術は？」と問いかけることが、整理上手になるコツです。

❸ **自分に合った整理術も時間とともに変わっていく**
異動や昇進などに伴って、仕事の内容も変わります。適した整理術も変わっていくので、柔軟にアレンジしていきましょう。

「できる範囲で少しずつ」取り組む

整理下手な人ほど「一気に片付けよう」「完璧にやろう」と思いがち。しかしこれは大きな間違いで、失敗したり整理への苦手意識が上がることも。「できる範囲で少しずつ」が一番です。

完璧を目指さない
溜まりに溜まり、ごちゃごちゃになったものを一度に片付けるには、想像以上の労力が必要になります。それが整理下手の人なら、なおのこと。余力を残すぐらいの範囲で取り組み、毎日や週に1回など、できるペースで続けましょう。

大まかに分けてみる
いきなり全てを完璧に整理しようとするのも、失敗のもとです。まずは、社外と社内、進行中の資料と終わった仕事の資料など、大まかに「ざっと仕分ける」感覚で始めてみましょう。これならそんなに頭を使わず、気軽に進められます。

やる気がない時に整理を
誰でも「気分が乗らない」「仕事がはかどらない」という日はあるものです。こんな時こそ、思い切って目の前の仕事から離れ、整理をしてみましょう。整理嫌いでも、「仕事中の気分転換」と考えると楽しくできるかもしれません。

「とりあえず片付け」も OK
分類したり、捨てるか否かを判断したりすることは、結構頭を使います。それが苦手なら、まずは散乱している書類をファイルに入れる、机の上に積み上げているファイルを立てて並べるなど、「片付け」から始めてみるのも有効です。

手伝ってもらっても OK
1人では手には負えない、どうにも苦手で整理できないなら、周りの人に手伝ってもらいましょう。一緒に整理をすることで、その人から整理の仕方を学べばいいのです。最初は人に頼ることになっても、いずれ自分でできるようになれば OK です。

❌ NG
整理下手な人ほど、陥ってはいけない負のスパイラルがあります。「ちゃんと整理したい」→「でも、やり方がわからない」→「手つかずのうちに、どんどんぐちゃぐちゃになっていく」→「ますます整理ができない」→「でも、やっぱりちゃんと整理したい」…。この流れに入ったら立ち止まり、上の5つを思い出して悪循環から抜けましょう。

できないと思ったら別のことを

整理に取りかかってみたけれど、途中でうまくいかなくなって、投げ出したくなることもあるでしょう。そんな時は別のことをして、気持ちを切り替えるのがおすすめです。

一旦ストップする

どんなことも、混乱した状態で無理に進めてもいい結果は得られません。整理も同じこと。とりあえず手を止め、温かい飲み物でも飲んでボーっとし、一息ついてから再開してみましょう。

歩き回ってみる

歩きながら何かを考えると、自然に頭の中が整理されて、考えがまとまっていきます。独り言を言いながら社内を歩き回ると、気持ちも落ち着いていいアイデアが浮かんでくることも。

単純作業をする

書類のシュレッダー処理など、何も考えずにできる単純作業は、頭の中を空っぽにするのにおすすめ。頭をクリーンな状態にリセットすることで、新しいアイデアが生まれるかもしれません。

一晩寝かせてみる

「もう無理！」と思ったら、思い切ってその日はやめてしまうのも1つの手です。一晩寝てから再び整理する場に戻ってくると、前日には難しいと思っていたことが意外に簡単に解決できたりします。

column

あなたの整理の必要度チェック

以下の質問に対し、「Yes」「どちらでもない」「No」で答えましょう。

	Yes	どちらでもない	No
❶ペンがすぐに見つからず、誰かに借りることが多い			
❷ものをなくして、あわてて買うことが多い			
❸カバンから自宅のカギを取り出すのに時間がかかる			
❹退社時、受信トレイに未読メールが10通以上ある			
❺財布がお札や硬貨以外のものでパンパンである			
❻名刺入れに誰なのか思い出せない名刺が3枚以上ある			
❼机の上に5つ以上のファイルが積み重ねてある			
❽領収書が見つからず、精算できないことがある			
❾会議の予定を忘れてしまうことがある			
❿出力書類をプリンターに置いたまま帰ることがある			
⓫パソコン画面の半分以上がフォルダで占められている			
⓬机の上に置かれた伝言メモを見落とすことが多い			
⓭引き出しに入っているものを3つ以上言えない			
⓮なぜか毎日、帰りが遅くなる			
⓯家を出る時に携帯電話を探すことが多い			

「Yes＝3点」「どちらでもない＝2点」「No＝1点」で合計点を出しましょう。

15～20点の場合
今のペースでOK
基本的な整理はできています。この生活スタイルをキープしながら、さらなる整理上手を目指しましょう。

21～29点の場合
イエローゾーン
ちょっと気を抜くとあっという間にものがあふれるタイプ。整理を習慣化することに力を注ぎましょう。

30～45点の場合
レッドゾーン
ものがあふれていることが当たり前になっている可能性大。いらないものを捨てることから始めましょう。

chapter 2

空間の整理

空間の整理 ❶

ものの整理の基本
２原則を頭に入れて

≫ 不要なものを持たないことが「ものの整理」の第一原則。それだけでカバンの中や机の引き出しがスッキリする
≫ 片付ける場所がないと散らかりやすく、ものを積み上げれば下のものを取り出すのに周りが散らかる。整理しやすい環境をつくって

「空間を整理する」とは、自分の周りにある「もの」の整理をするということ。そして「もの」を整理するとは、不要なものを置いておくスペースを持たないということです。本当はゴミなのに、捨てていないものはありませんか？　それが置かれている場所はデッドスペースとなり、有効に使えているとはいえません。そういう場所が増えていくほど、ものがどんどんあふれ、会社は収納するために広い事務所が必要になり、事務所にかかる賃料も高くなることに。ものを置いておくスペースにもお金がかかる。このことをしっかり意識し、スペースを有効活用しましょう。

第一原則：不要なものを持たない

机の引き出しやカバンの中をチェックし、以下のものがあればどんどん捨てましょう。

❌ NG
・インクが切れていて書けないペン
・壊れていて使えない文房具
・未開封のダイレクトメール
・使用期限が切れたサービス券やクーポン
・申し込み期限の切れた通販カタログ
・何に使えるかわからないACアダプター
・切れている電池
・すでに閉店しているお店の会員カードやポイントカード
・もう使っていない電化製品の説明書

第二原則：ものを散らかさない習慣を身につける

整理は一度やって終わりというものではありません。特に「もの」の整理は、毎日の習慣によってよい状態を保つことができます。以下の4つを習慣にしましょう。

片付ける場所をつくる
「使ったら片付ける」。当たり前のことのように思えますが、仕事に追われるとつい後回しにしてしまいがち。ものの定位置を決め、片付けやすい状態にしておくのが大切です。

ものは立てて並べる
ものや書類を上に積み重ねていくと、下のものを取り出すのが大変な状態に。ものはできるだけ立てて並べましょう。取り出しやすくなり、仕事もスムーズに進めることができます。

1つ増えたら1つ減らす
限られたスペースでは、何かが1つ増えたら、別の何かを1つ減らさなければ収納できません。スペースに余裕があっても「1つ増えたら1つ減らす」を習慣にしていれば、ものがあふれるのを防げます。

「もしかして」は×
整理下手な人は「もしかして必要なものかも」「もしかして何かに使えるかも」と考え、ものを溜め込む傾向があります。ものを置いておくスペースにもお金がかかっていることを思い出し、潔く捨てましょう。

✅ check
身の周りにも整理すべき場所があります。早速チェックしてみましょう。

❶ 胸ポケット
余計なものでパンパンに膨らんでいるのは、見た目にもよくありません。スッキリさせておきましょう

❷ 上着のポケット
小銭やレシートを入れたりしがちな場所。ゴミを溜めないよう、何も入れないのが基本です

❸ ズボンのポケット
ズボンの後ろポケットに財布を入れている人もいますが、防犯面でも見た目にもあまりおすすめできません

❹ カバン・財布
仕事ができる人ほど、荷物はコンパクトです。入れっぱなしのものや不要なものがないか、まめに確認を

空間の整理 ❷

ルールを共有して
オフィスをきれいに

>> 周りの人とものを共有できるのが、オフィスの魅力。各自がものを持つよりも、複数の人でものを共有する方がスペースはスッキリ
>> 保管の効率を左右するのが収納庫選び。収納庫を上手に使ったオフィスレイアウトも考えてみよう

　仕事に関連するものには、現在進行中の仕事に関連するものと、仕事自体は終わったけれど保管しておかなければならないものの2つに分けられます。オフィスをスッキリ保つには、進行中のものは机の近くに置き、保管するものは保管庫へ移すというルールを徹底することが重要です。また、オフィス内で極力ものを共有することで、もの自体を減らしてスペースにゆとりをつくり出すことができます。これらのことは、1人が実践すればいいのではなく、オフィスのみんなでルールを共有して取り組むことが大切。みんなで協力し、オフィスをスッキリ保つ法則を実践していきましょう。

オフィスをスッキリさせる3つの法則

できるだけ共有する
たまにしか使わない文具があれば、それを1人が1つずつ持つのはムダ。また、議事録などの共有書類も、いつでも見られる場所に置けば1枚でOKです。

収納場所は最小限に
収納する場所があれば、ものは増えていきます。不要なものをどんどん捨てるためにも、最初から収納スペースは最小限にしておくといいでしょう。

廃棄のルール化
どんなものにも寿命があります。それぞれに捨てる時期を決め、寿命がきたらすぐに捨てる。これを徹底することで、収納スペースを最大限に活用できます。

収納庫の選び方

何をどのくらい入れるのか

社内で共有するものを入れておく収納庫は、まず、入れるものに合わせて奥行きを決めます。次に開閉のタイプを選び、どこに置くかを決めていくといいでしょう。

収納庫の置き場所・置き方

場所	特徴
壁面	最も一般的な置き方。壁一面に同じ奥行きの収納庫を並べれば、空間もスッキリする。収納庫の前面を通路にする場合は、スペースの取り方に気をつけて
窓の下	腰高窓の下などを収納庫を置くスペースとして利用すると、収納スペースを増やすことができる。窓の開閉に支障がなければ、収納庫の上部にものを置くことも可能
倉庫風	収納庫を縦列に並べて倉庫のように配置すると、収納力がアップ。オープンタイプや引き戸タイプを使えば、列と列の間のスペースをコンパクトにできる
仕切り使い	収納庫を机と机の間に置いて、部署を分けたり玄関のカウンター代わりに使うことができる。収納庫の上部も収納スペースとして使える

オープンタイプ
一目で収納物がわかる。ただし、機密性の高いものの収納には不向き

開閉タイプ
大きく開くので収納物を探しやすい反面、開閉スペースが必要になる

引き戸タイプ
開閉スペースは少なくて済むが、片側しか開かないので、収納物が探しにくい

引き出しタイプ
収納物の大きさに合わせた深さの引き出しを選べば、出し入れがしやすい

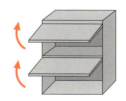

フラップドアタイプ
ドアを持ち上げて開けるタイプ。日中、開けておけば使い勝手がいい

空間の整理 ❸

デスクの上は
ゾーン分けでスッキリ

≫ 机に向かった時の自分の動きを踏まえて、ものの配置を決めるのがベター。
　 右利き、左利きで動きが異なるので注意を
≫ デスクの上はあくまでも作業スペース。常にセットしておくモニター＆
　 キーボード、電話以外は最小限のものを置くのにとどめて

　デスクはあくまでも作業をする場所なので、スッキリと片付けるだけでなく、使い勝手のいいレイアウトが重要です。<mark>進行中の仕事に関係するもの以外は、デスクの上に置かないのが基本。</mark>そのうえで、目的別にデスクをゾーン分けしましょう。例えば、手前中央のスペースは書類の作成やパソコンの操作など、実際の作業を行うゾーンと考え、キーボード以外は置かないと決めます。また、右利きの場合は手前左を作業中に使う資料などを置くゾーンとして空けておきます。さらに、右手奥は文具ゾーンと考えて、よく使うペン立てなどを置くといいでしょう（左利きの場合は逆になります）。

デスクが散らかる4つの理由

❶動線を考えていない
よく使うものがデスクの奥にあると不便。電話が利き手側にあると利き手で取ることになり、メモが取りづらくなるので×。

❷出しっぱなし
1つの仕事が終わった後、使った書類などを所定の場所に戻さずに次の仕事に取りかかると、ものが混ざって非効率です。

❸書類の平置き
書類を重ねて置くと、取り出しにくくなるだけでなく、どこにあるかもわかりにくくなります。書類は縦置きが基本です。

❹使用頻度の低いものがある
週に1回ぐらいしか使わないものを、机の上に置く必要はありません。使用頻度の低いものは引き出しや棚にしまいましょう。

デスクのレイアウト

デスクの一般的な配置は以下の通り。これを参考に、自分の使いやすいレイアウトにアレンジしていきましょう。

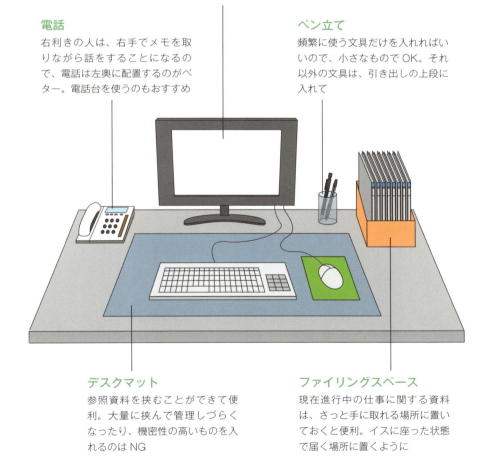

モニター&キーボード
イスに座り、正面にモニターとキーボードを置くと、体への負担も少ない。キーボードをモニターの下に収納できる台（→ P231）も便利

電話
右利きの人は、右手でメモを取りながら話をすることになるので、電話は左奥に配置するのがベター。電話台を使うのもおすすめ

ペン立て
頻繁に使う文具だけを入れればいいので、小さなものでOK。それ以外の文具は、引き出しの上段に入れて

デスクマット
参照資料を挟むことができて便利。大量に挟んで管理しづらくなったり、機密性の高いものを入れるのはNG

ファイリングスペース
現在進行中の仕事に関する資料は、さっと手に取れる場所に置いておくと便利。イスに座った状態で届く場所に置くように

※上の図は右利きの場合を想定しています。左利きの人は左右逆になります

空間の整理 ❹

デスクの引き出しは特徴を考えて使い分ける

>> 引き出しは、その深さや位置に適した役割を知って使うのがベスト。必要なものがスムーズに取り出せるような配置を

>> 右側上段にはよく使う文具類、中段は名刺やCD、下段は資料の保管に向いている。中央の引き出しは一時的な収納場所として使うのが一般的

一般的な事務机には、中央の浅い引き出しと右側に3段の引き出しがあります。これらはそれぞれサイズが違い、どういうものの収納に適しているかも異なります。このことを考えずに使うと、ものがきれいに収まらないだけでなく、出し入れが不便になるので注意しましょう。

また、引き出しは手前にあるものほど取り出しやすく、奥に入れたものほど取り出しにくいという特性もあります。引き出しの手前側には普段よく使うものを、奥には使用頻度が低いものや保管するものを入れるのがベストです。適した場所に適したものを収納するようにしましょう。

引き出しごとに役割を決める

ブラックボックスにしない

とりあえず入るところにものを入れる、という使い方をしていると、どこに何を入れているかわからなくなり、ただ入れるだけ＝取り出さないブラックボックスと化してしまいます。それを避けるには、引き出しごとに役割を決めることがおすすめです。

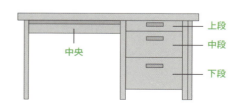

引き出し上段は文具類を保管

上段は、イスに座って一番自然に手を伸ばせる、使い勝手のいい引き出しです。底が浅いため、普段よく使う小さな文具類の保管に向いています。

空間の整理

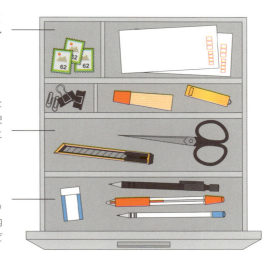

奥
奥にいくほどものが取り出しにくくなるため、封筒や切手など「時々使う」小物を入れるのがベター

中央
はさみやカッター、ホッチキスなど、利用頻度は高いが、いつも使うわけではないものの置き場所に適している

手前
ペンや消しゴムなど、いつも使うものを入れておく場所。仕事の内容によって、定規やクリップなどが加わることもある

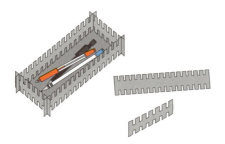

トレーや仕切り板を上手に使う

上段に入れるものは小さくて軽いものが多いので、引き出しを開け閉めしているうちに散乱してしまうことがよくあります。そんな時に役立つのが、トレーや仕切り板。100円ショップでも手軽に購入できます。

引き出し中段は便利な倉庫

ある程度深さがある中段は、上段には入らないような比較的大きなものを収納できます。自由度の高い引き出しなだけに、しっかり工夫したいスペースです。

奥
手前に比べて取り出しにくいため、保存しておきたいCD-ROMや、使用頻度の低い印鑑、スタンプなどを入れるといい

中央
時々参照するような書類や資料を入れておくのがおすすめ。縦に仕切って、名刺整理箱を入れておくのも◎

手前
さっと取り出したい電卓や電子辞書、タブレット端末、大型の粘着メモなどを入れておくと便利

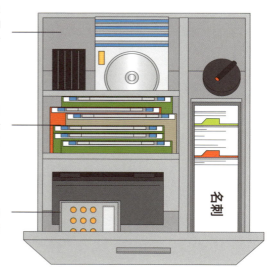

できるだけ立てて置く

ある程度の深さがある中段は、ついついものを重ねて入れてしまいがち。すると、上のものをどかさないと下のものが取れず、不便な状態に。仕切りなどを使って、ものをできるだけ立てて置き、取り出しやすい環境をつくりましょう。

❌ NG

手軽な場所だからといって、仕事に関係ないものを入れるのはやめましょう。
・お菓子類
・趣味のグッズ
・街頭でもらった試供品

引き出し下段はファイルや資料スペースに

最も深い下段の引き出しは、書類を入れておくスペースとして最適です。ファイルボックスで仕切ると、クリアホルダーなども立てて入れることができます。

手前から処理前→保留→保管に

下段に入れる書類は手前から「処理前のもの」「保留のもの」「保管するもの」という順で入れます。また、手前に余裕を持たせておき、終業時にデスクの上の進行中の書類を入れるようにすれば、セキュリティ面でも安心です。

空間の整理

中央の引き出しは一時収納場所

中央の引き出しは高さがなく、開ける時に体を後ろにそらさなければいけないため、使い勝手はあまりよくありません。定規やメモ帳などを入れる程度に。

セキュリティ対策にも役立つ

保管にはあまり適していない場所だからこそ、発想を変えて使うのがおすすめです。ちょっと席を離れる時、机の上に広げていた書類をこの引き出しに入れて席を立てば、セキュリティが守れるとともに、書類の紛失も防げます。

空間の整理 ❺

ひと工夫でデスク周りも有効な整理スペースに

>> デスク下はあくまでも一時避難場所。いつでも中身がわかるグッズを使って、しまい込まないように
>> デスク周りのアイデアグッズは、あれもこれもと手を出してはダメ。自分の仕事と照らし合わせて、本当に必要なものを導入して

デスクの足元にものが乱雑に置かれているのは、見た目の印象も悪くNGですが、実はこの空間は上手に使えば「整理上手」を印象づけられる場所でもあるのです。

そのポイントは、あくまでも「仮の置き場」として使うこと。一時避難場所であることを前提に、整理グッズを上手に使って、乱雑になりがちな場所をスッキリ整理しましょう。多くの人が手をつけていない＝乱雑になりがちな場所だけに、ここがきれいに整理されていると、周囲からの好感度もぐっと上がります。デスク周りと合わせて、ワンランク上のスッキリ空間を目指しましょう。

デスク下の収納ポイント

フタなしのボックストレーを活用

机の下はあくまでも一時避難場所なので、何を置いているかが一目でわかることが大切。デスク下に収納グッズを置くなら、フタなしのボックストレーがおすすめです。もちろん、定期的な中身のチェック、整理も忘れずに。

キャスター付きならデスク下から取り出しやすく、使い勝手もいい

あると便利なグッズ

以下のようなグッズを整理に役立てるのはおすすめ。ただし、グッズを増やしすぎてスペースがいっぱいにならないよう、しっかり吟味しましょう。

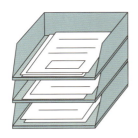

デスクトレー
「処理前」「進行中」「処理済み」などに書類を分けて収納するのにとても便利。スタックできるタイプもおすすめ

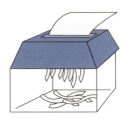

ミニシュレッダー
随時出る廃棄書類を、毎回シュレッダーのところまで行って処分するのは面倒。机の近くに置いておけば、さっと処分できる

机上台
台の上にパソコンのモニターを乗せ、台の下にキーボードを収納できる便利グッズ。デスクやモニターの大きさを考えて選ぼう

ミニゴミ箱
パソコン作業以外のデスクワークが多く、消しゴムのかすなどがよく出る人は、ミニゴミ箱をデスクに置いておくと掃除しやすく便利

トレー式電話台
アームの上部にトレーがついた電話台は、手前に引き寄せられるので電話が取りやすい。また、トレーの下の空間を活用できる

空間の整理 ❻

デスクがものであふれたら実行するリセット法

> ≫ 一度、デスク周りからものを取り除くと気分もスッキリ。何も考えずにどんどん箱の中に入れて、気分をリセットしよう
> ≫ ものを集めた箱からは、まず不要なものを取り出す。次に必要なものをピックアップし、残りは保管もしくは保留物と考える

　デスクの上やその周りは、ちょっと油断するとすぐにものがあふれてしまいます。「これはまずい！」という状態になったら、いつもの整理ではなく、思い切って「リセット」する勇気を持つことも大切です。
　といっても、あふれているものを全て消す＝捨ててしまうということではありません。一度、デスクの上やその周りにあるものをどけて何もない状態をつくり出し、そこからものをセッティングし直すのです。この「リセット」をするメリットは、不要なものを選別して、ものを減らすきっかけにもなること。1時間で「リセット」を目指しましょう。

Step1：全てのものを1つの箱に入れる

一旦デスク周りに何もない状態をつくるために、パソコンなど動かせないものを除き、全てのものを1つの箱（A）に入れます。ここで大切なのは、何も考えずに箱に入れること。デスク周りがスッキリしたら、ざっと拭き掃除をしましょう。

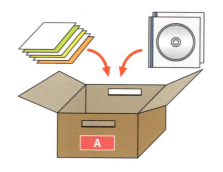

Step2：仕分けをする

新たに空の箱を2つ（B・C）用意します。そして、最初の箱（A）の中のものを取り出し、「不要」と思うものはBの箱に、それ以外はCの箱に入れていきます。次に、Cの箱の中から「今、使うもの」を取り出し、Aの箱に戻します。

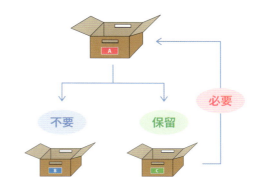

Step3：特定の場所か保留箱へ

Step2でできたBの箱は、箱ごと処分してOK。Aの箱のものは、デスクの上や引き出しの中など、所定の場所に戻します。最後に、Cの箱の中身を再度確認し、保管すべきか否かを検討。「保管すべき」と判断したものは、引き出しの保管スペースや収納庫、倉庫など、内容に適した場所に保管します。また「保管すべきか迷う」というものはそのままCの箱に残し、保留箱とします。箱に整理をした日付を書き、半年や1年など一定の期間保管を。その後、使用することがなければ処分しましょう。

空間の整理

🐾 step up
こんな整理グッズがあると便利です。

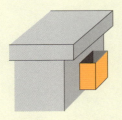

マグネット付きボックス
机の横などに貼り付けることができるボックスは、ゴミ箱代わりに使ったり資料を入れたりと、いろいろ使える

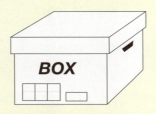

紙製書類保管箱
二重構造のしっかりしたつくりのものは、保管・保留ボックスとして使うのに◎。紙製なので、日付も書き込みやすい

空間の整理 ❼

ファイリングの重要性を考えてみよう

>> ファイリングで仕事の効率がアップ。スムーズな仕事ぶりには、周りからの評価もついてくる
>> ファイリングは自分のためだけではなく、一緒に働く人のためにも重要。セキュリティアップにもつながる

　ファイリングとは、書類や資料などを業務に役立つように整理・分類することです。これができていると、必要な書類をすぐに取り出すことができ、仕事の効率が上がります。しかし、ファイリングの重要性はそれだけではありません。例えば、きちんとファイリングされていなければ、本人以外の人はまったく状況がつかめず、その人がいないと仕事がストップしてしまいます。また、ファイリングされていないと、書類や資料の紛失のリスクも高まります。大切な書類をなくして自分自身が困るのはもちろんですが、それが情報漏洩につながる危険性もはらんでいるので注意が必要です。

記憶に頼る整理はNG

周りから見ると整理できていないような状況でも、本人だけは「どこに何があるのかわかっている」ということもあります。しかし、仕事は1人でするものではありません。誰でも必要なものをすぐ見つけられる状態にしておくこと、それがファイリングです。

❌ NG
こんな状態はファイリングされているとはいえません。
・中身が不明なファイルがある
・管理者不明のファイルがある
・どこに何があるかを知っている人が限られる

書類がすぐ取り出せると仕事の効率アップ

評価アップにもつながる

ファイリングができていると、ほしい書類がすぐに取り出せて仕事の効率が上がります。上司に書類の提出を求められた時にすぐに用意できれば、あなたに対する評価もアップすること間違いなしです。

探し物に手間取ると、評価がダウンする恐れも

空間の整理

✅ check
こんな言い訳をしていませんか？

❶「誰かが片付けてくれるだろう」
　ファイリングされていたものは、使った人が元の場所に戻すのが鉄則です。こんな言い訳をしていると、せっかく整理したものが乱れていきます。

❷「忙しいからとりあえず…」
　ファイリングにおいて「とりあえず」はルールを乱す最大の敵。「とりあえず」は、書類や資料の紛失へとつながるリスクも持ち合わせているので、気をつけましょう。

❸「ファイリングしている暇なんかないよ」
　ものの整理は、重要な仕事の1つ。ファイリングをする時間がきちんと持てるように仕事の計画を立てましょう。

ファイリングの3つのメリット

❶効率がよくなる
ファイリングによって書類やファイルの場所がわかりやすくなれば、必要な書類をすぐに取り出せて、本来の仕事にあてられる時間が増えます。探すことに時間を使うムダが省けます。

❷ミスがなくなる
書類をなくしたり、忘れたりというミスが減るだけでなく、本来の仕事にあてられる時間が増え、余裕を持って仕事ができます。仕事の内容面でもミスが防げるのです。

❸セキュリティアップ
書類を紛失するのは論外ですが、書類を出しっぱなしにすることで情報が漏れる恐れもあります。しっかり管理することで、自然にセキュリティアップにつながります。

空間の整理 ❽

便利なファイリンググッズを活用しよう

> ≫ ファイリングには道具が必要。仕事内容や職場の環境に合わせて使い分けをしていこう
> ≫ ファイリングをしようと思った時にグッズが切れていて、ファイリングできないのは NG。いつでも使えるようにストックを

　クリアホルダーやファイルボックス、ブックスタンドなど、ファイリングを行うには道具が必要です。ここでは、ファイリングに欠かせない便利なグッズをご紹介します。

　ただし、最初にあれもこれもと買い揃えることはあまりおすすめできません。まず先に、その業務に適したファイリング方法を考え、そこで必要となるグッズを用意するのが正しい順番です。また、ファイリング方法が決まったら、使用するファイリンググッズをストックしておくことも忘れずに。ファイリングしようと思った時に道具がなくてできないのは、効率が悪く余計なストレスのもとに。

クリアホルダー
複数の書類をまとめて入れることができ、透明もしくは半透明で中身の確認も容易。色で使い分けできるとさらに便利（→ P242 〜）

見出しラベル
書類を分類するのに便利。オフィスで統一した大きさや形式の見出しラベルを用いると、見た目にも美しく検索性もアップ

ファイルボックス
書類やファイルを立てて収納できる。縦置き用と横置き用があるので、場所に合わせて使い分けるといい

ブックスタンド
机の上などに書類や本を立てておくのに便利。さまざまな種類があるが、小さくて軽いものは書類を支えにくいので注意を

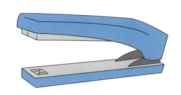

ホッチキス
書類を綴じるのに不可欠。書類を綴じた際に針がフラットになるものや、針を使わないタイプのものもある

クリップ
書類を一時的に綴じるために使用。ゼムクリップ（左）もダブルクリップ（右）もサイズがいろいろあるので、状況に合わせて使おう

2穴ファイル
ノートのように書類を綴じることができて便利。何度も参照する書類をまとめておくといい。2穴パンチも合わせて用意しよう

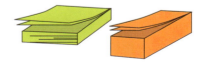

粘着メモ（付せん）
見出しやインデックスラベルとして使ったり、書類にメモを加えたりと、さまざまな使い方ができる（→ P340 ～）

空間の整理

空間の整理 ❾

ファイリングの流れ（1）捨てる

≫ 「捨てる」ことに躊躇しないよう、廃棄と保管の判断基準を明確に。基本的に、データでのバックアップがあれば捨ててOK

≫ 捨てる時にも、セキュリティへの配慮が必要。シュレッダーは面倒がらずにこまめに利用して

　「ファイリングは捨てることから始まる」と言っても過言ではありません。なぜなら、ファイリングとは必要な書類だけを取り出すことができて、初めて意味を持つからです。不要になったものはどんどん捨てましょう。しかし、だからといって必要なものまで捨ててしまうのは大問題。「廃棄すべき書類」と「保管すべき書類」の判断基準をしっかり把握するのが大切です。

　また、判断基準を把握できていても、「捨てる」という行為を続けなければすぐに不要なものであふれることに。週に1回あるいは月に1回など、定期的に「捨てる」時間を持ち、実践していきましょう。

「廃棄」と「保管」の判断方法

　まず、保管しておくべき書類として第一に挙げられるのは、「再度、入手することが困難なもの」です。クライアントから受け取った契約書など、自社にデータとしてのバックアップがない書類などがこれにあたります。また価格表や商品情報など、思い立った時にすぐ見たい書類も保管の対象です。データとして残っている書類は、必要な時に再度プリントアウトすればいいので、廃棄してOK。一定期間（おおむね1年と考えるのが一般的）使うことがなかった書類も、廃棄の対象です。

適切な廃棄方法

書類にはさまざまな情報が記されているため、ゴミ箱にポイと捨てればよいというものではありません。内容を確認して、適切な捨て方をしましょう。

シュレッダーにかける
個人情報や特定のクライアントとの取引情報などが記された書類は、慎重に取り扱わなければいけません。一番確実な方法は、シュレッダーにかけること。面倒がらずに、きちんと処分することが必要です。

廃棄サービスを利用する
一度に大量に廃棄物が出た時などは、廃棄サービスを利用する方法もあります。預けた箱ごと溶解するなど、セキュリティに配慮した廃棄サービスもあるので、上手に利用しましょう。

保存すべき書類と保存期間

書類の保存期間は、内容などによって異なります。以下の基準を参考にしてください。

保存期間	対象
保存不要	一時的に使用するメモや連絡用の書類 日常業務ですでに使用が終わっていて、明らかに不要である書類
1年未満	日常業務で使用が終わっているが、今後も参照する可能性がある書類 破棄した後、再度手に入れることが比較的容易な書類
1年以上	決済に関わる書類。税務・法務書類。契約書。再度入手困難な書類 （これらは法律や社内の規定に従って破棄する）

空間の整理 ❿

ファイリングの流れ（2）
分類する

> ≫ ファイリングで最も重要なのが「分類」。まずは、クリアホルダーなどのファイル類を使い、テーマ別に書類を整理する
> ≫ テーマ別にしたファイルは、進捗状況で分けると便利。それぞれのファイルを置く場所も決めておこう

　不要な書類や資料を処分できたら、次は「分類」です。分類のコツは第1章でも紹介した通り（→ 208 〜）、細かく分類しすぎず、あてはまらないものを生まないテーマ設定が重要です。それをもとにテーマ分けをしたら、書類をクリアホルダーに入れて、所定の場所に配置します。このシンプルなステップで、基本のファイリングはOKです。

　その後は段階ごとにホルダーの管理を。それぞれどんな状態にある書類なのか（進行中のものなのか、連絡待ちの状態のものなのかなど）をチェックし、段階に合わせた扱い方をしましょう。

Step1：テーマごとに分ける

プロジェクト別、取引先別、日付別など、仕事内容に合わせてテーマを設定し、テーマごとに書類をクリアホルダーなどに入れます。この時、最初から細かく分けすぎないのがコツ。まずは大まかに分類し、仕事を進めるうえで必要が出てきたらさらに細かく分ければOKです。

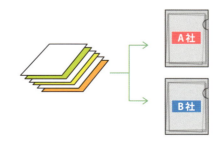

Step2：進捗状況に合わせて分ける

テーマ別に分けたクリアホルダーを、仕事の状況に合わせて「進行中」「保留」「保管」の3つに分けます。その後は仕事の進捗状況に合わせて、「進行中」のものを「保管」に移したり、「保留」のものを「進行中」に戻したりしましょう。

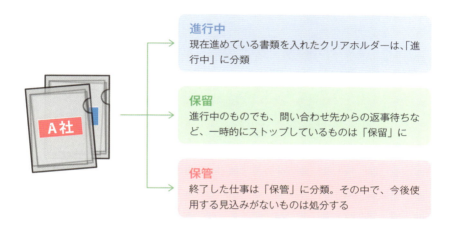

進行中
現在進めている書類を入れたクリアホルダーは、「進行中」に分類

保留
進行中のものでも、問い合わせ先からの返事待ちなど、一時的にストップしているものは「保留」に

保管
終了した仕事は「保管」に分類。その中で、今後使用する見込みがないものは処分する

Step3：所定の位置に置く

あらかじめ、進捗状況別に書類を置く場所を決めておき、Step2で分類したクリアホルダーを配置していきます。保管書類は、保管庫や倉庫を利用してもかまいません。

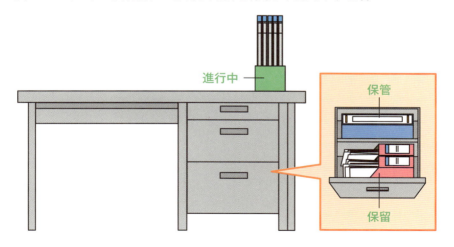

空間の整理 ⓫

ファイリングの流れ（3）
色で管理する

> ≫ 感覚的に仕事を把握できるのが「色での管理」。ただし、色の使いすぎは禁物。赤、黄、青、白（透明）の4つがあれば十分
> ≫ 色分けはあくまでも仕事を効率化する手段の1つ。色分けをすることが目的にならないように注意を

分類した書類や資料を有効に活用するには、それらを「管理」することが重要になります。ファイルの中をじっくり見なくても何が入っているのかがすぐわかれば、仕事のスピードは格段にアップします。

その管理法の1つとして使えるものに「色」があります。色には、それぞれにイメージや効果があります。例えば彩度の高い赤系の色は興奮ややる気を促し、気持ちを高ぶらせる効果があります。彩度の低い青系の色は、落ち着きを与え、思考をクリアにする効果があります。それぞれの色の特性を活かし、スマートな書類管理に役立てましょう。

色分けルールを維持するために

色を使いすぎない
色分けは有効な管理法ですが、色を使いすぎるとかえって混乱するので注意が必要です。右ページでは4色を紹介していますが、最初は赤と白（透明）の2種類から始めて、慣れてきたら徐々に増やしていくのもおすすめです。

ストックは多めに
色分けでファイルを管理する時に「青いファイルがないから、とりあえず透明なものに入れよう」ということが起こると、どんどんルールが崩れていきます。使用することを決めた色のファイルは、常にストックしておきましょう。

色の力を使いこなそう

色によって人に与える効果が変わります。それを使えば、一目で中身の緊急度や種類がわかり、仕事のペースアップにつながります。色の持つ力を上手に活用しましょう。

赤：重要かつ緊急
信号の赤に象徴されるように、赤は緊急性や重要性を印象づける色です。そのイメージを利用して、すぐに対応すべき案件の書類は赤い色で管理しましょう。

黄：重要なもの
信号の黄色が「注意」を表すように、黄色は赤の次に目を引いて注意を促します。緊急度は赤より劣るけれど、忘れてはいけない重要な案件は黄色で管理しましょう。

青：プラスαの業務
営業職の場合、営業活動以外にも経費精算や営業日報作成があるなど、どの仕事にもプラスαの業務があるはずです。これらの業務をメイン業務と分けて管理すると、忘れずに処理できます。

白（透明）：日常業務
赤・黄・青以外にも仕事を分類することはできますが、色を増やしすぎるのは逆効果。そのほかの日常業務は全て白（透明）のファイルで管理していきましょう。

> ❌ **NG**
> 色での管理は、あくまでも仕事をしやすくするためのものであり、色分けが目的ではありません。色分けに気を取られて、仕事に支障が出ないように。

空間の整理 ⓬

ファイリングの流れ（4）
場所で管理する

>> 進行中の書類は、取り出しやすさが最も重要。机の上や引き出しの手前に置いておくのがベター
>> 参照書類もストレスなく取り出せるようにすると便利。保管書類は、引き出しの奥や収納庫を上手に使おう

分類した書類や資料を管理する際に活用できるもう1つのポイントは「場所」です。Aの場所には「今、動いている仕事に関係するもの」、Bの場所には「参照用の資料」、Cの場所には「保管用の書類」というふうに、==「場所」＝「書類や資料の役割」を決めておけば、とてもスムーズです。==

この時に気をつけたいのは、場所の決め方です。今、動いている仕事の書類＝常に使うものをデスクから離れた収納庫に置いてしまうと、いちいち取りに行く手間が発生し、時間も労力もかかります。書類の役割や使う頻度を考え、それぞれに適した場所を決めていきましょう。

進行中の書類はすぐ取り出せる位置に

❶机の上
机の上は常に視界に入り、ものも取り出しやすいので、進行中の書類を置くのに最適。縦置きのファイルボックス（→P237）を利用するといいでしょう。

❷引き出しの手前
机の作業スペースを確保したい場合は、引き出し下段の一番手前を進行中の書類置き場にするのがおすすめ（→P229）。横置きのファイルボックスを使うと◎。

❸ ❶＋❷の合わせ技
仕事中はデスクの上にファイルボックスを置いて書類を管理し、帰る時に引き出しにファイルボックスごと移動させれば、セキュリティも保てます。

参照書類も取り出しやすい場所に

今、進行している仕事の内容とは関係なく、長期間にわたって何度も参照する書類もあるはずです。これらは、進行中の書類の次に取り出しやすい場所に置きましょう。

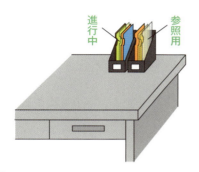

❶机の上
デスクの上に余裕があるなら、進行中の書類を入れたファイルボックスの隣に参照用のファイルボックスを並べると便利です。

❷引き出しの手前
参照用の書類が多い時は、デスクの上に置くよりも、下段の引き出しを使うのがおすすめ。進行中の書類の奥に入れましょう。

保管用書類は引き出し奥か収納庫へ

保管用の書類を取り出すことはまれなので、引き出しに入れるなら一番奥でかまいません。ただし、保管用の中に重要書類が含まれる場合は、カギ付きの収納庫や倉庫へ入れておくのがベター。状況や書類内容に合わせて、保管場所を考えましょう。

🔄 step up
保管書類の中には個人で管理する必要がないものや、会社の共有書類として誰もが閲覧できるように保管する方がよいものもあります。オフィス全体で保管方法と場所を決めておきましょう。

空間の整理 ⑬

ファイリングの流れ（5）
検索性を高めて保管する

>> 保管書類は必要な時にすぐ閲覧できることが重要。一目で中身がわかる見出しづけが必須
>> 見出しは、中身がわかるタイトルだけでなく、最終的な廃棄のことも考えて、保存期間や管理者を明記する

　保管書類・資料だからといって、保管庫などに押し込んでおけばいいというものではありません。保管が必要ということは、それを見直す場面があるということ。そんな時に書類や資料を探すのに何時間もかかったのでは、適切に管理されているとはいえません。保管の際は、常に検索性を考えておくことが大切なのです。

　では、検索性を高めるにはどうしたらいいのでしょうか。最も簡単な方法は、ファイルの中身がすぐわかる見出しをつけることです。周りの人とルールを共有すれば、検索性はさらに高まります。効果的な見出しのつけ方を押さえ、実践しましょう。

見出しは簡潔かつ具体的に

　見出しの役割は、ファイルを開かなくても何が入っているのかがすぐわかることです。そのためには、簡潔かつ具体的であることが重要。「開発案件1」ではなく、「2019年A地区開発」など、誰が見てもすぐわかるようにしましょう。

✅ check
- ☐ 中身が誰でもわかるような見出しになっているか
- ☐ 見出しは、パッと見てわかる書き方（文字の大きさなど）になっているか
- ☐ ファイルは探しやすい並べ方になっているか
- ☐ 書類の使われ方（よく閲覧する、コピーをするなど）に合った綴じ方がされているか

見出しづけにルールをつくる

見出しの書き方や形式が揃っていると、必要なものを探しやすくなります。社内で見出しづけのルールをつくっておきましょう。

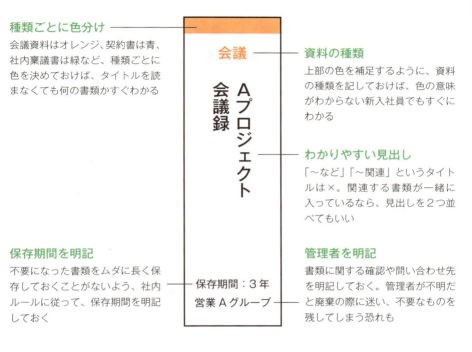

種類ごとに色分け
会議資料はオレンジ、契約書は青、社内稟議書は緑など、種類ごとに色を決めておけば、タイトルを読まなくても何の書類かすぐわかる

資料の種類
上部の色を補足するように、資料の種類を記しておけば、色の意味がわからない新入社員でもすぐにわかる

わかりやすい見出し
「〜など」「〜関連」というタイトルは×。関連する書類が一緒に入っているなら、見出しを2つ並べてもいい

保存期間を明記
不要になった書類をムダに長く保存しておくことがないよう、社内ルールに従って、保存期間を明記しておく

管理者を明記
書類に関する確認や問い合わせ先を明記しておく。管理者が不明だと廃棄の際に迷い、不要なものを残してしまう恐れも

見出しづけのメリット

どこにあるかがわかる
見出しづけをすると、同じ種類の書類を集めて管理しやすくなり、探す時の効率もアップ。ファイルの管理表をつくるのもおすすめです。

戻す先がわかる
見出しは保管場所を表すことにもなるので、使用後の片付けにも役立ちます。出しっぱなしにして散らかることも減らせます。

捨てる時がわかる
ファイルを作成した人が部署の異動や退職などで不在になっていても、保存期間が記されていれば、その記載に沿って処分することができます。

空間の整理 ⑭

ファイリングの流れ（6）
進行中の書類の検索性アップ

> » キャリアを積めば積むほど、同時進行させる仕事も増えていくもの。保管物と同じく、ファイルに見出しをつけて検索性を高めよう
> » 進行中の仕事はスピードが重要。ファイルにスケジュールを貼り付けて一目でわかるようにし、抜けや漏れ防止を

　日々の仕事の効率に最も影響を与えるのが、現在進行中の仕事のファイリング状態です。P246で保管書類や資料の検索性を高めておく必要性を説明しましたが、現在進行中の仕事に関する書類・資料の検索性を高めることも、仕事を進めるのに大きな効果をもたらすのです。

　ポイントは保管物と同じく、ファイルの中身を見なくても何が入っているかがすぐにわかること。保管書類と同様に見出しづけをしっかりすれば、管理がスムーズになります。そこに、日々動かしていくうえで役立つ工夫を加えれば万全。メモやインデックスラベルなど、簡単にできる方法ですぐ実践を。

インデックスで検索性アップ

同時にいくつもの案件が進んでいると、進行中の書類や資料を入れたファイルも複数になります。そんな時は、ファイルにインデックスをつけると検索性がアップ。インデックスは右上に貼るのが基本です。

書類のメモでわかりやすく

ファイルそのものにインデックスをつけるだけでなく、書類にちょっとしたメモを添えることもおすすめ。書いておくといい項目は、日付と内容の要約と今の状況。提出書類など、直接書き込みができない場合は、粘着メモを利用するといいでしょう。

① 日付（記入日）
② 内容の要約
③ 状況のメモ
　（回答待ち、3/5 までに対応 など）

新商品について
コンビニでキャンペーンを実施する。
期間 4/1（火）～ 4/30（水）

書類が多い時にはインデックスラベルを活用

1つのファイルの中に入れる書類が多いと、ファイルの中から必要な書類を取り出すのに手間取ることがあります。そんな時は、インデックスラベルで分類するといいでしょう。自分なりのルールで色分けするのもおすすめです。

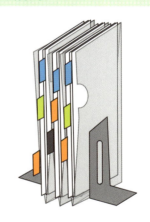

ファイルにスケジュールを貼る

それぞれの案件を処理するスケジュールをファイルの表面に貼っておけば、締切を忘れてあわてるということを防げます。終わったものから線を引いて消していけば、仕事が進んでいるという手応えもあり、モチベーションが上がります。

空間の整理 ⑮

書類を「捨てる」とともに、「増やさない」工夫も必要

> ≫ 「増やさない」第一の方法は、効率よく「捨てる」こと。不要なものは、その場で捨てていく習慣をつけよう
>
> ≫ 書類をデータ化してしまえば、紙は不要に。最初からデータで受け取れるよう、相手に働きかけをするのも1つの方法

ファイリングにおいて不要な書類や資料を「捨てる」ことが大切だと説明してきましたが、それと同じくらい強く意識してほしいのが、書類や資料を「増やさない」ということです。不要なものが増えなければ、捨てるものも少なくて済み、そこにかかる労力や時間を削減することができます。

効率よく捨てるとともに「増やさない」コツとしては、「データ化の推進」「1枚の紙の有効活用」「文書のフォーマット化」が挙げられます。これらのポイントをつかみ、「溜めてから捨てる」のではなく「そもそも溜めない」サイクルを生み出していけば、整理にかかる手間も減らすことができます。

捨てることを意識する

不要なものはその場で破棄する
書類を溜めない一番の方法は、「いらないものはその場で捨てる」です。一度読めばいいものは、すぐに目を通して捨てる。覚えておくことがあれば、必要なことだけノートに書き写して捨てる。そうすることでスピーディーに処理できます。

捨てるタイミングを書く
書類を受け取ってすぐには捨てられなくても、1週間後、1ヵ月後、半年後には捨てていいというものなら、受け取った時に捨てるタイミングをメモしておきます。こうすることで、後で破棄するかどうかを悩むことが減るはずです。

データを利用する

書類はメールでもらう

紙の書類は保存する場所が必要ですが、データであれば保存スペースをグンと減らせます。PDFなどのデータで受け取れるものは、最初からその形で送ってもらいましょう。こちらから送る時も同様です。

データ化して保管する

紙でしか受け取れなかったものも、スキャナーを使ってデータ化してしまえば、破棄することができます。大量の書類を短時間でスキャンできるツールを使えば、データ化の労力や時間も軽減できます。

書類を1枚に収める

1件1枚主義

内容を箇条書きにする、文字を小さくする、余白を少なめに取るなど、ちょっとした工夫で書類の枚数を減らしていきましょう。2枚の書類を縮小コピーして、1枚にするという方法もあります。

新商品の販売戦略について

《対象》
20～30代の男女

《戦略》
・ネット広告
・コンビニでキャンペーン
・試供品の配布

文書をフォーマット化する

フォーマットを作成する

文書をフォーマット化（定型化）すると、余分な書類が発生しにくくなります。FAXの送付状や会議議事録、企画書など、フォーマット化できる書類はいろいろあります。業務と照らし合わせて考えてみましょう。

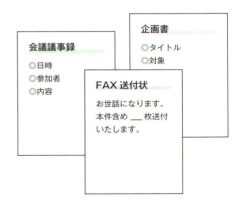

空間の整理 ⓰

FAX書類の管理も定型処理でスマートに

> ≫ 「受け取ったらすぐに処理」が基本。後回しにするほど、紛失や対応遅れのリスクが高まると考えて
> ≫ FAX書類の整理も、基本はほかの書類と同じ。不要なものはすぐに破棄し、保管が必要なものは所定の場所に保管。迷うものは保留に

忙しい時についやってしまうのが、届いたFAXの確認や管理を後回しにしてしまうことです。もちろん、FAXの中には後回しにしてもあまり支障のないDM的なものもありますが、その一方で、注文書など重要な書類も数多く届くもの。「後で確認しよう」などと考えていると、重要な書類が不要なものに埋もれ、紛失してしまうこともあります。それを防ぐ最も有効な手段は、FAXを受け取ったらすぐに目を通すこと。不要なものは破棄する、自分以外の人宛てのものは担当者へ引き継ぐ、必要な返信をするなど、処理を迅速に行いましょう。

受け取ったらすぐに処理

送られてきたFAXは、すぐに確認するのが鉄則。枚数が足りないといった受信ミスが起こった時や文字が不鮮明な時など、その場での対応が必要になることもあるからです。また、FAXを紛失してしまい、再送をお願いしたら先方がすでに書類を破棄していることもあります。信頼関係を損なう恐れもあるので、届いたらすぐ目を通しましょう。

❌ NG
こんなことにならないよう注意を。
・確認しないまま、紛失してしまう
・締切や開催日を過ぎてから確認し、適切な対応ができない
・不明点があるが、時間が経っていて質問できない

FAX書類の処理の流れ

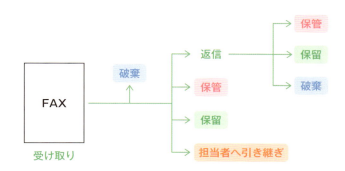

❶破棄する
DMや広告など、目を通せばすぐに破棄できるものや、処理が終われば保管する必要がないものはすぐに破棄しましょう。

❷保留にする
破棄すべきか悩むものや、短期間だけ保管しておきたいFAXは、保留ファイルとしてまとめておくといいでしょう。破棄の期日を記しておくのがポイントです。

❸保管する
保管が必要なものは、通常の書類と同じように分類します。すでに動いている仕事に関係するものは、すぐにその仕事関係のファイルに入れておきましょう。

通常の書類として該当ファイルに保管

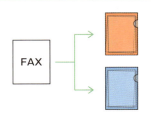

FAX書類専用のファイルに保管

🔵 step up
B5、B4、A4、A3などさまざまなサイズで届くFAXをそのまま保管していると、管理がしにくくなります。全てA4サイズにコピーして保管するといいでしょう。

空間の整理 ⑰

名刺の有効活用で
ビジネスチャンスも拡大

>> 会った日を書き留めるのは当たり前。一歩進んで5W3H（Who、When、Where、What、Why ／ How、How much、How many）も記録しよう
>> 出身地や出身校、趣味などのパーソナル情報も、相手との距離を縮める有効な情報。積極的に記録して

ビジネスに欠かせないツールの1つが名刺です。時々、持っている名刺の多さを得意げに自慢する人がいますが、名刺は集めることに意味があるのではなく、有効に使ってこそ意味があるもの。ここでは、ビジネスパーソンなら誰もが手にする名刺の活用法を考えてみましょう。

その方法の1つが「名刺に情報を記入する」ということです。基本は、次に会った時にその人のことを思い出せるような情報をメモすることですが、それだけで終わらせずにもうひと工夫加え、「使える」名刺をつくりましょう。名刺がビジネスチャンスを広げる強力な武器になります。

ビジネスチャンスを逃さないために

名刺への記録も5W3Hを意識

Who（＝誰の紹介で）、When（＝いつ）、Where（＝どこで）、What（＝何の仕事で）、Why（＝なぜ会ったのか）。加えてHow（＝どうやって会ったのか）、How much（＝その案件にまつわるお金はあったか）、How many（＝その件にまつわる数字はあったか）を記しておくと、次につながりやすくなります。

相手のことが思い出せないと、対応も不十分に

名刺の表に日付、裏には情報を

その人に会った時に得た情報は、時間が経つとあいまいになってしまいます。できるだけ記憶が鮮明なうちに名刺に書き込みましょう。

表面

```
株式会社 XXX 出版          2019/4/12
営業部                     東京
山田 一郎                  ブックフェア
〒 112-0012 東京都文京区大塚 0-0-0
Tel 0120-000-000  Fax 0120-000-000
e-mail aaa@xxx.co.jp
```

裏面

- A社の田中さんより紹介
- 長野県出身
- 旅行やアウトドアが好き
- 背が高い

書き込みはその日のうちに

名刺に細かく書き込もうとすると時間がかかりますが、5W3Hの中の「いつ」「どこで」だけなら、相手と別れた後にさっと書き込めます。まずはそれらを書き、残りの細かな書き込みはその日のうちに書けばOK。

趣味などの記録で話題を広げる

5W3Hに加え、出身地や趣味など、会話の中で出てきたパーソナルな情報も書き込んでおけば、次に会った時の話題が広がります。相手も自分のことをよく覚えていてくれると、好感を持つでしょう。

❌ NG

目の前で自分の特徴などを書かれて、喜ぶ人はいません。「できるだけ早く書き込みを」といっても、本人の前での記入は避けましょう。また、次に会った時に、書き込みをした名刺が相手の目に触れるのもNGです。

❌ NG

名刺交換では以下に注意しましょう。
- 座ったまま名刺を受け取る → 相手に横柄な印象を与えます
- 受け取った名刺を雑に扱う → 名刺はその人の分身。落とすなど雑に扱うのは失礼です

空間の整理 ⑱

名刺の整理は
シンプルが一番

>> 細かく完璧に分けるより、まずは「よく使う名刺」「それ以外」という大まかな分け方で使い勝手を高めて
>> オフィスでの保管、外出先への持ち出しなど、用途に合わせて専用の道具を使い分けよう。長期の保存にはデジタル化も有効

　名刺はサイズが小さいため、量が増えていってもあまり気にならないもの。しかし、気づけば膨大な枚数になっていて、それがまったく整理されていない＝使えないという事態にも陥りがちです。

　役職や職業、関係性などを考えると名刺整理が難しそうに思えますが、実はシンプルに整理する方が、使える名刺管理になります。気にするのは「よく使うかどうか」だけ。書類のファイリングと同様に、名刺も必要なものを素早く取り出せるかどうかが重要だからです。いろいろな名刺管理法から、自分の仕事スタイルに合うものを選びましょう。

名刺のファイリングの基本

2つの名刺ボックスを使う

すでに名刺が溜まっている場合は、まず2つの名刺ボックスを用意し、「よく使う名刺」と「それ以外」に分けましょう。これならそんなに時間はかからないはずです。ボックスの中の名刺は、会社名の50音順で並べます。

🔔 step up

打ち合わせの際、担当者以外に複数の人の名刺をもらったら、担当者の名刺だけを「よく使う名刺」ボックスに入れると管理しやすくなります。

名刺を持ち歩く場合

営業職など外出することが多い人は、外出先でも名刺の情報が確認できると便利。「よく使う名刺」の中身を持ち出すポイントを押さえましょう。

携帯電話（スマートフォン）に登録

外出先で必要な情報が電話番号やFAX番号、メールアドレスだけでいいなら、携帯電話に名刺の情報を登録しておきましょう。登録名は「社名＋名前」に。携帯電話をプライベートと共有している人は、その分類にも気を配りましょう。

名刺ホルダーに移す

名刺そのものを持ち歩くなら、名刺ホルダーが便利です。コンパクトなサイズのものを複数用意し、テーマで分けて名刺を入れるのもおすすめです。名刺そのものを持ち歩けば、追加で得た情報をすぐ書き込めるというメリットもあります。

> **注意**　社名、部署名、肩書、住所、電話番号などが書かれた名刺は個人情報の塊。取り扱いには細心の注意を払いましょう。名刺ホルダーの紛失はもってのほか。携帯電話に登録する場合は、万一に備えてロック機能を設定しておきましょう。

step up

「よく使う名刺」ボックスの中でも、特に頻繁に連絡をとる人の名刺は、色つきの厚紙などを仕切りとして入れておくと、検索性がぐっと高まります。ただしやりすぎは禁物。本当に特別な人を厳選しましょう。

名刺ファイリングのポイント

50音順で並べる
最もシンプルで検索性も高いのが、50音順で並べることです。この場合、個人名ではなく会社名の50音順で並べるのがポイント。仕事でのつき合いは基本的に「○○会社の△△さん」とのつながりであり、会社名は切り離せないからです。

時系列で並べる
たくさん名刺をもらう人におすすめなのが、受け取った順に名刺ボックスに入れていく方法です。ただし、いつ受け取ったかを忘れてしまうと探せなくなるので、一定期間が過ぎたものから50音順などに整理し直しましょう。

デジタル化する
スキャンする手間はかかりますが、デジタル化できてしまえば検索性もよく、収納スペースの心配もなくなります。デジタルデータは、並べ替えるなどのカスタマイズも簡単にできるので、定期的にデジタル化するといいでしょう。

名刺のモバイル管理

名刺管理アプリは多種多様
常に持ち歩く携帯電話で名刺を管理できる、スマートフォンアプリはとても便利。カメラで撮影した名刺の画像とアドレス帳をひもづける機能を持つものや、名刺を撮影すると文字を認識し、データをアドレス帳に登録できるものなどいろいろあります。

メールの署名を活用する方法も
今や、メールの署名は名刺に代わるものになっています。その情報で十分という人は、自分のメールアドレスに送られてくるメールの署名欄から情報を自動抽出し、リスト化してくれるアプリをチェックしてみましょう。

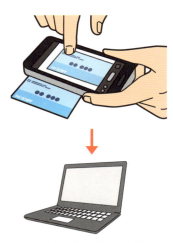

スマートフォンとパソコンで
名刺データを管理できます

名刺整理＆管理の道具

名刺は特有のサイズであるため、専用の道具を使って整理・管理するのがおすすめです。さまざまなものがありますが、ここでは代表的な5つを紹介しましょう。

名刺ホルダー
透明なポケットに名刺を入れる、ノート型のツール。ルーズリーフのように台紙を入れ替えられるタイプもある

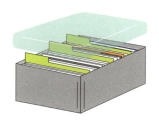

名刺ボックス
名刺の大きさに合わせてつくられた整理箱。50音順などの仕切りが用意されていることが多く、整理しやすい

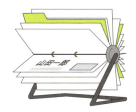

回転式名刺整理器
多くの名刺を収納でき、検索性にも優れているのが特徴。電話を頻繁にかける人が、机の上に置いておくといい

スキャナー
名刺をデータ化し、パソコンで管理するのに必要。クラウドサービスを利用すれば、外出先でも確認できる

デジタル名刺ホルダー
名刺を撮影するだけで情報が登録できる。パソコン本体につながなくても、その場で登録や検索ができるので便利

> **step up**
> 名刺ポケット付きのクリアホルダーを使えば、その仕事に関連する人の名刺をコピーして入れることができ、連絡や仕事がスムーズに進みます。ポケット付きがなければ、名刺のコピーをクリアホルダーに貼っておくのもよいでしょう。

空間の整理 ⑲

名刺の破棄にも
ルールを設けておこう

>> 名刺は使ってこそ意味のあるもの。顔が思い出せない人の名刺は、持っていても使い道がないので、迷わず捨てる
>> 名刺の破棄は「保留」名刺の扱いがポイント。1年以上連絡をとることがなければ、不要と考えてOK

　名刺は捨てることが難しいものの1つ。ここまでに紹介した活用法や管理法によって「これは誰？」と顔を思い出せなくなる名刺はグンと減るはずですが、受け取った名刺を全て持ち続けていては、どんどん溜まって整理や管理も困難になります。名刺も「不要なものは捨てる」ことを意識しましょう。

例えば、仕事にまったく関係ない飛び込み営業から受け取った名刺など、その場で不要と判断できるものは、その日のうちに破棄してしまうのがベスト。そのほか、一定のルールを設けておけば、捨てることへの抵抗感も少なく、スムーズに処理できます。溜めない名刺管理を心がけましょう。

顔を思い出せない人の名刺は捨てる

名刺は使ってこそ意味のあるものですから、使えない名刺＝顔を思い出せない名刺を持っている必要はありません。思い切って処分しましょう。また、メモを取る（→ P254 ～）などしてしっかり管理し、わからない名刺を減らすことも大切です。

半年に一度、名刺の整理をしよう

名刺管理にあたって、「その人に会った頻度」が1つの目安になります。半年から年単位で会った回数を調べ、管理に役立てましょう。

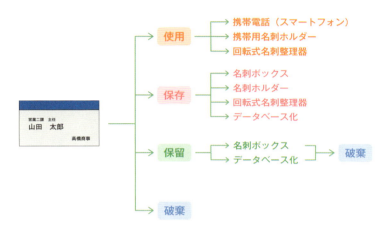

半年で一度だけ会った人を分ける

接点が少ない人＝会った回数が半年間で一度だけという人の名刺は、保留扱いにします。整理した日から半年後の日付のメモを添えて管理し、その日まで使わなければ、念のためスキャンだけして名刺は処分してもいいでしょう。

5年会わなければデータも不要

スキャンしてデータ化しておけば長期間保存も苦になりませんが、だからといって一生残す必要もありません。一般的に1年会わなければ破棄してかまいません。どうしても不安なら、5年を区切りに。5年会わなければデータも不要です。

保留にした名刺は押し出し式で管理

保留用ボックスをつくる

データ化するのが面倒という人は、保留扱いの名刺の量を決めるという方法もあります。保留扱いの名刺が発生したら、保留用の名刺ボックスの手前から入れていきます。ボックスがいっぱいになったら、次に名刺を入れる時に奥のものから破棄します。

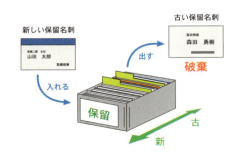

空間の整理 ⑳

領収書の整理は
できるビジネスパーソンの証

>> 不要なレシートなどが入っている財布に、領収書を入れるのは危険。領収書専用の管理をするのがスマート

>> 領収書を受け取ったら、購入した品名をメモ。領収書が不要な交通費も、こまめにメモしてしっかり管理を

　些細なことと思うかもしれませんが、仕事において領収書の処理は不可欠なこと。しかし「毎月、精算に手間取る」「何の領収書か、わからないものがある」「領収書が見つからなくて、精算できないことがある」など、領収書にまつわる悩みは尽きません。

　領収書の扱いに手こずる原因の1つに、領収書を管理するという意識を持っていないことが挙げられます。それがないとどんどん溜まる領収書をうまく処理することができず、問題や手間のもとになるのです。簡単で明確な方法＝無理をせずいつも実践できる→長く続けられる方法を知り、習慣化していきましょう。

領収書を取り扱う際の注意点

財布の中は危険

領収書を財布に入れる人もいますが、不要なレシートに紛れて一緒に捨ててしまう危険性があり、あまりおすすめできません。また、財布に入るように領収書を折りたたむと、破れやすくなったり束ねる時にかさばったりするデメリットも。

封筒での管理も×

とりあえず紙の封筒に入れておくという方法もありますが、この欠点は中身が見えないこと。見えない＝何が入っているかわからなくなり、忙しさに紛れて精算することを忘れてしまう可能性が高くなります。

領収書管理のアイデア

領収書が管理しづらいのは、それぞれにサイズや紙質が異なるからです。それをカバーするアイテムとして、クリアケースやクリアホルダーを活用しましょう。

クリアケースに保管

ある程度の強度があるクリアケースなら、中に入れた領収書が破損する心配もありません。サイズが小さなものをカバンに入れておけば、外出先でもすぐにクリアケースに入れて管理することができます。

クリアホルダーに保管

ほかの書類と同じようにクリアホルダーに入れておけば、仕事の1つとして管理しやすくなります。バラバラにならないように、少し大きめのクリップで日付順に並べて綴じれば、紛失のリスクもぐっと減らせます。

> **step up**
> いざ経費精算をしようとして困ることの1つが、何の領収書かわからなくなること。それを防ぐためには、領収書の裏に品名などを具体的に記入しておくのがベター。タクシー代の場合は、どこからどこまで移動したかを書いておきましょう。

> **step up**
> 領収書を取ることができない、あるいは必要のない交通費は、常に携帯している手帳にメモしておくのが一番。会社に経費精算用のフォーマットがある場合、それを手帳に挟んでおけば、後で書き写す手間も省けます。

空間の整理 ㉑

ビジネスバッグは携帯オフィスと考えて

>> まずはビジネスに適したカバンを選ぶことから始めよう。選ぶポイントはサイズ、形状、色、素材の4点

>> 毎日同じものを使うことが多いビジネスバッグは、放っておくと不要なものが溜まりがち。毎日の中身のチェックを習慣に

　外出先では、カバンに入れて持っていった道具で仕事をすることになります。このことから、カバンは携帯オフィスと考えることができます。

　オフィスのデスクの上やその周りが乱れていると仕事の効率が下がるように、ビジネスバッグの中がぐちゃぐちゃになっていると、外出先で必要な書類がすぐに出てこなかったり、ペンが見つからなかったりして、仕事がスムーズに進みません。カバンの中のスッキリ具合が、仕事の成果やクライアントからの評価に直結すると考え、カバンの中はまめに整理しましょう。また、整理しやすく使い勝手のいいカバンを選ぶのも重要です。

カバンの中を整理することの重要性

整理できていないと評価もダウン

必要なものが見つからず、カバンの中を必死で探す様子は印象のいいものではありません。カバンという決して大きくない空間ですら管理できていないことを露呈するのは、ビジネスにおいて大きなマイナスに。出かける前にきちんと整理しておきましょう。

ビジネスバッグの選び方

さまざまな形や色のカバンが売られていますが、中にはビジネスに適していないものもあります。ビジネスバッグ選びの基本を押さえ、使いやすいものを選びましょう。

サイズ
最低条件は、A4サイズの書類が入ること。そのうえで、持ち運ぶ書類の大きさや量に合わせて選ぶと◎

形状
一般的なブリーフケースが無難。パソコンを持ち歩く場合は、強度面からアタッシュケースにするのもいい

色
ビジネスの場にふさわしい、落ち着いた色を選ぶのが基本。靴やベルトの色と合わせるといい

素材
軽さを優先するなら、ナイロン製がおすすめ。汚れにも強いので、使い勝手がいい。長く使うなら革製も検討を

❌ NG
あくまでも仕事のために使うものなので、派手なものやカジュアルなものはNG。また、基本的にはショルダーバッグもNGですが、ショルダーと手提げの2WAYタイプは、クライアントに会う時に手提げに替えて使えばOKです。

✅ check
- ☐ 空の状態でも重いと感じないか
  - → カバン自体が重いと、持ち運びが苦に
- ☐ 床に立つかどうか
  - → 自立せず倒れやすいカバンは、クライアント訪問の際に不便です
- ☐ 防水加工が施されているか
  - → 雨の日にカバンに気をつかっていては、仕事に集中できません
- ☐ 強度は十分か
  - → カバンは毎日使うもの。破れたり、取っ手が取れるようなものは避けて
- ☐ デザインがスーツの雰囲気と合うか
  - → 個性を主張する必要はありませんが、ネクタイ選びと同様、カバンとスーツとの組み合わせにも気を配りましょう
- ☐ 内側に適度な仕切りがあるか
  - → 書類の整理のしやすさにつながります
- ☐ 外側にポケットがあるか
  - → 使いやすさがアップします

カバンの中の整理の仕方

ポイントは、必要なものだけを分類して収納すること。1日に複数の取引先を訪問する場合は、訪問する順番なども考えて整理しておくといいでしょう。

Step1 必要なものだけを入れる

「もしかしたら使うかも」とあれもこれも持ち歩こうとすると、ものがありすぎて必要なものが見つからないという事態に陥ります。また、なんとなくカバンに入れっぱなしというものがあるのも NG。定期的に確認・整理をしましょう。

❌ NG

こんなものは不要です。
・開催後のイベントの案内状
・読み終わった雑誌
・経費精算に関係ないレシート
・街頭で受け取ったチラシ

Step2 書類は取引先ごとに分ける

複数の取引先に立ち寄る場合、書類を1つのファイルに入れておくのは NG です。取り出す時に手間取るだけでなく、間違えて他社の書類を取り出してしまい、情報を漏らしてしまうことにもなりかねません。必ず取引先ごとに分けておきましょう。

💬 step up

訪問先で資料を受け取ることもあるので、予備として空のクリアホルダーをカバンに入れておくと◎。また、資料に直接書き込めないけれどメモしたいという時に、粘着メモがあると便利。

Step3 ポーチでグループ分け

細かな文房具などを入れるビジネスポーチや、ハンカチなどを入れておくマナーポーチなど、小型のポーチを使うとカバンの中がスッキリします。カバンを変える時にもポーチごと移せばいいので、忘れ物も減らせます。

✅ check

ビジネスポーチに入れておきたい、6大アイテムを覚えておきましょう。

・メモ帳　　・ペン
・粘着メモ　・ICレコーダー
・USBメモリ ・デジタルカメラ

カバンの中のレイアウトを考える

ものの整理の基本に「定位置を決める」という原則がありますが、カバンの中の整理も同じです。使いやすさを考えながら、カバンの形状に合わせて定位置を決めていきましょう。

空間の整理

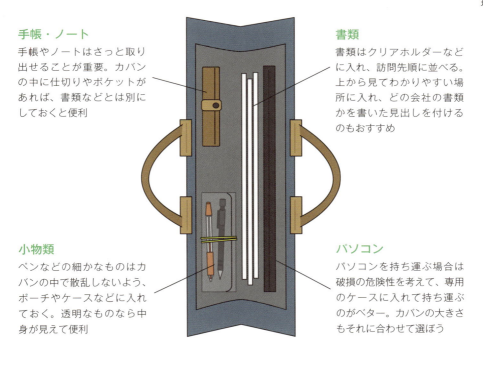

手帳・ノート
手帳やノートはさっと取り出せることが重要。カバンの中に仕切りやポケットがあれば、書類などとは別にしておくと便利

書類
書類はクリアホルダーなどに入れ、訪問先順に並べる。上から見てわかりやすい場所に入れ、どの会社の書類かを書いた見出しを付けるのもおすすめ

小物類
ペンなどの細かなものはカバンの中で散乱しないよう、ポーチやケースなどに入れておく。透明なものなら中身が見えて便利

パソコン
パソコンを持ち運ぶ場合は破損の危険性を考えて、専用のケースに入れて持ち運ぶのがベター。カバンの大きさもそれに合わせて選ぼう

外出前・帰社後に中身をチェック

チェックリストで忘れ物防止
大切な商談の場で忘れ物があっては、せっかくの機会が台無し。前日までに持っていくものを書き出したチェックリストをつくり、荷物を用意しましょう。出発前にもそのリストで確認すれば、忘れ物を防ぐことができます。

帰社後の確認で整理をスムーズに
商談などを終えて会社に戻ったら、カバンの中身を整理しましょう。名刺や文房具の量を確認し、補充することを習慣にしておけば、外出先であわてることもなくなります。不要な書類もその場で処分しましょう。

空間の整理❷

スマートな財布で好感度アップ

>> 財布をスマートな状態に保つには、こまめな整理が重要。財布のタイプに合わせた使い方を意識して
>> むやみにカード類を増やさないことも、重要ポイントの1つ。どうしても減らせない場合は、カード入れを併用しよう

領収書やカードで財布がパンパンになっていると、使いにくいだけでなく見た目にもよくありません。食事や買い物などで取り出した財布がそのような状態だと、周囲にマイナスイメージをもたらすことも。財布はいつもきれいな状態にしておきましょう。

<mark>財布がいっぱいになってしまう大きな原因は、カードの持ちすぎや不要なレシートが溜まっていること</mark>。カバン同様、財布も随時チェックして、不要なものはすぐ出すようにしましょう。また、たまにしか利用しない店のポイントカードは最初からつくらないなど、カードを増やさないようにすることも大切です。

財布整理のポイント

2～3日に1回整理
レシート類はすぐに溜まります。2～3日に一度のペースで不要なものは処分し、必要なものは専用のケースやクリアホルダーなどに移しましょう。

カード入れを別に
財布がカード類でいっぱいというのも美しくありません。持ち歩くカードが多い場合は、財布とは別にカード入れを用意するとスマートで便利です。

お札は揃える
お札の種類と向きを揃えるだけでも、財布の中身はスッキリします。いくら入っているかも把握しやすくなり、お金が足りないという事態も防げます。

タイプ別・財布の収納方法

財布は大きく分けると、お札入れ、小銭入れ、二つ折り財布、長財布の4タイプがあります。それぞれの特徴とスマートな収納のポイントを押さえ、自分に合うものを選びましょう。

お札入れ・小銭入れの併用

基本的にお札入れは、お札のみを収納するもの。そのため、カードやレシート類を入れすぎるのはやめましょう。カード入れを併用するのもおすすめです。また、小銭入れをポケットに入れて持ち歩く場合は、パンパンにならないよう小銭を溜め込まないのがベター。

二つ折り財布

コンパクトでカバンに入れてもかさばりませんが、中身が折れてしまうので、領収書などを入れっぱなしにするのはNG。こまめに整理できない人には不向きです。デザインによっては小銭があまり入らないものもあるので、注意しましょう。

長財布

収納力が高いので、現金もカードもひとまとめにしたいという人向き。油断すると財布が膨れ上がるので気をつけましょう。中に仕切りがあるタイプの場合は、お札と領収書を分けて入れておくとスマートです。

 NG
領収書を財布に入れるのは、忘れてしまう可能性大。財布は一時的な保管場所とし、きちんと管理しましょう（→ P262～）。

column
本や雑誌はスキャンで省スペース化

　情報収集のために購入した本や雑誌も、溜まっていくとどんどん場所が必要になります。また、うまく整理できず、いざ使いたい時にどこにあるのかがわからなくなっていては、持っている意味がありません。自分にとって必要なところだけを切り取って、省スペース化を図ることもできますが、手間や時間がかかることも。そんな時は本や雑誌を丸ごとスキャンしてデータ化を。場所も取らずに多くの情報を保存できます。また、紙のように劣化せず、きれいな状態で保存できるのもポイントです。

データ化の方法

裁断
裁断機を使って、本や雑誌を1ページずつバラバラにする。手間さえ惜しまなければ、カッターを使って切り離してもかまわない。また、本の裁断サービスを行っている会社を活用するのもOK

↓

スキャン
スキャナーでページを読み取る。カラー・モノクロモード、解像度の設定は、読み取るものによって変える。試しに数ページをスキャンして読みやすい設定にしてから、全ページ読み取るのがおすすめ

↓

保存
ファイル形式はPDFが汎用性が高くて便利。後で検索しやすいようにファイル名を工夫して保存しておくといい（→P277）。パソコンのほか、タブレット端末を利用すれば、自宅以外の場所でも気軽に目を通すことができる

メリット
・スペースを取らずに、1冊丸ごと保存できる
・閲覧ソフトによっては、書き込みもできる

デメリット
・データ化するのに手間がかかる
・裁断機やスキャナーなど、初期投資が必要になる
・貴重な本も裁断しなければならない

※書籍などのデータ化は、私的使用の範囲内で行うようにしましょう

chapter 3

情報の整理

情報の整理 ❶

デスクトップの整理は机の上の整理と同じ

>> デジタルデータは検索性に優れているので、デスクトップに置いておかなくても問題なし。そう考えて、どんどん整理を
>> 基本の考え方は紙の書類と同じ。「使用中」「保存」「破棄」のほか、迷ったら「保留」としておく

　現在は、情報は紙だけでなくデジタルデータで管理する時代。仕事においてもデジタルデータの整理や管理は欠かせません。そして、日々の仕事に最も関係するのが、パソコンのデスクトップ上にあるデータです。デスクトップはパソコン上の作業スペース。ここにムダなファイルが並んでいるのは、机の上に余分な書類やものが山積みになっているのと同じこと。デスクトップの半分以上がファイルで埋まっている人は、作業効率に影響が出ているはずです。机の上と同様にデスクトップ上のデータもきれいに整理し、快適で使いやすい状態をキープしましょう。

デジタルデータの特徴を知れば、デスクトップはスッキリ

検索が簡単
デジタルデータは、名前や中身をもとにした検索が可能。検索しやすいデータ名をつけておけば、目的のファイルに簡単にアクセスできます。この利点を活用すれば、常に目に見える場所＝デスクトップにファイルを置いておく必要はなくなります。

コピーが簡単につくれる
デジタルデータは簡単にコピーができて便利ですが、気をつけないと混乱を招く原因にも。安易にコピーをつくればそれだけデータ数が増えていき、管理が大変になります。コピーしすぎてどれが最新のものかわからなくなる恐れもあるので、注意しましょう。

あふれたファイルの整理手順

Step1　まずは「とりあえず」フォルダにまとめる

すでにデスクトップ上にファイルがあふれている場合、まずは「とりあえず」フォルダをつくって、全てのファイルを入れていきましょう。

Step2　「とりあえず」フォルダ内を4つに分ける

「とりあえず」フォルダ内に「使用中」「保存」「保留」「破棄」の4つのフォルダをつくり、「とりあえず」フォルダ内のデータを分類します。迷ったら「保留」フォルダへ。分類し終わったら「使用中」フォルダの中身だけをデスクトップへ戻します。

Step3　「破棄」フォルダは消去。「保留」フォルダには整理日をつける

「破棄」フォルダ内のデータは消去します。「保存」フォルダ内のファイルは大まかにテーマ分けをし、必要なものはCDやDVDに保存します。「保留」フォルダには、整理した日付をつけておきます。作業中、同じようなファイルが複数あった場合は更新日時を確認し、一番新しいもの以外は消去しましょう。

Step4　一定期間が過ぎたらCDやDVDに保存

「保留」フォルダは、整理してから一定期間（半年など）が過ぎたら、再度整理をします。半年以上使うことがなかったファイルは、その後も使わないことがほとんどなので消去を。それでも消すことに抵抗があれば、CDやDVDにデータを移し、保存期間を決めて保管しましょう。

ショートカットで効率アップ

よく使うフォルダやアプリケーションは、ショートカットを作成してデスクトップに置いておくと便利。使いたいデータをスムーズに開くことができます。

フォルダの場合

ショートカットをつくりたいフォルダを選択し、右クリック。「送る」→「デスクトップ（ショートカットを作成）」を選択すれば、デスクトップにショートカットができます。

アプリケーションの場合

「スタート」をクリックすると、アプリの一覧が表示されます。ショートカットを作成したいアプリを左クリックし、デスクトップにドラッグ＆ドロップすればOK。

※機種によって操作は異なります

情報の整理 ❷

デジタルデータは
フォルダ分けがポイント

>> フォルダはツリー構造で管理するのがおすすめ。管理しやすいのは3階層程度と考えて
>> フォルダの分類も、紙の書類の分類と考え方は同じ。仲間外れをつくらないように、テーマや時系列で分ける

　パソコンのハードディスクの容量が格段に大きくなっている今、デジタルデータは無尽蔵に保存しておけるようなイメージがあります。しかし、整理しないで溜め込んでおくのは、仕事の効率ダウンにもつながります。デジタルデータも、ファイリングして管理することが重要なのです。

　第2章で書類のファイリングを紹介しましたが、デジタルデータの場合は書類にあたるものがファイル、クリアホルダーにあたるものがフォルダです。書類同様、デジタルデータも使いやすく整理すれば、管理や仕事の効率も大幅にアップ。ルールを覚えて活用しましょう。

フォルダ分けは3階層までが目安

フォルダは、その中にフォルダをつくり、さらにフォルダをつくり…と階層を増やしていくことができます。しかし、あまりにその階層を多くしてしまうと、何のファイルをどこに入れたかがわからなくなります。フォルダは3階層までを目安に管理するようにしましょう。

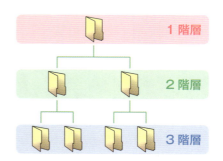

保存フォルダの分類例

保存するデータを入れたフォルダは、項目別で大きく分類し、その中をさらに分けておくのがおすすめ。テーマや時系列などで分類しましょう。

テーマで分ける

分類をする時の鉄則の1つが、仲間外れをつくらないこと。そのためにも、テーマはあまり細かくしないようにしましょう。

> ❌ **NG**
> エクセルデータ、ワードデータなどでフォルダを分けるのは、データの内容に即しておらず、分類法としては不向きです。

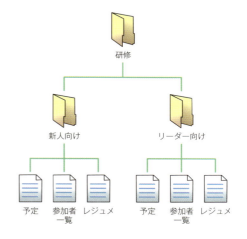

時系列に分ける

定例会議や毎月の営業成績レポートなど、定期的に発生するファイルの管理には、時系列での整理が適しています。ファイルがいつのものなのかがわかるよう、ファイル名に年月を入れておくとわかりやすくなります。

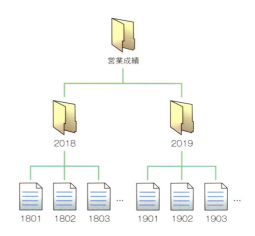

情報の整理❸

タイトルのつけ方で、デジタルデータの検索性をアップ

>> 「簡単かつ具体的」なタイトルと日付の組み合わせが一番効果的。日付を頭に付ければ、ソート機能で時系列にも表示できる

>> よく使うフォルダは「お気に入り」への登録がおすすめ。ほしい関連データを検索できる「検索フォルダ」も上手に使って

デジタルデータには検索しやすいという利点がありますが、検索できたとしてもそれがどういう状態のファイルかがわからなくては意味がありません。ありがちなのが、==何度も修正を加え、別名で保存していくうちに、どれが最新のものなのかがわからなくなるケース==です。修正版に最新版、確定版、修正済み、最終…などというタイトルのつけ方は、混乱やミスを招くもとに。ファイルをいちいち開いて確認していたのでは、時間もかかってしまいます。ファイルやフォルダの検索性を高めるタイトルのつけ方と、素早く検索する方法を知り、データを賢く管理しましょう。

よく使うフォルダをすぐ開けるように

Windows10で、毎日の業務で頻繁に使ったり、参照するファイルがあれば、それらを1つのフォルダにまとめ、「クイックアクセスにピン留め」をしておくと便利です。こうしておけば、エクスプローラーの「クイックアクセス」に表示されるようになり、素早くアクセスできるようになります。

❌ NG
データのダウンロード先がデスクトップになっていて、ダウンロードデータがそのままになっているのはよくあること。仕分けをこまめにしましょう。

検索しやすいタイトルのつけ方

「簡単かつ具体的」だとわかりやすい

ファイルの内容がパッとわかるには、タイトルが簡潔かつ具体的であることが重要です。「〜関連」「〜など」というタイトルは具体性に欠け、ファイルを開かないと内容がわからないので避けましょう。

「日付＋タイトル」を基本に

「日付＋タイトル」というつけ方を基本にすれば、何度修正してもどれが最新かがすぐわかります。また、日付（数字）を前にすると、ソート機能で日付順に表示しやすくなります。作成年が混ざらないよう、年月日の日付を付けましょう。

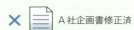

検索フォルダを使う

検索フォルダの利用法

検索フォルダとは、検索結果を保存して、フォルダのようにまとめておける機能のことです。例えば「営業成績」「顧客情報」「社員データ」という３つのフォルダから「大阪」に関するデータを検索・抽出することができ、フォルダ分類とは違うグループでデータをまとめられます。

作成方法

エクスプローラーを開き、検索ウィンドウにテキストを入力して検索→検索結果が表示されたら、「検索条件を保存」をクリック→ウィンドウにファイル名を入力して「保存」をクリックします。その後、保存ファイルを開けば、同じ検索条件で検索することができます。

情報の整理 ❹

デジタルデータの
バックアップは常識

>> データの消失は、自分だけでなく社内外の多くの人に多大な迷惑をかけることに。バックアップ作業は習慣の1つにしよう
>> 記憶媒体は、保存容量や書き換えの可否、携帯性で使い分けを。外付けハードディスクなら、丸ごとのバックアップも可能

　パソコンの性能がよくなり、故障の頻度も減っているとはいえ、絶対に故障しないとはいえません。作成中のデータが消えてしまっただけなら被害も少なくて済みますが、ハードディスクのクラッシュによってデータが全て消えてしまったとなれば、社内外を問わず、その影響や損害は計り知れません。パソコンのハードディスクは、いつかは必ずクラッシュする。そう考えれば、普段からデータのバックアップを取っておくことがいかに重要かがわかります。自分のデータの容量や扱い方で適したバックアップ法を選び、バックアップを取ることを日々の習慣にして、不測の事態に備えましょう。

バックアップはルーチンワーク化しよう

バックアップから次のバックアップまでの時間が長ければ長いほど、データがクラッシュした時に失うデータが多くなります。データを扱う量にもよりますが、できれば1日に1回、少なくとも1週間に1回はバックアップを取りましょう。

step up

自分が作成したり受け取ったりしたファイルはもちろんですが、自分好みにカスタマイズした辞書や、メールソフトのデータもバックアップしておくと安心です。

バックアップ機器の種類と特徴

記憶媒体はいろいろありますが、データの容量や使い方が異なります。代表的な記憶媒体の特徴を知り、上手に使い分けましょう。

情報の整理

外付けハードディスク
最も一般的なバックアップ機器。容量が大きいので、パソコン本体のハードディスクを丸ごとバックアップすることも可能。持ち運びに便利なポータブルタイプもあるので、目的や用途に合わせて選んで

USBメモリ
外付けハードディスクなどに比べて容量は少なくなるが、小型で携帯性が高いのが利点。外出先でのちょっとしたバックアップにも便利。データの保存というより、受け渡しに適している

光学ディスク（CD-R・DVD-R など）
CD-R、DVD-R、ブルーレイディスクなどの光学ディスクもバックアップに便利。書き換えができないものは誤って消去する危険性がないので、保存しておきたいデータのバックアップに適している。ディスクが傷つくとデータが壊れることもあるので、保管状態に注意を

🔶 step up
保存用の CD-R や DVD-R 類は、内容がわかるようにタイトルをつけるのはもちろん、保存した時の日付を書いておきましょう。同時に、いつまで保存するかも書いておくと整理しやすくなります。

オンラインストレージを使ったバックアップ

オンラインストレージとは、サーバーマシンのディスクスペースに、インターネット経由で自由に読み書きができるサービス。このサービスはバックアップのほかにも活用できます。

オンラインストレージサービスの主な用途

❶バックアップ
外付けハードディスクと同じ感覚でデータをアップロードしていけば、バックアップツールとして使える。複数のファイルをまとめてアップロードできるのも便利

❷パソコン間の同期
オフィスや自宅のパソコン、モバイルなど、2台以上のパソコンで同じデータを扱う時に便利。この場合は、データを自動でアップロードする機能を使うといい

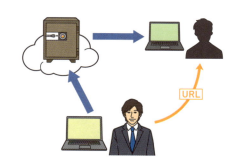

❸データ送信
メールに添付できない大容量のファイルを送りたい時、相手にファイルのダウンロード先URLを知らせることで、データの受け渡しをすることができる

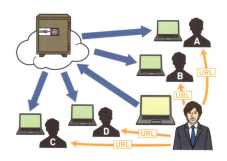

❹データの公開・共有
信頼のおける人とURLを共有することで、旅行で撮った写真を友人に配ったり、プロジェクトのメンバー同士で文書を共有したりという使い方ができる

代表的なオンラインストレージサービスとその特徴

現在はいろいろなオンラインストレージサービスがあります。有料、無料があるほか、保存容量もさまざま。サービス内容が変更になったり、終了したりすることもあるので注意を。

OneDrive
マイクロソフトが運営。Windows10には最初からインストールされており、無料で5GBの容量が使えます。Office 365 Soloや追加のディスク容量を購入することで、保存容量を増やすことも可能。

Googleドライブ
Googleが展開。ウェブメールのGmailやGoogleフォトと合わせて、最大15GBまで無料で利用できます。容量を増やしたい場合は、Google Oneにアップグレードする必要があります。

Yahoo!ボックス
Yahoo! JAPANによるサービス。YahooのIDでログインすることができ、5GBまで無料で保存できます。Yahoo! BB会員になれば、利用できる容量を50GBに増やせます。

Amazon Drive
Amazonによるサービス。Amazon会員なら5GBまで無料で使えます。有料プランでストレージの追加もでき、Amazonプライム会員になると、写真データは無制限で保存できるように。

Dropbox
複数のパソコン間のファイル同期を主眼としたサービスですが、オンラインストレージとしても十分に使えます。無料プランの保存容量は2GB。容量を増やし、機能を充実させた有料プランもあります。

iCloud
Appleが提供し、1アカウントあたり5GBまで無料で利用できます。iCloudをサポートしているアプリ間でファイルを共有したり、データをバックアップするのに便利。家族とストレージを分け合えるプランも。

Evernote
文書やファイル、写真、ボイスメモなどを記録できます。無料のベーシックプランの場合、容量は1ファイルあたり25MBまで。有料プランになると容量が増えるほか、さまざまな機能が使えます。

firestorage
1ファイルあたりのサイズ上限は250MB、保存期間は最大7日までですが、無制限にファイルをアップロードできます。大容量ファイルの受け渡しなどで使われることが多いサービスです。

※上記は2018年12月現在の情報です。変更の可能性がありますので、最新情報は関連サイトで確認してください。

情報の整理 ⑤

受信メールもファイリングが必要

>> 受信トレイでのメール管理は、効率アップの妨げに。テーマ別に設けたフォルダで管理を
>> まずは件名で不要なメールをチェック。処理後、残しておく必要のないメールもどんどん削除して

メールは、ちょっとした連絡から問い合わせ、重要書類の添付など、さまざまな内容があります。返信が必要なものと必要でないものがありますが、受信トレイにメールが溜まっている状態は、机の上に未処理の書類が山積みになっているのと同じといえるでしょう。しかも、メールは多い人では1日に100通以上も届き、どんどん整理していかなければあっという間に溜まっていきます。また、メールはその保存性の高さから、後でもう一度見たくなることもあります。これらのことから、メールも書類と同じように扱い、ファイリングの考え方を取り入れて整理するのがいいでしょう。

メールもファイリングする

受信トレイでの管理は危険

既読メールを受信トレイに入れたままにしていると、どれが重要なメールなのかがわからなくなってしまいます。それを防ぐために、テーマ別のフォルダを用意して、ファイリングしていきましょう。終業時に受信トレイが空になっているのが理想です。

step up

メールマガジンや定期的なお知らせなど、特定のメールアドレスから届くメールは、あらかじめつくっておいたフォルダに自動的に振り分ける設定をしておくと便利です。

メール処理の流れ

ものの整理は、処理の流れを決めると効率よく行うことができます。メールの整理も同じ。受信した後の処理法を決めておきましょう。

件名チェックで第一次対応を

メールを受信したら、まずは件名をチェックし、ジャンクメールなどの不要なものを削除します。次に内容をチェックし、ここでも不要なものを削除。すぐに返信するか保留にするかを判断し、対応が済んだら保存または削除します。

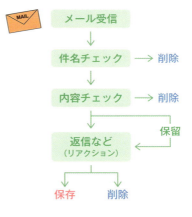

テーマ別に保存

保存するメールは、テーマ別のフォルダを用意して管理するのがおすすめです。例えば Microsoft Outlook なら、「フォルダー」メニュー内の「新しいフォルダー」をクリックすると、自分のほしい階層に任意の名前のフォルダをつくることができます。

メールチェックも予定に組み込む

メールの処理は受信のたびにできればベストですが、つい後回しになりがち。そこで、出社時以外にもメールチェックを行う時間を決めておきましょう。午後の仕事を始める前に、午前中に届いたメールをまとめて処理するのもおすすめです。

---

step up

メールを送る際に署名をつけるのは一般的ですが、送る人によって違う署名にしたいということもあるでしょう。その場合は、署名を自動で貼り付ける設定を行わず、署名を単語登録しておきましょう。いちいち入力する手間が省けます。

情報の整理 ❻

画像データの整理は
プロパティを利用しよう

>> 画像データは解像度の違いで、1ファイルごとのサイズが変わる。検索性を高めるなら、サイズを小さく保存してサクサク探せるように
>> キーワード検索できないように見える画像データにも、実は埋め込まれている文字情報（プロパティ）がある。それを利用して整理すると便利

　高品質なカメラ機能を持つスマートフォンの普及で、多くの人が常にデジタルカメラを持ち歩いている状態になり、さまざまな情報を気軽に画像データで残すのが当たり前となりました。それにより、膨大な画像データを整理する必要に迫られている人も多いのではないでしょうか。

　画像データの整理のポイントは、まずファイルサイズを小さくすること。必要以上に解像度の高いファイルは、パソコンにとって処理の負荷が大きく、動作が重くなります。そして文字情報で管理すること。自由につけられるファイル名と、自動的に付加されているプロパティの情報を活用します。

画像は縮小管理が便利

データ縮小のフリーソフトを利用
無料で使えるソフトを利用して、たくさんある画像データのファイルサイズをまとめて一気に小さくしてしまえば、パソコンの処理の負荷が小さくなり、サクサクと検索や整理ができるようになります。整理の前に、このひと手間を加えましょう。

もとの画像はメディアで保存
紙への印刷をする可能性がある画像データは、ある程度の解像度が必要なので、大きめのファイルサイズで保存しておかなければなりません。検索・整理用の小さなファイルと同じファイル名で、もとの画像をCD-Rなどに保存しておくといいでしょう。

エクスプローラーで、プロパティを利用した整理を

ファイルとフォルダを管理している Windows 標準のソフト「エクスプローラー」を活用すれば、特別なソフトを用意しなくても画像ファイルを効率よく整理することができます。

Step1　フォルダ表示設定を確認

エクスプローラーはファイルをさまざまな形で表示できます。ウインドウ右上にある「その他のオプション」で「詳細」を選ぶと、フォルダ内にあるファイルに埋め込まれているプロパティ（属性情報）を一覧で表示できます。

Step2　「更新日時」でソート

プロパティに含まれる情報は多種多様ですが、標準の状態で「更新日時」は一覧表示されます。タイトル部分を左クリックするたびに、昇順、降順でのソートが切り替わり、ファイルが修正された日時で整理されます。

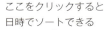

ここをクリックすると日時でソートできる

Step3　文書と同じ方法でフォルダ分け

これでいつ頃撮影した画像かを探しやすくなるので、後は P275 で紹介した保存フォルダの分類方法を活用して整理をすれば OK。時系列以外の整理をする時には、ファイル名のつけ方を工夫して、検索しやすくしましょう。

step up

エクスプローラーで表示されるプロパティ情報は、増やしたり入れ替えたりすることができます。Step2 で左クリックした場所を右クリックすると、表示項目を選択できるウインドウが開きます。

情報の整理 ❼

ノートを活用して
ビジネススキルをアップ

> ≫ ノートはペンさえあれば使える、便利なツール。「書く」ことを繰り返すことで、情報を整理する力も身につく
> ≫ 書き留めたことを見直すことで思考を整理。失敗を対策とともに書き残しておけば、再発防止に

　ペンさえあればどこでも書くことができるノートは、簡単かつ効果的なビジネスツールです。書き方にも制約がなく自由に使えるものだからこそ、ノートはその使い方次第でさらに有効なツールとなります。ここではまず、ノートを活用することで生まれる効果を紹介します。

　また「ノートを書く」ことを続けるうちに、「書く」力がついていきます。つまり、ノートを活用することで、ビジネスパーソンの基本的なスキルまで鍛えられるということ。さらに、書き続けることでできる自分だけのノートは、いつしか貴重な財産になっていくはず。利点を活かして活用しましょう。

手帳とノートの使い分け方

手帳もノートも用意したいケース
手帳とノートの併用に適しているのは、次のような場合です。

- 手帳をスケジュール専用にしたい
- 手帳のサイズが小さい
- ノートに書くべきこと、書きたいことがたくさんある

どちらか一方で済むケース
手帳のみ、あるいはノートのみでも問題ないのは、次のような場合です。

- 手帳に十分なノートスペースがある
- 細かなスケジュールを記録・管理する必要がなく、スケジュール管理はカレンダーなどで済ませられる

ノートを活用することで生まれる効果

ノートには「情報を保存する」「保存した情報を見返すことができる」といったメリットがあります。その特徴を活かすと、幅広い効果が期待できます。

思考が整理できる

頭の中にあることを書き出すのは、思考を整理するのに役立ちます。また、書き留めたことを見直して整理し、するべきことを書き出していくと、情報を整理する力が身についていきます。

❶ 何でも書き留める
↓
❷ 見直して整理する
↓
❸ するべきことを書き出す

失敗を次に活かせる

失敗したことをただ記録するだけでなく、対策を考えて書き記しておくと、再発防止につながります。さらに、そこから成功につながる新たなノウハウを見つけられることもあります。

❶ 毎日の仕事を記録する
↓
❷ 失敗の原因を振り返る
↓
❸ 対策を書き出す

アイデアが広がる

書き留めておいたアイデアは、企画を考える時のネタとして使うこともできます。まったく関係ないと思っていたネタとネタがつながり、思いもよらない斬新な企画が生まれることもあるでしょう。

❶ 思いついたアイデアを書き留める
↓
❷ 情報を分類する
↓
❸ 企画のネタにする

> **step up**
> 思いついた時に書き留めておくという行動は、ノート以外でもできます。例えば、ICレコーダー（→ P321）やモバイルのメモ機能。ただし、情報がバラバラになっていると、忘れてしまってうまく活かせないことも。後でノートに書き写すことを忘れずに。

情報の整理 ❽

目的に合わせ、読み返しやすいノートをつくろう

>> ノートは、読み返すことができて初めて生きるもの。常に「後で読み返す」ことを頭に入れて、ノートに書き込みをしよう
>> 仕事を記録して次に活かす。コミュニケーションツールとして使う。自己の成長のために使う。目的を意識してノートを使おう

　何を書き留め、どう整理し、どう使うかで、ノートはさまざまに活用することができます。例えば仕事の結果や計画、改善点などを記録する仕事日誌、顧客からのクレームを記録して改善策へとつなげるクレーム日誌、直接話をする時間を取りにくい部下とのコミュニケーション日誌など。さらに、自己啓発の活動を記録したり、アイデアを書き溜めたりと、自分自身の成長のために使うこともできます。そして、どんな目的のノートでも共通して重要なのは、書いた後に読み返しやすいこと。読み返しやすい書き方を押さえながら、ノートの目的に合わせた内容を記録していきましょう。

読み返しやすいノートの書き方

なぐり書きは×
急いで書いたり、立ったまま書いたりすると、どうしても字が汚くなります。思いついた時にさっと書き留めるスピードは大切にしつつ、読めるような字を心がけましょう。

見出しをつける
ノートに書いてから時間が経つと、どこに何を書いたかわからなくなります。表紙には見出しをつけ、わかりやすくしましょう。ノートを使い始めた日付だけでもかまいません。

余白をつける
細かな文字でぎっしり書き込まれたノートは、見返した時にわかりにくいものです。気づいたことを後で書き足すためにも、余白を十分にとり、見やすいノートを心がけましょう。

活用例① 仕事日誌

仕事はうまくいくこともあれば、失敗することもあります。成功も失敗もノートに記録し、自分なりに分析しておくと、次の仕事に活かすことができます。

結果
仕事の結果を簡潔に記入する。この時に大切なのは、できるだけ感情的なことを除き、事実を書くこと。数字などを具体的に記すといい

↓

原因
その結果に至った原因を、自分なりに分析して書き出す。ここでのポイントは、客観的に考えること。言い訳になっては次につながらない

↓

評価
仕事の成果を自分なりに評価する。成功した場合は自分をしっかりと褒めてOK。逆に失敗した時は、素直に受け止めよう

↓

改善点
成功した時は、さらによい方法はないかを考えてみる。失敗した時は、原因を踏まえて改善方法を考える

↓

計画
改善すべきことを実行するにはどうしたらいいかを考える。「毎回、電話の前に必要事項を書き出す」など、具体的な行動レベルで計画を練ることが重要

↓

実行
計画したことを実践する。必要なら、スケジュールに組み込んでしまうとよい。そして、実行した結果を再びノートに記録していく

成功体験も失敗体験も記録し、分析することで、失敗を避けて成功する方法が見えてきます。それにもとに成功体験を増やしていきましょう。

活用例② 顧客からのクレーム日誌

接客業など、カスタマーサービスの向上が求められる仕事では、顧客からのクレームを記録し、対策を考えることも有効です。

顧客からのクレームの内容を書き留める。ポイントはできるだけ顧客の発言をそのまま記録すること。そのクレームが発生した時の状況もわかる範囲で書き留めておくといい

クレームを受けた時、自分がどのように対応したかを思い出し、書き留める。ここでも、自分の発言をできるだけそのまま記録することが大切。自分を擁護する気持ちから脚色したくなりがちなので注意を

自分の対応で顧客に納得してもらえたか、交換品が必要になったか、納得してもらえず上司の助けを仰いだかなど、結果を記入。同時に、なぜ納得してもらえたか、なぜ交換品が必要になったかなど、理由も考えてみよう

納得してもらえた、または納得してもらえなかった理由から、クレームを受けた時のよりよい対応方法を考え、書き出す。同時に、同じクレームを受けないためにはどうしたらいいかを分析し、記録する

活用例③ 部下とのコミュニケーション日誌

外出や会議などが多く、部下とコミュニケーションをとる機会が少ない場合におすすめのノート活用法。部下は発生した問題や要望、アイデアを記入。上司は部下からの報告に対する回答や指示を書き込みます。

活用例④ 自己啓発の活動記録

読書や資格取得、各種セミナーなどの自己啓発に力を注ぐと、仕事力もアップします。そんな時にもノートを活用していきましょう。

 開始前　自己啓発を目的とした読書やセミナーでも、ただ漠然と参加しただけでは効果がありません。読書の前やセミナーに参加する前に、自分自身の課題や目的を具体的に書き出すと、何を読むべきか、何を聞くべきかが明らかになる

 読書・セミナー中　読書をしながら、役立つと感じたところに線を引いたり、そのページの端を折ったりして印をつける。セミナーの場合は、受講中にノートを取るのはもちろんのこと、自分の課題に大きく関わることは特に目立つように記録しよう

終了後　読書やセミナーの後は、自分が気づいたことをまとめることが大切。その気づきをもとに、課題を克服するために実行すべきことを考え、行動へと移していこう

活用例⑤ アイデアノート

ふっと頭に浮かんだアイデアは、書き留めておかないと忘れてしまいます。また、記録したアイデアから新しい発想が生まれることも。記録する時は、文章だけでなく、イラストや図を書き加えるとさらにイメージが広がり、明確になります。

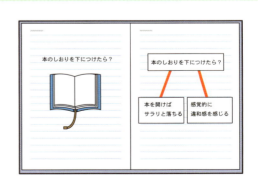

情報の整理 ❾

ノートの種類を知って、
自分に合うものを見つけよう

>> ノートを選ぶ時のポイントは、ノートのサイズ、製本のタイプ、罫線の種類、紙質の4点。使う場面や目的を考えて選ぼう
>> いきなり高価なものを使う必要はない。安価なものをいろいろ使って、使いやすいものを見つけていくのがベター

　ノートはいろいろな種類のものがあり、それぞれに長所もあれば短所もあります。そのため、「このノートを使えば正解」という答えはありません。
　自分に合ったノートを見つけるには、まず「どのようにノートを使うのか」という目的を考えてみましょう。また、どこでノートに書き込むことが多いのかも、ノート選びに関わる要素の1つです。それらを明確にしたら、ノートのサイズ、製本（綴じ方）のタイプ、罫線の種類、紙質の4つのポイントを基準に選びましょう。安価なものからいろいろ使ってみて、しっくりくるノートを見つけていくことが大切です。

ノートのサイズ

ノートのサイズは、右に記した5つが一般的です。A4サイズはデスクワークが多い人向き、B5・A5サイズは書き込める量が多く、カバンに入れての持ち運びに適した大きさです。B6・A6サイズは書き込める量が減りますが、携帯には便利です。

製本のタイプ

「無線綴じ」「リングノート」の２タイプのほか、綴じずに着脱可能な「ルーズリーフ」があります。それぞれのメリット、デメリットを知っておきましょう。

無線綴じ
見開きで書き込みがしやすく、かさばらない。半分に折り返した時は、やや書きにくくなります。

リングノート
半分に折り返しても書きやすいのが魅力ですが、収納する際にリング部分がかさばります。

ルーズリーフ
ページの入れ替えや追加が簡単にできます。ただし、しっかり整理しないと、混乱することも。

罫線の種類

罫線
横罫が最も一般的。１行の幅が 7mm の A 罫、6mm の B 罫、5mm の C 罫があります。

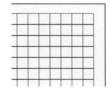

方眼
表や図を書きやすいのが特徴。ドット入りの罫線ノートを方眼のように使うこともできます。

無地
イラストを描くのに適していますが、文字を多く書く場合は使いにくさを感じることもあります。

> **step up**
> 切り離ししやすいようにページにミシン目が入っているものや、ゴムバンドで閉じられるノートもあります。

> **step up**
> 使う筆記用具によっては、書きにくい紙質もあります。試し書きができる場合は確認してみましょう。

情報の整理 ❿

原則を押さえて
ノートの威力を高める

> ≫ ノートはちょっとした注意と工夫で見やすさがグンとアップ。ポイントは「見やすい」「検索しやすい」「読みやすい」「整理されている」の4つ
> ≫ ノートのどこに何を書くかを決めておくだけでも、読みやすさは高まる。書き込む内容に合わせて紙面を分割しよう

　ノートは後で読み返すことで仕事などに活かせますが、読み返しやすいノートをつくるには、書き込む時にいくつかのポイントを押さえることが大切になります。それは「見やすく書く」「検索しやすいように書く」「読みやすく書く」「整理して書く」の4つ。いずれもちょっとしたコツを知ればすぐにできることばかりなので、早速取り入れましょう。また、紙面を区切って使うことで情報が整理でき、自然と読みやすいノートをつくることができます。必要に応じてノートを使い分けるのも効果的。さまざまな方法を取り入れ、ノートの持つ力を最大限に活かしましょう。

見やすく書く

区切りを入れる
項目ごとに区切りの線を入れるだけでも、見やすさはぐっとアップ。区切り線がないと、2つの異なる項目が1つに見え、必要な箇所が見つけにくくなります。

文字間を空ける
文字と文字の間を詰めすぎると、読みにくさの原因に。細かな文字で詰めて書くことがクセになっている人は、「文字間を空ける」ことを意識しましょう。

検索しやすいように書く

時系列＆日付を書く
どんどん書き留めていくノートでは、最初から内容で分類しようとせず、時系列に書いておく方が後で検索しやすくなります。ポイントは、最初に必ず日付を書くこと。こうしておくと、後で索引をつくる時に大いに役立ちます。

カテゴリーを書く
日付に続いて書いておきたいのが、カテゴリー（＝何に関する書き込みなのか）です。「企画」に関すること、何かの「資料」、事実の「記録」などを書きましょう。細かくしすぎるとカテゴリーを考えることに時間を取られるので、気をつけましょう。

情報の整理

読みやすく書く

「読みやすく書く」とは、文章をシンプルにするということ。すなわち内容を要約して書くことです。ビジネスで不可欠なスキルなので、ぜひ取り組みましょう。

1文に1つの内容
1つの文の中にいくつもの内容を詰め込むと、わかりにくい文章になりがち。「1文に1つの内容」を心がければ、自然にわかりやすい文章になります。

1文は30～40文字
文章力が高ければ長い文もうまくまとめることができますが、時間がかかることも。じっくり文章を練るよりも、30～40文字でさっと書く方が読みやすく、効率もアップ。

1段落に1テーマ
「1文に1つの内容」ができるようになったら、次は「1段落に1テーマ」を徹底しましょう。テーマを意識していれば、決して難しくはありません。

整理して書く

情報の記録や伝達の際によく使われるチェック項目「5W3H」を踏まえて書くと、実際に確認しておかなければならないポイントを漏らす心配がなくなります。「5W3H」は報告書や企画書づくりにも活かせるので、しっかり身につけましょう。

紙面の分割

ノートのどこに何を書くかを決めておくと、紙面が自然と整理できます。おすすめの分割スタイルを紹介しましょう。

❶ 見開き4分割スタイル

1つの案件で左右2ページを使う方法です。見開きを4分割して、「結論」「背景」「理由」「展望（これから）」を書くようにすると、後での振り返りもしやすくなります。分割方法は、案件に合わせて柔軟に変えていきましょう。

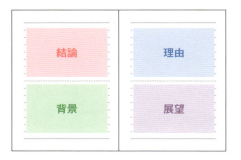

❷ 書き足しスタイル

後で出てきた考えや情報を書けるように、あらかじめスペースを開けておく方法。ノートの右側1/4くらいが空くように縦線を引き、思いついたアイデアは線の左側に記入。見返した時に浮かんだことや特記事項などを右側に書きましょう。

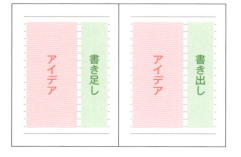

❸ 1日2ページスタイル

ノートを仕事の記録として使う時におすすめのスタイルです。1日2ページを使うと決め、左上にその日の予定を記入。その下にやることを書いて、1日をスタートします。仕事中のメモは右上に書き、1日を終えての振り返りを右下に書きます。

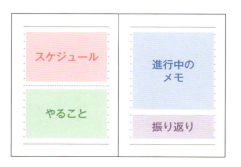

結論から書く

読みやすい文章にするコツの1つが、「結論から書く」ということです。その後に理由やその裏付けを書き、最後にまとめを書くと読みやすくなります。

結論・要点
物事が論理的に整理されていれば、書き始める時点で結論や要点が見えているもの。まずはそこから書き始める
- 例 新規市場の開拓には、営業組織の編成を変えるべきである

理由・裏付け
次に、最初に書いたことへの理由や裏付けを書く。この時、客観的な事実やデータなどを提示できると、納得度が上がる
- 例 今の編成は新規開拓の経験がある者の配置が偏っていて、ノウハウを活かし切れない。また、もっと小さなチームの方が小回りが利く

まとめ（総括）
確認も兼ねて、再度結論をまとめる。論理に矛盾やねじれがなければ、自然に総括にたどり着ける
- 例 以上のことから、新規市場の開拓に力を入れるなら、営業組織の編成を変えるべきだと考える

ノートの使い分け

2冊使い

毎日、記録したいテーマがはっきりしている場合は、そのテーマの専用ノートを1冊、そのほかの内容を書くノートを1冊準備し、使い分けるのもおすすめ。ただし、無理なく使いこなせるのは2冊までと考え、むやみにノートの数を増やさないように。

1冊を2冊として使う

ノートを表と裏の両方から使うことで、1冊のノートを2冊のように使うこともできます。仕事上のメモは表から、思いついたアイデアや反省点は裏から、といった具合です。ノートは人に見せるためのものではないので、自由に使いましょう。

情報の整理 ⑪

日付と内容で
ノートの索引をつくる

> ≫ 索引づくりに必要なものは、ノートのナンバリングと日付、カテゴリー、内容を要約したタイトル。日付は西暦と月日を合わせて8桁で表記
> ≫ 索引はテキストファイルにしておくと検索しやすくなる。テキストファイルの編集ソフトを使えば簡単

ノートにいろいろな情報を書き溜めていっても、どこに何を書いたかがわからなくなっては、そのノートの価値は半減してしまいます。つまり、ノートに検索性を持たせることが必要です。そして、その検索性を高める方法が、「索引をつくる」ということです。

索引づくりは二段階あります。まず、第一段階となるのが、ノートにナンバリングをすること。どれが何冊目のノートなのかがわかるようにしておくのです。そして第二段階が、そのノートの中に何が書かれているかを一覧にすることです。ここで重要になるのが「日付」です。どんな場合も、日付を書くようにしましょう。

ノートのナンバリング

ノートは、紙面を贅沢に使っていくと、思った以上に早く1冊を使い終わります。そこで、どれがいつのノートかわからなくならないよう、表紙に何冊目のノートかをナンバリングし、書き始めと終わりの日付を書いておきましょう。

索引に必要な要素

ノートを1冊使い終えたら、別紙やデータで索引をつくることをおすすめします。索引に必要なのは、日付とカテゴリー＆タイトル。ここでは、その表記の仕方を説明します。

❶日付

日付は必ず「年」から書きます。年表記は和暦よりも西暦で統一した方が検索しやすくなります。また「○○年○月○日」や「○○.○.○」、「○○／○／○」といった書き方ではなく、年月日の数字、8桁で書いておくと使いやすいです。

- 2019年3月17日
- 平成31年3月17日 **20190317**
- 2019/3/17

❷カテゴリー＆タイトル

索引には「カテゴリー」（→P295）に加えて、内容を要約した「タイトル」を記しましょう。例えば、A社の新商品に関する書き込みであれば「情報／A社新商品」、2年目研修の際の日誌なら「日誌／2年目研修」となります。

カテゴリーの例

企画　資料　日誌　情報　アイデア　など

一目でわかるようにまとめる

手書きの索引でもかまいませんが、索引をパソコンで作成しテキストファイルにしておくと、キーワードで検索できて便利です。一覧は出力してノートの裏表紙に貼っておきましょう。

索引例

ノートのナンバーと、使った期間の日付を入力しましょう。その後に細かな内容を記します。

(2) 20190305～20190512
- 20190305 ／ 企画 ／ 新商品
- 20190307 ／ 情報 ／ A社新商品
- 20190307 ／ 日誌 ／ 2年目研修

🔶 step up

「メモ帳」など、テキストエディタと呼ばれるソフトを使うと、キーワードを入力するだけで簡単に検索できます。そこにある日付から、何冊目のノートに書いてあるかをたどれば、すぐに見たいページが見つかります。

情報の整理 ⑫

簡単な工作で
ノートをブラッシュアップ

≫ 使い方に決まりがないノートだからこそ、自由にブラッシュアップを。使いやすいサイズに裁断する方法も

≫ 市販の封筒やトレーシングペーパーなど、身近なものでもノートは変身。ページを貼り合わせるだけでもポケットがつくれる

購入したノートをそのまま使うのもいいのですが、ちょっとした工夫を加えてノートをカスタマイズするのもおすすめです。ノートを切ったり、身近にあるものを貼り付けたりして機能性を高め、より使いやすくしましょう。ほかにも、表紙に気に入ったシールやスタンプを押すなどしてノートに個性を持たせたり、ノートが開かないようにパンチとハトメを使ってゴムバンドを取りつけるなど、いろんなカスタマイズができます。自作ノートなら書くのも楽しくなります。工作感覚で楽しみながら工夫し、使いやすくて便利なノートをつくりましょう。

マイサイズノートをつくる

A4やB5など、市販のノートを自分の使いやすいサイズに裁断するという方法もあります。例えばA4ノートを半分に切ると、パソコンのキーボードの手前に置いて使うのに適したサイズになります。薄いノートなら、オフィスにあるような裁断機でも切り落とせます。

ノートのカスタマイズ例

袋を貼る、ページを貼り合わせる、トレーシングペーパーを使うなど、はさみとのりがあればできる、簡単なカスタマイズ例を紹介しましょう。

アコーディオンポケット

用意するのは市販の封筒。それを適当なサイズに切り、いくつかのりで貼り合わせれば、名刺やレシート、情報元となるメモなどを分けて入れておくポケットになります。ノートを大きく開くとポケットも口も開き、中身をさっと取り出せます。

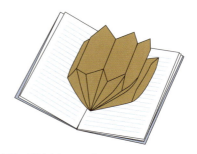

市販の封筒を切って貼るだけで、ポケットが完成。「ちょっと保存」に便利

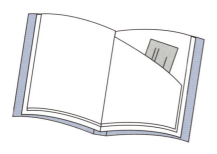

のりかテープがあれば、収納ポケットを簡単につくることができる

ページ貼り合わせポケット

外出先でちょっと残しておきたいメモや資料ができた時、ノートに挟むだけでは不安。そんな時は、ページの横と下をのりやテープで貼り合わせて、ポケットをつくりましょう。片方のページの上部を斜めにカットすれば、中身も取り出しやすくなります。

トレーシングペーパーメモ

後で加筆できるように余白を取っていても、いつかはスペースが埋まってしまいます。そんな時に便利なのが、トレーシングペーパー。これならページの上に貼っても、最初に書いた内容が隠れません。薄いので、かさばらないという利点もあります。

透けるタイプの粘着メモ(→ P341)を使うのも効果的

情報の整理 ⓭

こまめなメモで
うっかりミスをなくす

>> メモはあいまいになりやすい記憶をカバーしてくれる、有力ツール。見直すことで思い出すこともできる
>> ビジネス上のトラブルで最悪なのは「言った・言わない」でもめること。メモがあれば、最悪の事態を避けられる

「メモなんか取らなくても、頼まれたことはすぐにやるし、大事なことは覚えているから大丈夫」と思っていても、時間が経つと記憶があいまいになったり、それより重要な情報が入ってきて以前の記憶が思い出せなくなることも。人間の脳は、書き換え自在な記憶媒体です。仕事では、これがうっかりミスにつながり、結果的に信頼を失うことにもなりかねません。

そんな時に威力を発揮するのが「メモ」です。メモは情報をしっかり残してくれるのに加え、「言った・言わない」といったトラブル防止にも役立ちます。普段からさっとメモを取るようにしておきましょう。

メモの３大役割

❶記憶を預ける
メモを書いておけば、忘れてしまっても情報が残っているので安心。メモは、記憶の外付けハードディスクの役割を果たしてくれます。

❷伝言
情報は直接伝えることが一番確実ですが、言葉で伝えるだけでは聞き違いが発生することもあります。メモを使えば、そんな心配もなくなります。

❸記録
随時大量の情報が入り、書き換えもできる脳は、記録には適していません。メモとして情報を残すことで、書き換えによるミスやトラブルを防ぎましょう。

メモの４大メリット

「たかがメモ、されどメモ」。メモにはいろいろなメリットがあります。自分の記憶を過信せず、メモの力を上手に活用しましょう。

❶ 見直して思い出せる

忘れてしまったことでも、メモを見ると思い出せるというメリットがあります。商談中や上司の指示を仰ぐ場面でも、メモを取ると相手が「記録できている」という印象を持ち、安心感を与えることができます。

❷ トラブルを防げる

ビジネスにおいてトラブルになることの１つが、数字の間違いです。これもその場で正確な数字を記録しておけば、トラブルは起こりません。相手にもそのメモを見せて、確認することができます。

❸ ノウハウを蓄積できる

メモを取るとは、記録を残すということ。仕事がうまくいった時のことや失敗した時のことを記録しておけば、そこから原因を探ることができ、ノウハウとして活用できるようになります。

❹ 情報を逃さない

移動中に「あっ、こんな方法がある」と思いついたり、何気ない会話の中で心に残る言葉を聞くこともあるでしょう。それらをメモとして書き留めておくことで、新しいアイデアが生まれることもあります。

メモを取らないデメリット

メモにいくつもの役割やメリットがあるということは、メモを取らないデメリットもあるということ。アイデアやスケジュール、やるべきことにも、さまざまな悪影響を及ぼします。

アイデア

思いついたアイデアを忘れる
↓
発想力がない人と思われる
↓
単純作業しか任されない

スケジュール

予定を間違える
↓
いい加減な人と思われる
↓
周囲の評価が下がる

To Do

やるべきことを把握できない
↓
ムダな時間がかかる
↓
いつも締切ギリギリ
or
期限に間に合わない

情報の整理 ⓮

タイミングを逃さず
メモすることが大切

>> 会議や打ち合わせに参加したり、電話をかける・受ける時はメモの準備が必須
>> 疑問やアイデア、気になったことのメモは後で役立つ可能性大。心に残った言葉やモチベーションが上がった出来事のメモは、自分の支えになる

メモは、何かを思いついたり、記録しておくべきことが出てきた時にすればいいので、「メモを取るタイミング」にルールがあるわけではありません。とはいえ、慣れないうちはいつ取ればいいのか判断が難しいので、まずは「メモを取るとよい場面」を押さえるようにしましょう。これらのシーンでメモを取るのを習慣づけると、いつメモを取ればいいのかが自然とわかるようになります。理想は、必要な時に必要なメモを取れるようになること。そのために、思いついたらすぐにメモが取れるよう「いつでもどこでも」メモ用紙や手帳を持ち歩き、準備しておきましょう。

メモを取るとよい場面

❶ 会議や打ち合わせの時
会議や打ち合わせの場では、必ずメモを取りましょう。いつ・どこで・誰と・どのような話をしたかをメモしておくと、議事録などをまとめるのにも役立ちます。確認したいことを事前に書き出しておくのもいいでしょう。

❷電話をかける・受ける時

電話を受ける時だけでなく、こちらからかける時にもメモの準備は必要です。伝えたい内容を事前に書き出しておけば、漏れることなく話すことができます。電話を受ける時は、話の内容を正確に記録しておきましょう。

水曜日の15時ですね

情報の整理

❸アイデアがひらめいた時

新商品のアイデアからちょっとした業務フローの改善策まで、どんな些細なことでもひらめいたアイデアはメモしましょう。その積み重ねが大きなアイデアや企画につながる可能性もあるのです。

❹疑問を持った時

仕事中に出てきた疑問だけでなく、新聞や雑誌、テレビ、人との会話などでわからなかったことも書き留めておきましょう。そうすればすき間時間（→P364～）ができた時に、すぐにネットなどで調べることができます。

✅ check
そのほか、こんなこともメモしましょう。
- ・心に残った言葉や出来事
- ・感動した映画や本のタイトル、感想
- ・モチベーションが上がった出来事
- ・気に入ったお店やグッズ

情報の整理 ⑮

メモの基本は"いつでもすぐ"そのために道具も用意を

>> メモは思いついた時にさっと書けることが第一。また、いつでもパッと確認できることも大切
>> 専用のメモ帳以外にも役立つ道具はいろいろ。外出が多い、デスクワークが多いなど、仕事のタイプに合わせて選んで

　新人の頃、「人の話を聞く時は必ずメモを取るように」「上司や先輩に呼ばれたら、すぐにメモ用紙とペンを持つように」と教えられた人は多いでしょう。メモを取ることは、ビジネスの基本中の基本です。とはいえ、メモはただ書けばいいというものではありません。やはりここにも、上手にメモを取るコツがあるのです。コツを押さえて、わかりやすく正確なメモを取るようにしましょう。

　また、メモを取るには道具の準備も必要です。仕事のスタイルによって使いやすい道具も違ってくるので、あれこれ試して、自分にぴったりのものを見つけましょう。

"いつでもすぐに"が基本

いつでもメモできる
メモは思いついたことや指示されたこと、約束などを忘れないように記録するものなので、必要な時にさっとメモできなければ役割を果たしません。メモとペンは常に持ち歩き、いつでもすぐにメモできる環境を整えましょう。

いつでも確認できる
どれだけたくさんのメモを取っていても、そのメモをなくしてしまったり、見返さずに放置していたら、メモを取っていないのと同じです。書き込んだメモはしまい込まず、いつでも確認できるようにしましょう。

メモの取り方のポイント

後で見返して意味のある（使える）メモにするためのポイントは6つ。しっかり頭に入れておきましょう。

❶日付を書く

そのメモをいつ取ったのかが不明だと、メモの順番がわからなくなります。見返した時に理解しにくいので、メモを取った日付を必ず書いておきましょう。伝言メモの場合は、日付とともに時間も書いておくのが常識です。

❷ノートなどにまとめる

メモはあくまでも一時的に書き留めておくものです。会議で取ったメモや思いついたアイデアを書き留めたメモは、後で必ずノートなどにまとめましょう。そのためにも、メモは箇条書きを基本に、わかりやすく書くことを心がけて（→P308）。

カバンなどにメモを入れ、すぐに書けるようにしましょう

❸できるだけ具体的に

抽象的な表現は、時間が経つと何のことかわからなくなってしまいます。内容に具体性があるかどうかは、どれだけ数字や場所、商品名などの名称が書かれているかで測ることできます。もちろん、これらの具体的な情報に間違いがないように。

❹メモを目的にしない

「メモを取らないと叱られるから」という気持ちで取るのはNG。メモを取ると相手に「記録している」ことを印象づけられますが、決してそれが目的ではありません。仕事を円滑に進めるための手段だということを忘れずに。

❺メモは短い言葉で

文章をダラダラと書くと、後で読んだ時に読み込まないと内容がわかりません。パッと一目見ただけでわかるメモにするためにも、話の要点を押さえ、短い言葉で書き留めるようにしましょう。書くスピードも上がって一石二鳥です。

❻後で補足を

急いでいる時などは、全てをメモすることは難しくなります。そんな時は、記憶が鮮明なうちにメモを見直し、抜けていることを書き足すようにしましょう。このひと手間で、ぐっとミスを減らすことができます。

メモの上手な書き方

前ページの6つのポイントを踏まえて、具体的なメモの例を紹介します。なお、メモに自分の感想は不要。事実や予定をシンプルに書くようにしましょう。

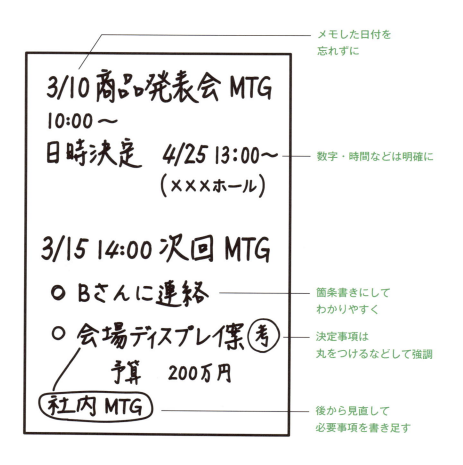

メモするための道具

メモを取るための道具は、専用のメモ帳だけではありません。適した道具はいろいろあるので、自分の仕事のスタイルに合ったものを選びましょう。

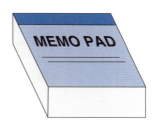

手帳のメモ欄
手帳のメモ欄や付属のメモ帳を使えば1冊で済み、持ち歩くものを減らせます。ただし、書き込めるスペースが限られるのが難点です。

メモ帳・ノート
専用のメモ帳や、メモのためのノートを用意すれば、十分なスペースを確保することができます。デスクワークが多いなら、手帳と分けても苦になりません。

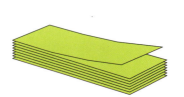

粘着メモ
大きめの粘着メモなら、多くのメモを取ることができます。手帳やノートにそのまま貼り付けられて便利ですが、その一方、バラバラになりやすいというデメリットも。

タブレット端末
タブレット端末にタッチペンでメモを取るという方法もあります。紙を用意する手間は省けますが、慣れるまでは書きにくさを感じることもあります。

❌ **NG**
こんなメモは役に立ちません。
・あちこちに散らばったメモ → 見落としやミスの原因になります
・内容がわからないメモ → 自分でも読めないような乱雑なメモは×

情報の整理 ⓰

会議のメモで
メモ力を鍛えよう

>> 会議中のメモだけでなく、会議前・会議後にもメモは必要。事前に自分の意見を書き出し、会議後には疑問点を解消しよう
>> 議事録に盛り込むべき要素は、会議の目的・議題、出席者の名前や役割、発言内容、結論、タスクの5つ

　何かを決定するためにさまざまな意見交換を行うのが会議。重要事項も数多く出てくるので、自分自身がその内容を間違いなく把握し、覚えておくために会議でのメモは欠かせません。また、議事録をつくって出席者に配布するためにもメモは必要です。
　この議事録は、出席者の発言を全て書けばいいというものではありません。誰が見てもわかりやすいように、発言の要点をまとめる必要があるのです。そのためには、人の話を聞きながら要約するというメモ力が必要。会議でメモを取るということは、自分のメモ力を高めるトレーニングにもなるので、積極的に取り組みましょう。

会議の前後にもメモを

会議中にメモを取るだけでなく、その前後にもメモは必要です。会議前は段取りを確認するとともに、自分の意見を整理しておくと発言しやすくなります。会議後は、会議中に出てきた疑問点を調べたり、新たなタスクを整理したりしましょう。

会議前のメモ（事前準備）

会議に参加する時はもちろん、議事録作成のために参加する場合も、事前に会議の目的を把握しておくことは大切です。そのためにも、事前準備のメモをつくりましょう。

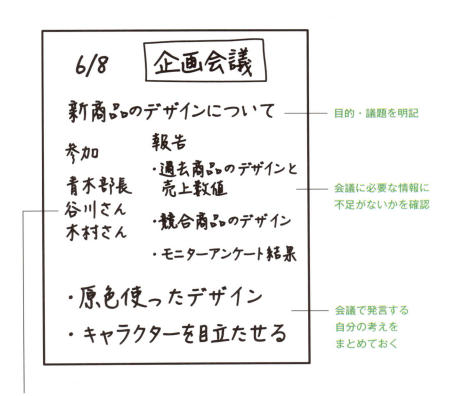

311

議事録に必要な情報

議事録をつくる目的は、会議の内容を出席者が共有することです。そのために必要な要素は以下の5つ。議論の内容だけでなく、決定事項や次の仕事もまとめましょう。

❶ 会議の目的・議題
報告型の会議の場合は「なんのための会議か」という目的、ディスカッション型の会議の場合は「何を決める会議か」という議題を記します。

❷ 出席者の名前と役割
その会議に誰が参加していたかは、とても重要な情報です。出席者の役職・名前だけでなく、進行役など会議における役割も記録しておきましょう。

❸ 発言内容
「誰が・何を」発言したかを記録します。発言を全て書くのではなく、結論に至る過程を要約して記録することが大切です。

❹ 結論
ディスカッション型の会議の場合、結論（＝議論の結果、決定したこと）は議事録で最も重要な項目です。「これが結論である」ということがわかるように記しましょう。

❺ タスク
会議で結論が出ると、次にやるべき仕事が発生します。結論に続いて、「誰が・何を・いつまでに」やることになったか＝タスクを記録します。

✅ **check**

仕事の進捗状況などを確認し合うために行われる報告型の会議では、以下のことをメモしましょう。
・会議前…報告する内容
・会議後…新たに発生した仕事や変更した予定など

✅ **check**

議題に関して意見を出し合う、ディスカッション型の会議では、以下のことをメモしましょう。
・会議前…会議の目的や議題
・会議中…誰が何を発言したか、そこから出た結論、新しいタスク、会議中に出てきた疑問点など

🔶 **step up**

出席者は図解でメモすると便利です。

```
（進行役）
Aさん    Bさん    Cさん
 ○        ○        ○
┌─────────────────┐
│                 │
└─────────────────┘
 ○        ○        ○
Dさん    Eさん    Fさん
```

議事録作成のためのメモのフォーマット例

3分割でわかりやすくする
議事録を作成するためには、さまざまな情報をメモしておかなければなりません。しかし、思いつくままにメモしていくと、情報が散乱してまとめるのが大変になります。右の図のように、メモをフォーマット化するといいでしょう。

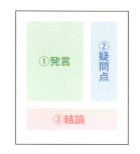

会議後にメモを補強

会議では専門用語や略語も飛び交います。次の会議に備えるためにも、会議中に発生した疑問点はできるだけ早く解決し、メモを整理しておきましょう。

疑問を解決
会議中に理解できなかったことは自分で調べたり、先輩や上司に質問して解決しておくことが大切。メモに書き足して、知識を増やしていきましょう。

指摘をプラス
議事録を提出した際に、抜けている点や間違いを指摘されることもあります。そんな指摘をしっかり書き留めて、次回に活かしましょう。

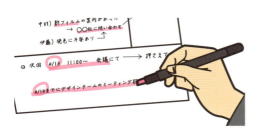

アンダーラインで強調
メモを見直した時に重要だと思った箇所にアンダーラインを引いて強調しましょう。後で見返した時、その会議のポイントが一目でわかります。

情報の整理 ⑰

箇条書き以外にも
メモの取り方はいろいろ

>> 新聞・雑誌の切り抜きや写真なども立派なメモ。メモ＝書くものという固定観念を捨てよう
>> 図や表は内容を把握しやすくし、メモを取るスピードもアップ。イラストは補足コメントとセットで記す

　メモはできるだけシンプルに書く方が後で見返した時にわかりやすいのですが、メモしたい内容によっては言葉で説明することが難しかったり、言葉にするとどうしても文章が長くなり、かえってわかりにくくなってしまうことがあります。例えば、駅から取引先への行き方などは、言葉でメモするより簡単な地図を書く方がわかりやすく、メモする時間も短く済みます。そのほかにも切り抜きを貼り付けたり、図や表、記号などを使うのも効果的。文字を書く以外にもメモを取る方法はたくさんあるのです。書き留めておきたい内容に合わせて、臨機応変に使い分けていきましょう。

切り抜いてメモにする

必要な情報が書いてある新聞の記事をそのまま切り抜いて、メモ帳に貼っておいてもOK。写真やお店の名刺、映画の半券など、なんでも情報になります。書き写すことでの手間やミスも省けます。

図や表にする

一目で全体を把握できる

図や表にするメリットは、一目で全体を把握しやすくなることです。特に仕事の手順などは、フローチャートが有効。「新商品の企画会議が終わったら、企画書をつくって部長のチェックを受ける。その後…」と書くよりも、右のような図にする方がスムーズに理解できます。

例 企画の進め方について

```
新商品企画会議
    ↓
企画書 部長チェック
   ↙     ↘
見積もり依頼  サンプル制作
```

記号の使い方

視覚的に訴えかける記号を上手に使いましょう。矢印やイコール（＝）、線での囲みは、物事の関係性を簡単に表すことができます。

矢印を使えば、簡単に話の流れや仕事の順序を表すことができる

相反するキーワードは、「⇔」で示す。会議の意見を整理する時にも使いやすい

同類のキーワードは「＝」でつなぐ。ほかに、「≒」「≠」などもある

A B C

同じジャンルのキーワードはぐるりと囲んでしまえばOK

イラストを使う

イラストも感覚的に書き記すことができる方法です。品物などの大きさや特徴などは、イラストに補足コメントを添えた方が、素早くかつわかりやすくメモできます。ポイントがわかればいいので、上手な絵でなくてもOKです。

情報の整理

情報の整理 ⑱

メモを習慣化するコツは、前向きな書き方にすること

>> 前向きになれる言葉や褒められたこと、ほしいもの・したいことを書いたメモは、気持ちも明るくなる
>> 反省は必要だが、ネガティブ表現はNG。反省から得られたことや、次に成功するためにチャレンジしようと思うことを書く

　メモを取ることのメリットや重要性がわかり、メモの取り方を身につけたら、メモを取ることが仕事や生活の一部になるよう習慣づけていきましょう。自然にメモが取れるようになれば、その分仕事もスムーズに進められるようになるのです。
　メモを習慣化させるコツとしては、メモそのものを「楽しい」ものにすることが大切。メモを取ることを楽しめれば、自然に続けることができます。気分が上がるような書き方をしておけば、メモを書くのも見返すのも楽しみに。以下に紹介するポイントを押さえて、メモを楽しく習慣化していきましょう。

楽しくなるメモを残す

前向きになれる言葉
本や映画などを見て、気になった言葉や励みになるような言葉があったら、しっかり書き留めておきましょう。気分が落ち込んだ時に目にすると、モチベーションが上がります。

褒められたこと
上司や取引先に褒められた時のことや仕事がうまくいった時のことは、遠慮せず、堂々とメモしておきましょう。自信になるとともに、次の仕事への指針にもなります。

ほしい・したいこと
これがほしい、こんな仕事がしたい、今度の休みにこんなことをしたいなどの希望も書き留めておけば、自然に目標を意識することができ、気持ちが前向きになります。

モチベーションを高める書き方

成功は積極的にメモ
同じミスを繰り返さないために失敗を書き留めることも大切ですが、ネガティブな内容ばかりでは気が滅入ります。自分が手応えを感じたことや取引先が興味を持ったポイントなど、うまくいったことを書いておけば、仕事にも前向きになれます。

```
OK例
A社契約更新成功
□毎月のデータ報告が評価された
□問題提起が喜ばれた

B社契約不成立
□細かなデータ分析よりアイデアの
  斬新さが必要なことが分かった
□競合分析はより深く
```

反省は次につなげる書き方に
うまくいかなかった時の反省は、「○○できなかった」という書き方をするのではなく、その原因を考えて改善点を書いたり、失敗によってわかったこと、次に成功するためにするべきことを書くようにしましょう。

> **❌ NG**
> 以下のような後ろ向きな書き方は避けましょう。
> ・マーケットリサーチが足りなかった
> ・先方のニーズを十分につかめていなかった

会話のネタをストックするつもりでメモを

些細な雑談が相手との距離を縮めたり、新しい仕事の糸口になることも。メモを「コミュニケーションのネタ帳」ととらえ、いろいろ書き留めておきましょう。

ニュース・雑誌
通勤や取引先への移動中に携帯電話(スマートフォン)やタブレット端末でチェックしたニュースをメモするのもおすすめ。担当業界に関する雑誌の記事もネタになります。

映画・音楽
話題になっている映画や音楽は、会話を盛り上げるネタの1つ。自分の趣味に合うか合わないかは別として、ある程度の話ができるようにチェックしておきましょう。

本・マンガ
ベストセラーの本やマンガは、読んでおいて損はないものです。また、ビジネス書は共通の話題になりやすいもの。簡単に内容をメモしたり、ポイントを書き出しておくと効果的です。

情報の整理 ⑲

伝言メモの基本は「正確」かつ「わかりやすく」

>> 伝言メモには、日付、誰から誰に、用件、対応、連絡先の5つが必要。内容に間違いがないよう気をつけて
>> 伝言は伝わってこそ意味があるもの。机の上に書類が散乱している人への伝言メモは、紛れないようにパソコンのモニターなどに貼っておく

誰かに何かを伝えたい時にも、メモは重宝します。その場に相手がいなくても、「伝言」としてメモを残しておけば、内容を伝えることができるからです。さらに、メモという形に残る方法で内容を伝えれば、聞き間違いや思い違いといった伝達ミスを防ぐこともできます。

そんな大切な伝言メモの基本は「正確」かつ「わかりやすい」書き方になっていること。そのために必要な要素や、伝言メモで失敗しないように気をつけておきたいことを押さえておきましょう。ちょっと気を配るだけでメモの精度がぐっと上がり、仕事ややり取りもスムーズに進みます。

5つの情報を漏らさない

伝言メモが最も活躍する場面が電話。次の5つの情報は必ず書きましょう。

日付	いつ、その伝言を承ったのか。電話の場合は、電話がかかってきた日時を記す
誰から誰に	相手の社名・部署名は正確に記録すること。誰宛ての伝言かも書いておく
用件	先方の用件=先方は何をしてほしいのか、は最も大切な要素
対応	先方への折り返しの連絡が必要か否かも明確にしておく
連絡先	電話の場合、相手の連絡先を確認して書いておくと、スムーズに対応できる

電話の前にもメモを

電話のメモは、電話を受けた時に取るものと思いがちですが、こちらから電話をかける前にもメモ書きをしておくのがおすすめです。話したい内容の要点をメモしておくと、頭が整理され、大切なことを漏らさずに話を進めることができます。

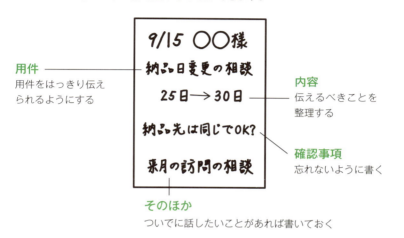

用件
用件をはっきり伝えられるようにする

内容
伝えるべきことを整理する

確認事項
忘れないように書く

そのほか
ついでに話したいことがあれば書いておく

失敗しやすいポイント

メモが埋もれる

伝言を伝えたい相手の机が整理されていないと、メモが見落とされることも。散乱した書類の上にメモを置くと紛れてしまうので、パソコンのモニターや電話の受話器に貼るなど、埋もれないようにしておきましょう。

対応が遅くなる

伝言内容によっては、急ぎで対応すべき場合もあります。用件から判断できなければ、「お急ぎのご用件でしょうか」と聞くようにしましょう。急ぎの場合はメモを残すだけでなく、担当者に連絡するなどして適切に対応を。

連絡先を聞いて怒られる

懇意にしている取引先の場合は、こちらから連絡先を聞くのは失礼。不機嫌になる人もいるので注意が必要です。そんな時は、「失礼ですが、○○は○○様のお電話番号を存じ上げておりますか？」と確認すると、失礼になりません。

折り返し先を間違える

電話番号の間違いは絶対にやってはいけないこと。初めての相手の場合、その間違いによって次の連絡が取れなくなることもあります。電話番号を聞いた後は、必ず大きな声で復唱し、自分が書いたメモに間違いがないかを確かめましょう。

情報の整理 ⑳

特徴を知って使いこなしたい、デジタルツールでのメモ

> » デジタルツール＝万能と思うのは間違い。注意点も理解したうえで、上手に使いこなそう
> » 現場をそのまま記録できる写真や映像も便利なメモに。ICレコーダーは、手がふさがっている時の簡易メモとしても使える

　メモを取る方法は、紙やタブレット端末に書き込みをするだけではありません。デジタルカメラや携帯電話（スマートフォン）で撮影できる画像や動画、ICレコーダーに録音できる音声データも立派なメモツール。これらを使えば、紙のメモには残せない情報も保存することができます。

　ただし、紙と同様にデジタルツールにも強みと弱みがあるということを忘れないようにしましょう。デジタルツールは万能と思いがちですが、そうとはいい切れません。それぞれのツールの特徴を知り、何をメモしたいのか、そしてそれをどう使うのかを考え、上手に使い分けていきましょう。

デジタルツールの特徴

メリット
いろいろなデジタルツールがありますが、共通するメリットは、検索性の高さと紙の削減ができること。携帯性の高さも魅力です。さらに、写真や動画、音声は現場で起こっていることをそのまま保存するので、正確性もあります。

デメリット
デジタルツールを使うにあたって、一番気をつけなければならないのがバッテリー切れです。必ず予備のバッテリーや電池を携帯しましょう。また、データのクラッシュや機器の故障が起こることも想定し、バックアップやフォロー方法を考えておくのも大切です。

各ツールの使い方

手軽で便利なデジタルツールは、その特性を理解して使い分けてこそ、価値が高まります。使用に適した場面も含めて、整理をしておきましょう。

デジタルカメラ

写真や映像は、現場の状況や商品の形状など、言葉では伝えにくい情報を正確に記録することができます。また、会議内容が記録されたホワイトボードや、駅の時刻表などを撮影しておくのもいいでしょう。

思いついたアイデアを記録したり、セミナーや講演会の録音にも便利

ICレコーダー

音声を録音できるICレコーダーは、会話を正確に記録できるのが特徴。多くの人の声を拾う必要がある会議の記録などに便利です。また、暗いところや手がふさがっていてメモが取れない時に、書き留めておきたい内容を声で残しておくという使い方もできます。

携帯電話（スマートフォン）

携帯電話にはメモ機能もありますが、メールで自分宛てにメモの内容を送っておくという使い方も有効です。これにより、会社に戻ってメールをチェックした時に自然にメモの内容も確認でき、確認漏れを防ぐことができます。

情報の整理 ㉑

定期的にメモを整理して、見返し率を上げる

> » メモには、一時的なメモと保管するメモがある。メモの整理は、メモの種類を判断することから始めよう
> » 一時保管したメモは定期的に見直し、保管と破棄に分類。長期間保管する場合は、ノートや手帳に書き写しておくのがベター

　手帳やメモ帳、粘着メモなど、メモを書く場所はいろいろですが、メモは書き留めること以上に見返すことが重要です。そして、数あるメモの中から必要なものを見返すには、メモの整理・保管が重要になります。
　メモには、処理が終われば捨ててしまっていいものと、保管しておくことで後に価値が出るものとがあります。まずはそれらを見極め、前者は不要になった時点で処分し、後者は紛失することのないよう、適切な形で保管しておきましょう。ここでは、一時的なメモと保管するメモの見分け方や、保管する場合の方法・活用法などを紹介していきます。

メモの種類を判断する

会社に戻って急ぎで対応することを書き留めたメモなどは、その処理が終われば不要になるもの。まずは、一時的なメモと保管するメモの見分け方を理解しましょう。

一時的なメモ
「やらなければいけないこと」を忘れないために記したメモは、基本的には処理が終わったら不要。イベントなどの開催日をメモしたものも、それが終われば不要です。

保管するメモ
アイデアを書き留めたメモや仕事の記録などは、見返す頻度は高くありませんが、後になって必要になるもの。思い出すために、必要なものは残しておきましょう。

メモの処理と整理の流れ

メモの処理や整理にあたって、判断の目安の1つが「行動が必要なメモかどうか」です。長期にわたって残しておくべきものは、ノートや手帳に書き写しましょう。

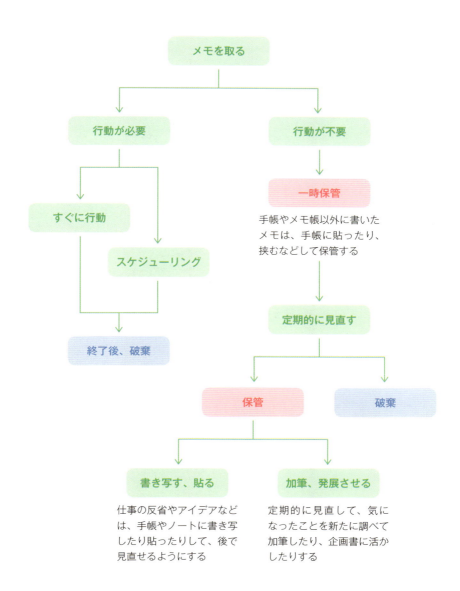

情報の整理 ㉒

手帳の果たす役割を知り、有効活用する

>> 手帳でスケジュール管理をしっかりすれば、仕事とプライベートの両方に役立つ
>> スケジュールだけでなく仕事の記録もこまめにすると、手帳が秘書・監督・コーチとして自分を助けてくれる

　手帳でスケジュール管理をすると、どのように仕事を進めればいいか、どうすれば効率よく物事を進められるかを考えるのにとても役立ちます。こうした使い方ができれば、テキパキと仕事に取り組むことができ、短い時間で高い成果が得られ、自分の時間を確保しやすくなります。

　また、常に携帯する手帳は、最も身近な手書きツールでもあります。仕事の結果を記録したり、役立つ情報を書き込んだりして、自分を高めていくことに役立てていきましょう。手帳が果たしてくれる役割はさまざま。ただ予定を書き留めていくだけで終わらせず、有効に活用しましょう。

スケジュール管理がもたらす効果

スケジュール管理がしっかりできると、仕事もプライベートも充実します。

スケジュール管理ができる	人との約束や会議の予定を把握しておくことで、次の予定に対して心の準備もでき、あわてずに仕事をすることができる
↓	
仕事の効率がよくなる	予定を把握していれば、仕事を効率よく進めることができ、成果もアップ。単位時間あたりの仕事量が増える
↓	
プライベートが充実する	仕事の効率がよくなれば仕事の時間を短縮することができ、プライベートが充実。仕事に対する意欲もわいてくる

手帳の役割は多彩

手帳は、単なるスケジュールの把握・管理だけでなく、さまざまな役割を果たしてくれるもの。使いこなすほどに自分を助けてくれます。

秘書としての手帳

スケジュール管理の延長線上にあるのが、秘書としての手帳の存在です。きちんと予定を書き込んでおくことで、仕事の準備などを円滑に進めることができ、予定を正確に滞りなく進めていけます。

監督としての手帳

スケジュールをきちんと書き込んでおくことで、ダブルブッキングなどのトラブルを防ぐことができます。手帳が監督として機能し、締切までの進行状況のチェックにも役立ちます。

コーチとしての手帳

手帳に仕事に関することを丁寧に記録しておけば、これまでのプロセスを振り返ることができます。手帳が、失敗を繰り返さないよう注意し、よりよい方向へとあなたを導くコーチになってくれるのです。

歴史としての手帳

仕事・プライベートに関わらず、過去の出来事がぎっしり詰まった手帳は、まさに自分史。記された1年前、5年前の自分は、そのまま自分の将来への指針にもなっていくはずです。

情報の整理㉓

手帳の種類（1）サイズ

>> 手帳のサイズは、持ち歩く頻度、収納場所、書き込み量の3点からベストなものを選ぶ
>> 代表的な手帳のサイズは6種類。机に置いておくならA4・B5サイズ、カバンに入れるならA6・B6サイズを目安に

　せっかく手帳を買ったのに、なんとなく使い勝手が悪くて書き込まず、ほとんど使わずに終わったという経験は意外にも多いようです。この原因は、自分に合った手帳を選んでいないこと。1年間使う手帳は、デザインが好みに合うかどうかも大きなポイントですが、その前に気にすべきことがあります。その1つがサイズ。持ち歩くことが多いかどうか、どこに置いておくことが多いのか、どれくらいの書き込みスペースがあれば仕事に役立つのか。それによって適したサイズは変わります。自分の仕事スタイルをもとに手帳に求めることを明確にし、自分に合う手帳のサイズを見つけましょう。

手帳のサイズを選ぶ時のポイント

持ち歩く頻度
外出が多い仕事で、手帳を持ち歩くことが多いなら、大きすぎる手帳は不便に。持ち歩きに負担にならないサイズ・重さをチェックしましょう。

収納場所
手帳を持ち歩く場合は、どこに入れて携帯するかを考えましょう。ポケットなのかカバンなのかでも、適したサイズは変わります。カバンの大きさも考慮して決めましょう。

書き込み量
記入するスケジュールの量によって、適した手帳のサイズは変わってきます。自分がどのくらい書き込めると便利かを把握して選びましょう。

手帳のサイズと特徴

市販されている主な手帳のサイズは6種類ですが、適した使い方を考えると、大きく3つに分けることができます。

デスクトップサイズ

A4サイズやB5サイズの手帳は、机の上に置いて使うのに適しています。記入スペースも十分にあるので、予定や書き込みが多い人もストレスなく使えます。持ち歩きには少し不便なので、外出時はコンパクトサイズの手帳を併用するのもおすすめです。

バッグインサイズ

カバンに入れて持ち歩く場合、大きすぎる手帳は不向き。カバンの内ポケットにちょうど入るA6サイズやB6サイズの手帳が、携帯に便利です。ただし、使っているカバンの大きさや形状によっても適したサイズは変わるので、確認を忘れずに。

コンパクトサイズ

スーツの内ポケットやワイシャツなどの胸ポケットに入れて携帯したい人には、スーツポケットサイズやワイシャツポケットサイズといわれるものがおすすめ。ただし、書き込めるスペースが小さいので、自分に合うかをチェックしましょう。

情報の整理 24

手帳の種類（2）
綴じ手帳 vs システム手帳

>> サイズの次に検討すべきなのが、綴じ手帳にするかシステム手帳にするかということ。手帳を持ち歩くことが多い人は、綴じ手帳の方が手軽
>> システム手帳の最大の魅力はカスタマイズできること。何年も続けて使うことを前提に考えて

　サイズの次に手帳選びで検討したいのが、綴じ手帳かシステム手帳かということです。これもそれぞれにメリットとデメリットがあるので、自分に合ったものを選ぶ必要があります。
　綴じ手帳とシステム手帳の一番の違いは、カスタマイズできるかどうかです。システム手帳はリフィルの組み合わせで自由にカスタマイズできる分、それが面倒に思う人もいるでしょう。また、リフィルの種類がたくさんあるので、使いこなすにはそれなりの経験が必要にもなってきます。手帳を使うことにまだ慣れていない場合は、綴じ手帳から使い始めてみるのがいいかもしれません。

綴じ手帳に向く人・システム手帳に向く人

綴じ手帳
- □ 手帳を持ち歩くことが多い
- □ 手帳にあまりお金をかけたくない
- □ 新しい手帳で気分を変えて、1年をスタートしたい
- □ 手帳は、使い方をあれこれ考えずにシンプルに使いたい

システム手帳
- □ 昨年や一昨年の記録が、今の仕事に必要になることがある
- □ 少しぐらい高くても、手帳は高級感のあるものを使いたい
- □ 手帳は自分の好きなようにカスタマイズして使いたい

綴じ手帳のメリット

毎年、気分を切り替えられる
綴じ手帳は基本的に1年単位でつくられているので、毎年新しい手帳を用意することになります。そのため、新しい手帳を使い始める＝気分を切り替えられるというメリットがあります。

使いやすい
最初から使いやすさを考えてページが構成されているので、説明書を読むなどの手間もなく、購入したらすぐに使うことができます。この点から、手帳初心者には綴じ手帳の方がおすすめです。

比較的安価
よほどの高級素材を使ったものでなければ、綴じ手帳は比較的安価。1000円程度でもしっかりしたものが手に入ります。手帳初心者が2～3年、いろいろ試してみるのにも手頃です。

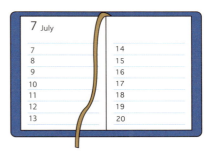

システム手帳のメリット

カスタマイズできる
システム手帳の最大のメリットは、リフィルの組み合わせで自分の使いやすいようにカスタマイズできること。リフィルの種類も、国内で販売されているものだけでも数百種類あるといわれています。

検索性に優れる
インデックスリフィルを使えば、ページ数が多くても、どこに何が書かれているかがすぐにわかります。ダイアリーだけでなく、資料や各種参照データなど、情報の一元管理をするのに適しています。

ずっと使える
ダイアリーリフィルを取り替えることで、何年でも継続して使うことができます。また、以前のダイアリーを残しておけば、1冊の手帳で昨年のスケジュールを確認することもできて便利です。

情報の整理 ㉕

手帳の種類（3）
スケジュール欄の形式

>> スケジュール欄の形式には、1日の予定を細かく管理するのに適した「時間管理型」と、メモ欄が充実した「書き込み型」がある
>> 一目で把握したいのが、1週間・1ヵ月・長期のうちどれかと、メモ欄がどれぐらいほしいかで適した形式が変わる

　手帳はいろいろな役割を担うことができますが、スケジュールの管理が最重要項目になります。そのため、==スケジュール欄の形式が自分に合う手帳を選ぶことがとても大切です。==

　スケジュール欄の形式を選ぶ時に考えるべきことは、「書く量」と「書く内容」です。毎日、細かな予定がたくさん入ってくる人は、スケジュール欄に書くことも多くなるので、スペースが広いものが適しています。一方、予定は少ないけれど、それにまつわるメモや情報などをたくさん書き込みたい人は、メモ欄が充実しているものが適しています。自分に合う形式がどれかを考えて選びましょう。

記入方法で考える

時間管理型
細かな予定がたくさん入る人は、30分単位などの目盛りがあらかじめ入っていて、細かい時間単位でスケジュールを書き込める「時間管理型」が適しています。このタイプは、1日を時間で区切って見通すことができます。

書き込み型
細かな時間管理よりも、To Do リストや実行記録など、仕事にまつわるメモを多く書きたい人は、スケジュール欄の隣のページがフリーフォーマットになっている「書き込み型」がおすすめ。使い方の自由度が高く、ニーズや好みに合わせて使えます。

代表的なスケジュール欄の形式

スケジュール欄の形式（レイアウト）によって、書き込める量や見え方は大きく変わります。代表的なスケジュール欄の形式を押さえておきましょう。

カレンダータイプ
月間予定表がカレンダーのようにレイアウトされたもの。月曜始まりのものと日曜始まりのものがある

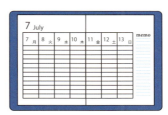

バーチカルタイプ
週間予定表が時間軸を縦にしてレイアウトされたもの。30分または1時間ごとに目盛りが振られているのが一般的

1週間レフトタイプ
左ページに週間予定表、右ページにメモ欄があるもの。予定表の時間軸は横になっている

見開き2週間タイプ
1ページに1週間、見開きで2週間分のスケジュールがあるもの。中期の予定を管理しやすいが、メモ欄がない点に注意

1日1ページタイプ
1日で1ページ使うレイアウトのもの。予定を細かく書き込むよりも、日記のように利用するのに向いている

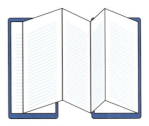

じゃばらタイプ
数ヵ月から1年にわたる予定が一覧できるレイアウトのもの。月をまたいでの長期プロジェクトに関わる人向き

情報の整理 ㉖

手帳のタイプ別
使い方のコツ

>> スケジュール欄の形式によって、効果的な書き込み方は異なる。それぞれの特徴を押さえ、パッと見てすぐわかる記入法を心がけて
>> 仕事だけでなく、プライベートの予定やメモも上手に書き込めるよう、形式に合わせて工夫を

　手帳のスケジュール欄の形式によって、適した書き方は変わります。そこでここでは、よく使われている「カレンダータイプ」「バーチカルタイプ」「1週間レフトタイプ」の使い方のコツを紹介します。それ以外の形式のものも、この3つの使い方をアレンジすればOKです。

　なお、形式によってスケジュールを書き込めるスペースやメモ欄の広さは異なりますが、限られたスペースに多くの情報を盛り込むには、書き方に工夫をする必要があります。スケジュールは自分が管理できればいいものなので、自分なりのマークやシールなどを使うのもいいでしょう。

自分だけの書き方ルールをつくる

手帳のサイズやタイプによっては書き込みスペースが小さく、すぐにごちゃごちゃになってしまうことがあります。そんな時は、簡単に書ける記号や略語（→ P347）を活用すると効果的。マークやシールなどで楽しく手帳を使うのもおすすめです。

🔖 step up

仕事では、アポイントがすぐに取れず、日程が確定しないこともよくあります。こうした未確定の予定は、粘着メモに書いてスケジュール欄に貼っておくのがおすすめです。一目で「仮」だとわかり、管理もしやすくなります。

使い方のコツ①カレンダータイプ

スケジュールの少ない人向き

カレンダータイプは日ごとの予定を書くのに適しているとともに、1ヵ月の予定が一目で把握できるので、数日にわたる仕事が発生しやすい人に向いています。一方、細かな時間の管理には不向き。1日にいくつも会議や打ち合わせが入る人にはおすすめできません。

	mon	tue	wed	thu	fri	sat	sun
4月		1	2	3	4	5	6
□プレゼン資料作成 →事前送付	7	8	9 会議	10	11	12	13
□会議資料作成					←―――旅行―――→		
□出張の手配	14	15 セミナー	16	17	18	19	20
□旅行の準備	21	22	23	24 ←―出張―→	25	26	27 友人結婚式
	28	29	30 飲み会				

空きスペースに To Doリストを書く
その月にやるべきことを書き出しておくと、仕事の漏れがなくなる。空きスペースを有効に使おう

仕事とプライベートを分けて記入
線を引き、仕事とプライベートの予定を分けて書くのもおすすめ。習い事など、定期的な予定はシールを使うのも◎

数日にわたる予定には囲みをつける
旅行や出張など、2日以上の予定には、囲みをつけて目立たせるとわかりやすい

使い方のコツ②バーチカルタイプ

時間管理を徹底できる

バーチカルタイプは、時間をブロックでとらえられるのが特徴。1日に複数の予定が入る人に向いています。また、縦線を引いて1日を左右に分け、予定と実際の行動を記入しておくと、仕事の段取りを見直すのに役立ちます。

予定と実際の行動を書き込む

左に予定、右に実際にやったことを記録しておくと、予定よりも長くかかりやすい仕事などがわかり、今後の改善に活かせる

週末欄を振り返りと計画に

週末部分に1週間の振り返りや次の計画を書き込んでおけば、翌週の仕事の効率が上がる

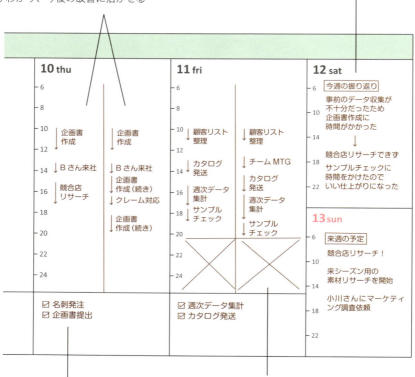

下段をTo Doリストに

その日のTo Doリストを下段に書いておく。すべきことを忘れることがなく、チェックすることで達成感も得られる

プライベートの予定も確保

プライベートの予定が入っているところは、「×」印でブロックしておくといい。これなら打ち合わせ中に手帳を開いても気にならない

使い方のコツ③ 1週間レフトタイプ

自由度があるから工夫を

右ページが全てメモスペースになっているので、気づいたことや浮かんだアイデア、会議のメモなど、いろいろな使い方ができます。罫線で区切って、日記のように使うことも可能。自由度が高いので、書き込みたい内容に合わせて使いましょう。

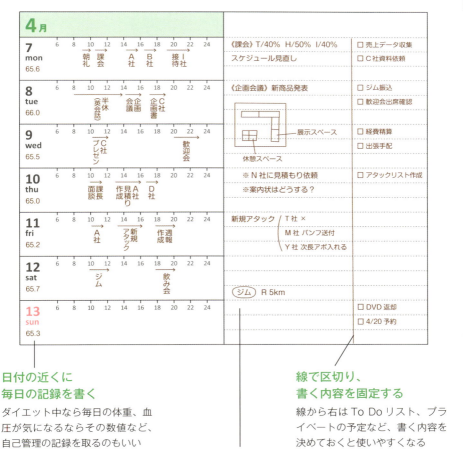

日付の近くに毎日の記録を書く
ダイエット中なら毎日の体重、血圧が気になるならその数値など、自己管理の記録を取るのもいい

ノート代わりに使用
フリースペースが多いので、絵や図も書きやすい。会議のメモも十分に取れる

線で区切り、書く内容を固定する
線から右はTo Doリスト、プライベートの予定など、書く内容を決めておくと使いやすくなる

情報の整理 ㉗

システム手帳のリフィルは
目的別に使い分けて

≫ リフィルは目的別にジャンル分けができる。その中から使いやすいと思うものを選ぼう

≫ 最初からたくさんリフィルを買わなくてもOK。システム手帳の利点である「使いながら足していく」方式で徐々に揃えて

システム手帳用のカスタマイズに欠かせないリフィルは、種類もデザインも豊富。1つずつ吟味していくと選ぶのに時間がかかりますが、用途ごとに見ると「スケジュール管理リフィル」「仕事管理リフィル」「記録＆データリフィル」「発想リフィル」「ファイリングリフィル」の5つのジャンルに分けられるので、そこから自分に必要なものを選んでいくとスムーズです。

また、手帳の表紙などに挟めるカード式の電卓（→ P339）や、収納時にはペン型になる小型のはさみ、定規としても使えるクリップなど、手帳と一緒に持ち歩くと便利なグッズを揃えるのもおすすめです。

システム手帳のサイズ

システム手帳も複数のサイズがあります。綴じ手帳同様、使い方に合わせて選びましょう。

サイズ	特徴
ミニ5穴サイズ	小型で携帯性に優れているが、情報を収められる量は限られる
ミニ6穴サイズ	ハンドバッグにも入るので、女性に人気。財布代わりに使えるものもある
バイブルサイズ	システム手帳の原型ともいえる、最もポピュラーなタイプ。リフィルの種類も豊富
A5サイズ	デスクダイアリーとして使うのにおすすめ。A4サイズの書類も綴じられる

基本リフィルは5ジャンル

仕事用に役立つ基本リフィルは、大きく分けて5つのジャンルがあります。使い方をイメージして選びましょう。

スケジュール管理リフィル
ダイアリーや月間計画表、年間計画表など、基本中の基本といえるリフィル。組み合わせて使うのもおすすめ

仕事管理リフィル
プロジェクトチェックリストや、仕事の優先順位などを管理できるタスクシートなど。スムーズな進行に役立つものを選んで

記録&データリフィル
記録用のノートとして使うリフィルは、好みで選べばOK。集計用紙や会議録もある。路線図などがあれば移動に便利

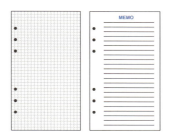

発想リフィル
思いついたアイデアやメモを書き込める。図や表が書きやすい方眼メモや、粘着メモのセットなどもある

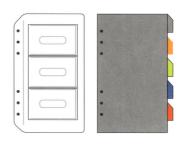

ファイリングリフィル
インデックス、クリアファイル、カードホルダー、保存バインダーなど、収納に便利なリフィルもあると使い勝手がよくなる

情報の整理 ㉘

手帳と一緒に持ち歩きたい、便利なグッズ

>> いつも手元に置いておく手帳に、いざという時に役立つものを入れておくと便利
>> はがき＆切手、カード式電卓などで仕事のスマート度がアップ。手帳を使いやすくする便利グッズもチェックしておこう

　手帳には「常に携帯する」という特徴があります。そのため、いざという時のことを考えて、普段から手帳に入れておくと便利なものもあります。もちろん、なんでもかんでも手帳に入れておこうという考え方は禁物。手帳がプラスαのグッズであふれてしまわないように、「困った時に手帳と一緒に持っていると便利なもの」を厳選しましょう。

　また、手帳の使い勝手を高めてくれる「あるとうれしい」グッズもたくさん出ています。急いでいる時にさっとページを開けるものや、手帳に挟んだ資料の紛失を防ぐものなど、使えるものを取り入れましょう。

いざという時のために

お金
今はICカードで電車に乗れたり、買い物ができたりするので、財布を忘れてもある程度フォローはききますが、現金をまったく持っていないのはやはり不安。財布を忘れた時のことを考えて1000～2000円程度を手帳に入れておくといいでしょう。

予備の名刺
名刺入れの整理を怠っていると、外出先で名刺が足りなくなるということもあります。そんな時のために、手帳に10枚ぐらい予備の名刺を入れておくと安心です。ただし、長い間入れっぱなしにして、名刺がボロボロにならないように注意を。

手帳に挟んでおくと便利なもの

手帳を使いやすくしたり、仕事がスムーズに進むアイテムもいろいろあります。自分の仕事に役立つものがあれば活用しましょう。

はがき&切手
はがきと切手を挟んでおけば、ちょっとした空き時間にお礼状を書ける

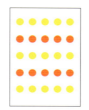

シール
忘れてはいけない重要なスケジュールのところに貼るなど、目印になる

ぽち袋・懐紙
借りたお金を返す時や何かの支払いの際にさっと取り出せるとスマート

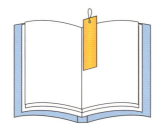

しおり
金属製なら強度もあり、適度な重みで簡単にページを開ける

カード式電卓
薄型のカード式電卓は、携帯電話の電卓より使いやすく便利

ブックバンド
カバンの中で手帳が開いてしまうのを防ぐ。挟んだ資料を落とさずに済む効果も

昨年のカレンダー
カードサイズの昨年のカレンダーを持っていると、振り返りなどに役立つ

情報の整理 ㉙

工夫次第で粘着メモの使い方はどんどん広がる

>> 粘着メモはサイズで使い分けるといい。大きなサイズのものは、メモの代わりとして使うこともできる
>> 手帳の記載を目立たせる、手帳のスペースを拡大させるなど、粘着メモの効果はいろいろ。定期的な仕事や予定は粘着メモを使いまわすと便利

気軽にノートや手帳に貼り付けられ、何度でも取り外しできる粘着メモは、使い勝手がよくビジネスに欠かせないツール。サイズやデザインの豊富さに加え、粘着力の強さが選べたり、特殊な紙質を使っているなど、いろいろなタイプのものが出ています。そんな粘着メモは、手帳との相性も抜群。

「忘れないようにメモしておく」「仮の予定を貼り付けておく」「予定を目立たせる」など、使い方次第でさまざまな効果を発揮します。予定が変わった時の修正も簡単にできるのが魅力。サイズに応じた使い方や、タイプ別の使い方アイデアで、粘着メモを最大限に活用しましょう。

サイズで使い分ける

大サイズ＝メモ
多くの情報を書き込めるのが魅力。手帳に書き切れないメモを書いて貼り付け、手帳のメモ機能を充実させるという使い方のほか、伝言にも使いやすい。

中サイズ＝補足
打ち合わせの注意事項など、ちょっとした補足用に使うのがおすすめ。スケジュールに添えて、その日までに準備が必要なことをメモしておくのもいいでしょう。

小サイズ＝未確定
未確定の予定を記入し、一時的な情報としてスケジュール欄に貼っておくと便利。何度も書き直す必要がなく、手帳をきれいな状態に保てます。

タイプで使い分ける

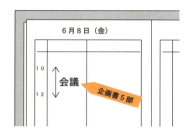

矢印タイプ
スケジュールやメモの中で目立たせたい箇所に貼っておくと、一目でわかります。矢印部分に書き込みもできるので、自分への注意喚起として使うのも◎。「赤は重要」など、色に意味を持たせるのも効果的。

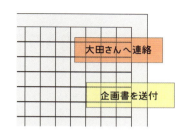

透けるタイプ
手帳の書き込みがいっぱいになってきたら、透けるタイプの粘着メモがおすすめ。下の内容が透けて見えるので、はがさなくても内容を確認することができます。地図などの上に貼って使うのも便利です。

罫線入りタイプ
あらかじめ罫線が入っている粘着メモは、会議のメモやアイデアを書き留めるなど、ノート感覚で使えます。To Do リストも書きやすいので、やることが多い日などはこのタイプを使うと便利。

粘着力が強いタイプ
パソコンのモニターや電話の受話器などにもしっかり貼れます。To Do リストを書いて、外出時は手帳に貼り、会社に戻ったらパソコンのモニターに貼るという使い方もできます。

> **step up**
> 定例会議など、定期的に行われる予定は、粘着メモにその予定を書いて使いまわすのがおすすめ。毎月書き込む手間が省けます。

> **step up**
> 粘着メモをページから少しはみ出して貼れば、見出し代わりになります。今月や今週のスケジュールのページに貼っておけば、さっと開けます。

情報の整理 ㉚

手帳付属のアドレス帳は、新しい使い方を考えてみて

≫ 携帯電話のバッテリー切れに備えて、よく連絡する人やキーパーソンだけでもアドレス帳に連絡先を書いておこう

≫ アドレス帳以外の使い方をしても OK。柔軟な発想で、使える情報の集まりにしよう

多くの手帳にアドレス帳がついていますが、携帯電話で電話番号やメールアドレスなどを管理できるようになった今、手帳のアドレス帳を使わないままにしている人も多いでしょう。しかし、携帯電話で話しながらでも連絡先を調べられたり、バッテリーが切れる心配がなかったりと、アドレス帳にはアナログならではのメリットもたくさんあります。書き込む手間は必要になりますが、重要な情報だけでも書いて上手に活用しましょう。また、必ずしもアドレス帳として使わなくても OK。アルファベットや 50 音順にページが構成されているのを活かして、便利に使いましょう。

万一に備えて連絡先を控える

携帯電話は、着信した番号やメールアドレスをそのまま登録できるなどとても便利ですが、バッテリーが切れれば使うことができません。万一に備えて、よく連絡する人やキーパーソンの連絡先だけでもアドレス帳に書いておくと安心です。

step up

年賀状やお中元、お歳暮を贈った人やもらった人に印をつけておくなど、アドレス帳を使って記録を残しておけば、お礼をし忘れるなどの失礼を防ぐことができます。

アドレス帳の新しい使い方

アドレス帳として使わないのなら、ほかの使い方を考えてみましょう。手帳本体は仕事用、アドレス帳はプライベートのメモという使い方もできます。

お気に入りリスト

アドレス帳はアルファベットや50音順にページが構成されているので、気に入ったお店などの情報を整理しておくのにも適しています。予算やジャンルなども一緒に書き添えたり、お店の名刺のコピーを貼ったりするのもいいでしょう。

おこづかい帳

連絡先を書き込むための区切りを活かして、購入した日付や品名、買ったお店、金額などを1つの欄に書いておくと、簡単なおこづかい帳になります。読み返して計算する時も便利です。

映画・本の感想リスト

見た映画や読んだ本の感想を順に書いていくのもおすすめ。アドレス1人分のスペースなら気負わずに書くことができます。1年経てば、立派な読書録や映画録に。観劇や音楽CDの感想を書くのも◎。

交通情報

移動の経路やかかる時間などもネットで簡単に検索できますが、よく訪れる場所の行き方と所要時間をメモしておくと、スケジュールと一緒に確認できて便利です。路線図を貼っておくのもおすすめです。

備忘録

テレビや雑誌で見たお店や行ってみたい場所、ほしいものをランダムに書いていくのもOK。休日のプランを考えるのに役立ったり、仕事の休憩時間に見ればちょっとした気分転換にもなります。

❌ **NG**

最近は、仕事でもプライベートでもIDとパスワードを持つことが増えていますが、忘れないようにとそれらを手帳に書くのはNG。手帳を紛失した時、トラブルを招く恐れも。書く場合は必ず暗号化しておきましょう。

column
自分に合った手帳のタイプを知ろう

さまざまな形式の手帳。あなたにはどんなタイプが合うでしょうか？

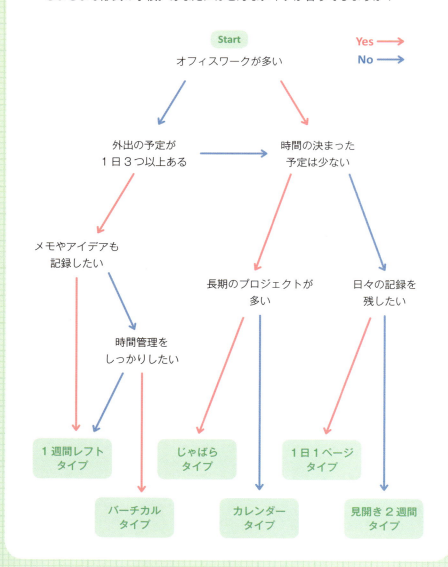

chapter 4

時間の整理

時間の整理 ❶

手帳へのスケジュール記入にはコツがある

>> スケジュールは「決まったらすぐに書き込む」「1日に何度も見る」のが鉄則。実際の行動を記録しておけば、自分のノウハウを蓄積できる
>> 色分けや記号・略語を使えば、余裕を持ってスケジュール欄を使うことができ、見た目にもわかりやすい

　スケジュール管理とは、仕事の予定や約束をただ書いておくことではありません。予定や約束を果たしながら、自分の仕事をどう進めるかを計画し、スムーズに実行できて初めて「スケジュール管理」といえるのです。
　これを実践するには、手帳へのスケジュールの書き方も重要。スケジュールを間違いなく記入するのは当然ですが、一目見てすぐわかるような書き方になっていなければ管理の役割は半減。それどころか、ダブルブッキングしてしまったり、期限までに必要な資料を揃えられなかったりと、トラブルを起こしかねません。書き方の基本をしっかり押さえましょう。

手帳を使いこなすためのコツ

予定をすぐに記入
アポイントや予定が決まったら、とにかくすぐに手帳に書き込みます。「後で」と思っていて忘れるのはNG。人と話す時には手帳を開くクセをつけるといいでしょう。

1日に何度も見る
書き込んだ予定やメモはそのままにせず、1日に何度も見返しましょう。今、自分が何をするべきかをその都度確認することで、ミスなくスムーズに仕事を進められます。

行動や気づきも記録
予定だけでなく、実際に行った仕事を書いておくと、今後のスケジュールを立てやすくなります。また、仕事をしながら気づいたことをメモすると、ノウハウが溜まっていきます。

ひと工夫でわかりやすさも楽しさもアップ

色分けを活用すると、一目見てすぐわかる手帳になります。重要な案件や、モチベーションアップにつながるプライベートの予定などを目立たせるのもいいでしょう。

色分けする

色分けの目的は、ただ単に手帳をカラフルにすることではありません。緊急度の高いものは赤、クライアントとのアポは青、プライベートの予定は緑など、色に意味を持たせて使い分けるのが重要。目立たせたい予定は丸で囲んで強調するのも効果的です。

❌ NG

こんな色の使い方は NG です。
・使う色が多すぎる（一目でわかる色分けは4色程度が目安）
・色とスケジュールの内容に連動性がない

スペース活用法

限りある手帳のスケジュール欄を有効に使う方法も身につけておきましょう。

記号・略語を使う

会議や打ち合わせなど、1ヵ月の中に何度も出てくる予定があれば、略語や記号にしましょう。書き込みスペースを有効に使うことができ、書く手間も省けます。自分がわかればOKなので、右の表を参考にルールをつくりましょう。

記号・略字の例

M／MTG	ミーティング
LM	ランチミーティング
V	訪問
T	電話をかける
ml	メールを送る
打	打ち合わせ

粘着メモを使う

「営業会議の時に企画書を配布する」など、スケジュールに補足したいことがあれば、粘着メモを使いましょう。関連するスケジュールの近くに貼っておけば、手帳のスペースを消費せずに情報が添えられます。

🔵 step up

予定が少なく、スケジュール欄に余裕があるという人は、その日にやりたいと思っていること（To Do）を書き込んでおきましょう。これで仕事のやり忘れを減らせます。

時間の整理 ❷

中期・長期スケジュールで大きなリズムをつかむ

> ≫ 1年は長いようで短い。長期スパンで仕事やプライベートをとらえることで、効率よく物事を進められる
> ≫ 中期・長期スケジュールは、短期スケジュールのよりどころになるもの。厳密に立てる必要はない

　一般的に手帳は、1冊に1年分のスケジュールを記入することができます。つまり、1冊で1年の動きを管理できるということです。数ヵ月先のことまで意識することは少ないかもしれませんが、せっかくスケジュール欄があるのですから、しっかり活用しましょう。中期・長期のスケジュールを意識すると仕事の大きな流れが把握でき、短期のスケジュールも立てやすくなります。新しい手帳を購入したら、すでに決まっている予定を書き込んでみましょう。ただし、中期・長期のスケジュールは、あまり厳密に立てる必要はありません。大きな流れがわかればOKです。

スケジュールを立てる前に

開始と終了を意識する

1年は長いように思いますが、週単位で見ると52週。1ヵ月のプロジェクトなら4週、3ヵ月のプロジェクトなら12週でその仕事を終えなければなりません。この仕事は「いつ始まり」、「いつ終わる」のか。これを意識することが大切です。

✅ **check**
年間スケジュールに盛り込むこと
・1年の目標
・重要な行事、家族などの記念日、長期休暇
・確定している仕事の始まりと終わり

年間スケジュールの記入ポイント

スケジュール管理は仕事のためのものですが、プライベートが充実しなければ仕事も充実しません。長期休暇や記念日など、プライベートの予定もしっかり書いておきましょう。

目標に向けた取り組み
1年後、5年後の自分のための取り組みも、予定としてしっかり入れておく

定例の仕事
毎月行われる会議など、長期にわたって決まっていることは、あらかじめ記入しておく

	4月	5月	6月	7月
1	火	木　部署会議	日　資格試験	火
2	水	金	月	水
3	木　部署会議	土	火	木　部署会議
4	金	日	水	金
5	土	月	木　部署会議	土
6	日　セミナー	火	金	日
7	月	水	土	月
8	火	木	日	火
9	水	金	月　↑出張	水
10	木	土	火	木
11	金	日	水　↓	金
12	土　↑旅行	月	木	土
13	日　↓	火	金	日
14	月	水	土	月
15	火	木	日	火
16	水	金	月	水　↑休暇
17	木	土	火	木
18	金　結婚記念日	日　セミナー	水　プレゼン	金
19	土	月	木	土
20	日	火　誕生日	金	日　↓

記念日
家族や友人の誕生日、結婚記念日などの大切な日を忘れないように記入

長期休暇
正確な期間は未定でも、先に予定を入れるつもりで書き込んでおくといい

時間の整理

時間の整理 ❸

月間・週間スケジュールで仕事を具体的にイメージ

>> 具体的な予定に落とし込むために、まずはその月やその週にやり終えなければならないことを整理する
>> 締切を踏まえて、そのために必要なことを確認。締切までに間に合うように段取ることが大切

　月間・週間のスケジュールは、中期・長期のスケジュールの中身を具体的な行動にして日時にあてはめたもの。月間・週間のスケジュールを立てると、「いつまでに何を、どこまで進めなければならないか」ということが明らかになり、「この日にやること」が具体的になっていきます。

　月間・週間のスケジュールを立てる時に最も重要なのは、締切を明確にすること。複数のプロジェクトが同時に進行している場合も、まずはそれぞれの締切を出して優先順位をつけましょう。すべきことを明確にして時間を割り振り、安全でスムーズな予定を立てるのが大切です。

✅ check
月間スケジュールに盛り込むこと
・年間目標から設定した月間の目標
・ミーティングや打ち合わせなど、確定している予定
・その月にやり終える必要のある業務の締切日と内容
・出張など、複数の日にわたる予定
・週末の予定

✅ check
週間スケジュールに盛り込むこと
・週間の目標
・週の定期的な予定
・確定している予定の実施時間や所要時間
・その週にやり終える必要のある業務の締切日と内容
・週末の予定

月間スケジュールの記入ポイント

スケジュールを立てる流れに沿って、記入していきましょう。例として、月末までにプレゼン資料を送付する場合の記入方法を紹介します。

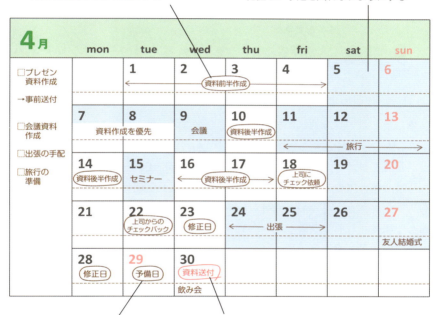

週間スケジュールの記入ポイント

やることを明確に

週間スケジュールは、1週間の予定を見通し、毎日のスケジューリングにつなげるもの。「いつ」「何を」するのかが明確になることが最も大切です。

予定を詰め込みすぎない

スケジュールは変更になることもあります。それに柔軟に対応するには、空いている時間が必要に。無理に詰め込まず、余裕のある予定を立てましょう。

時間の整理 ❹

プライベートも充実させる手帳の使い方

≫ いい仕事をするためにも、プライベートの充実は大切。休日の予定を先に決めるという思考を定着させよう

≫ 休日が楽しみになる手帳の使い方で、仕事へのモチベーションがアップ。趣味の記録を残すことも、意欲を高める効果がある

　仕事に追われて休みもないのは問題ですが、休日の予定を考える暇がなく、ダラダラ過ごしてしまうのももったいないこと。休日は趣味を楽しんで気持ちをリフレッシュさせたり、勉強に取り組んで自分を成長させるなど、有効に使いたいもの。そんなプライベートの充実にも、手帳が役に立ちます。大切なのは、プライベートの予定もきちんとスケジューリングすること。仕事用とプライベート用で2冊の手帳を用意する、1冊の手帳の中で仕事用とプライベート用にページを使い分けるなどしてプライベートの予定もしっかり管理し、自分の時間を充実させていきましょう。

休日の予定を先に決める

プライベートを充実させるのに最も有効なのは、休日の予定を先に決めること。休みが取れたら…、仕事が早く終わったら…ではなく、「プライベートの予定を楽しむために、仕事を早く終わらせる」という姿勢を持つようにしましょう。

月間・週間スケジュールを使い分ける

月間スケジュールと週間スケジュールがある手帳なら、月間をプライベートの予定、週間を仕事の予定に使うのもおすすめです。

シールやマークで楽しくする

プライベートの予定に好きなシールを貼ったり、簡単なイラスト（マーク）を添えたりして期待感を高めれば、仕事へのモチベーションも高まります。ただし、取引先の前で手帳を開くことが多い人は程度を考えて。

プライベート手帳をつくる

プライベート手帳にさまざまな記録を残せば、さらに自分の時間を充実させたくなります。

プライベート手帳の例

テーマ	記録すること
ゴルフ	スコア
映画	レビュー
釣り	天気や釣果

テーマ	記録すること
健康管理	血圧や食事
ダイエット	体重
記念日	プレゼント

時間の整理 ❺

「○○までに」が
スケジューリングの基本

>> 予定はあくまでも予定であり、状況によって変化するもの。少なくとも前日には次の日の予定を決めておく

>> 締切を確認→工程分けする→各工程の所要時間を考える→締切に間に合うかを検討→手帳に記入して最終チェックが大きな流れ

仕事とは、目の前にあることを順にやっていけばいいというものではありません。自分が取りかかる前に誰かに依頼をしておかなければならないことや、事前に根回しが必要なこともあります。こうしたことを見通し、スムーズに仕事が進むように計画するのが「スケジュールを立てる」ということです。上手にスケジュールを立てるポイントは、「○○までに」という考え方を頭に染み込ませることと、早めに予定を立てること。「どうなるかわからないから予定を立てられない」という発想はNG。受け身ではなく自分で考え、スムーズで効率のいい予定を立てられるようになりましょう。

スケジュールは終わりから逆算する

段階分けして考える
仕事には必ず、「○○までに仕上げる」という締切があります。そしてその最終ゴールまでに、いくつもの段階があります。重要なのは、その段階を意識すること。すると、いくつもの小さな締切ができ、それが自然にスケジュールになります。

やるべきことは前日に決める
1週間先の予定は決められなくても、明日の予定なら間違いなく立てられるはず。まずは、前日のうちに翌日のスケジュールを決めることから練習しましょう。「今日は何からやろうか」という姿勢で1日を始めるとスタートが遅れ、仕事の質を下げてしまいます。

スケジューリングは5ステップで考える

会議資料の作成、データの収集、展示会開催の準備など、いろいろな仕事がありますが、スケジュールを立てるステップはどれも同じ。以下の5ステップを活用しましょう。

何をいつまでにやるのかを確認

まず最初に確認するのが、「何を」「いつまでに」やるのかということ。仕事の達成目標と締切を把握することが重要になる。締切は「○日」ではなく、「○日の○時」のように時間まで明確にするのがポイント。朝の完成か終業時の完成かでは、予定はまったく変わってくる

どういう仕事が必要かを考える

目標が明確になったら、それを成し遂げるにはどんな仕事が必要かを考える。例えば「新商品の宣伝広告をつくる」という目標に対しては、宣伝媒体の検討、コンセプトの設定、宣伝用の写真の撮影、制作会社への依頼など、多くの工程がある。それらをリストアップしてゆく

それぞれにかかる時間を考える

リストアップした仕事の内容を吟味し、それぞれどのくらい時間がかかるのかを検討。この段階では最終の締切のことは考えず、それぞれの工程を遂行するにはどれくらいの時間が必要かを算出していく。ここでの所要時間の予想が、進行の成否を決めるので慎重に

締切に間に合うかを確認

各工程の所要時間を集計して、最終締切までに収まるかどうかをチェック。収まればスケジューリングは完了。時間オーバーになる場合は、誰かに協力を仰げないか、ほかの仕事と順番を入れ替えられないかを考えてみるなど、締切に間に合わせる方法を考える

手帳に記入する

考えた進行予定を月間スケジュール（長期にわたるプロジェクトの場合は年間スケジュール）に記入。それをもとに週間スケジュールに予定を落とし込み、本当に実現可能かを再チェックする

時間の整理

時間の整理 ❻

精神的な余裕をつくる
スケジューリングのコツ

≫ 「まだ日にちがある」という油断は禁物。前倒ししてスケジュールを立て、後ろに余裕をつくることが自分を助ける

≫ 予定は点（開始時間）でとらえず、かたまり（所要時間）でとらえること。空白の時間も必要と考える

　たくさんの仕事をこなしているのに、いつも時間に追われることなく、精神的にも余裕を持って仕事をしている人がいる一方で、仕事量に関わらず、いつも仕事に追われて精神的にも切羽詰まっている人もいます。1日が24時間であることは誰でも同じ。その中で仕事の量と忙しさが比例しないのは、その人の能力に加えて、スケジュールの立て方が大きく影響しているのです。余裕のある予定を立てていれば、想定外のトラブルにも対処でき、仕事の質も高められます。時間の有効な使い方や予定の立て方のポイントを押さえ、効率のいい仕事ができるようになりましょう。

タイトに組んで余裕をつくる

精神的な余裕をつくり出す一番いい方法は、できるだけ予定を前倒しにしたスケジュールにすること。タイトに予定を組んで余裕をつくっておけば、スケジュールの遅れへのフォローや想定外の出来事への対応もあわてずにできます。

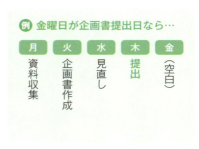

例 金曜日が企画書提出日なら…

月	火	水	木	金
資料収集	企画書作成	見直し	提出	（空白）

時間に適した予定を組む

何も考えずに仕事をこなしていくよりも、外出予定をまとめたり、集中できる時間帯に重要な仕事を一気に進める方が効率的。効率が上がれば気持ちにも余裕ができ、仕事の質もアップ。

始業〜12：00

個人差はありますが、午前中は頭がスッキリしていて集中できる時間帯。できるだけ人と会う予定は入れないようにして重要な仕事をここに入れ、「お昼までに仕上げよう」という意識で取り組むと集中できます。

12：00〜16：00

外出の予定を入れるのに適している時間帯。午前と仕事の種類を変えることで、気分も変わります。外出はできるだけ複数件まとめ、移動時間が長くならないよう、アポイントの順番も工夫できると効率よく動けます。

16：00〜18：00

午前中に続き、二番目に集中できる時間帯です。終業に向けて今日やるべき仕事を終わらせることに意識を向けやすいという特徴もあります。どうしても残業が必要な時は、終わりの目標時間を設定しましょう。

空白の時間をつくる

すき間なく、びっしりと予定を入れていると、想定外の出来事などで崩れやすくなり、フォローがきかない状態に。あらかじめ空白の時間をつくっておけば、予定外の仕事にも対応できたり、進行の遅れをカバーできるなど、安心して仕事を進められます。

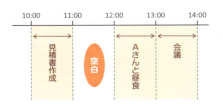

かたまりで予定を組む

仕事の多くは一瞬で終わるものではなく、30分や1時間など、ある程度の時間を要するもの。仕事を点（開始時間）でとらえるのではなく、かたまり（所要時間）でとらえることが大切です。

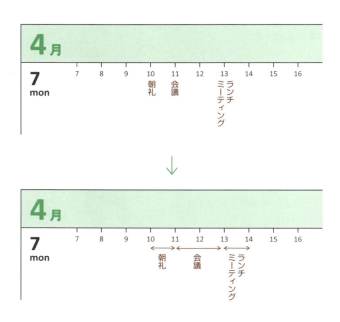

移動時間・準備時間も組み込む

取引先への訪問は移動があり、会議などの前には準備が必要。こうした移動時間・準備時間は欠かせないものなので、これらも予定としてスケジュールに組み込みましょう。

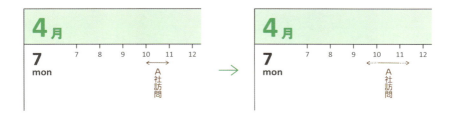

行き詰まったら交通整理を

緊急度を確認
しっかり予定を組んでいても、不測の事態が起こってどこから手をつけたらいいかわからなくなるということもあります。そんな時は、まずそれぞれの仕事の緊急度を確認しましょう。「今すぐ」なのか「今日中」なのかで対処すべき順番も変わります。

人に任せられるかを考える
どうしても手に負えない状態の時は、ほかの人に応援を頼むことも考えましょう。人にお願いする場合は、締切をきちんと伝えて。してもらった後は、必ず内容を確認しましょう。頼みっぱなしにならないよう、最後まで責任を持つことを忘れずに。

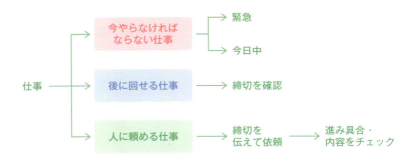

時間の整理 ❼

スケジュールは
チェック＆見直しが大切

>> 立てたスケジュールをチェックする目的は、自分の動きをイメージすること。これがスムーズな仕事につながる
>> スケジュールは、状況の変化に応じて見直すことも必要。遅れがないか、仕事に漏れはないかを随時チェックして

　スケジュールは、手帳に書いて終わりではありません。<mark>立てたスケジュールをチェックして予定通りに進めていくとともに、状況の変化や進行具合に応じて随時見直していく必要があるのです。</mark>また、頻繁にスケジュールを見ることで今後の流れが頭に入り、次の仕事に素早く取りかかれるようにもなります。重要なのは、今日するべきことや今週の動きをしっかりイメージして行動に移していくこと。そのためにも、スケジュールはいつでも見られるようにし、まめにチェックするようにしましょう。また、週の終わりや月末などにこれまでの結果を振り返ると、予定の調節や改善に役立ちます。

スケジュールをチェックするメリット

スケジュール欄に書き込んだ予定を確認することで、その日の動きがイメージでき、スムーズに仕事を進められることが一番のメリット。予定がずれ込んだ時には、翌日やその先のスケジュールを確認することでリカバリー方法を考えましょう。

✅ **check**
スケジュールをチェックする際のポイントは以下になります。
☐ この後、やるべきことは何か
☐ 計画通りに進んでいるか
☐ 遅れている場合は調整可能か

スケジュールチェックのタイミング

スケジュールを確認するタイミングに決まりはありませんが、習慣化するために、最初はタイミングを決めて手帳を見るようにするといいでしょう。

通勤中
その日の自分をイメージするために、朝の通勤中に手帳を開き、目を通しておくのがおすすめ。当日の予定だけでなく、長期のスケジュールもチェック。予定が頭に入ると、やる気も高められる

↓

始業前
デスクについたら、もう一度手帳をチェック。前日の退社から出社までに入っているメールや伝言などにも目を通し、その日の予定を変更する必要がないかを確認してから1日をスタートする

↓

昼休み
スケジュール欄を見ながら午前中の進捗を振り返り、午後の動きが予定通りでいいかどうかを検討。変更する必要があれば関係者にも連絡や相談をして、午後の予定を固める

↓

終業前
仕事を終える前に、再度その日の予定を確認し、仕事に漏れがないかを確かめる。また、その日の仕事の進捗を踏まえて、翌日のスケジュールを確認。未確定だった細かい予定を決める

↓

就寝前
終業前に考えた翌日の予定に目を通し、1日の動きをイメージ。無理がないかを確認しておけば、安心してぐっすり眠ることができる

週の終わり
休日前は、1週間を振り返る絶好のタイミング。仕事の漏れがないかを確認し、取りこぼしがあった場合は翌週の予定に組み込みましょう。また、翌週に気をつけることもピックアップしておくとベター。

月の終わり
月をまたぐプロジェクトの場合は、月末に大きな流れをとらえておきましょう。進行に遅れが生じている場合は、必要に応じて上司や同僚に相談を。早めに遅れを取り戻せるように対処しましょう。

時間の整理 ❽

仕事を効率よく進める
アポイントの取り方

>> アポイントは「その場」で決めるのが鉄則。早くアポイントを固めることで、準備時間も長くとれる
>> アポ取りは自分から相談を持ちかける。複数の候補日時を提示して選んでもらえば、自分の都合が優先できる

　アポイントを取る時は、自分の予定と相手の予定をすり合わせて日時や場所を決めることになります。しかしこれがうまくできず、相手の予定や都合に合わせるばかりになると、予定のコントロールが難しくなり、自分の仕事を効率よく進めることができません。もちろん、相手との関係性によってはこちらの都合を言うのが失礼にあたる場合もありますが、基本は互いに予定や希望をすり合わせて決めるのだということを忘れないようにしましょう。自分の都合に合わせてアポイントが取れれば、効率のいい予定を立てることができ、仕事の成果にもつながります。上手なアポ取りを身につけましょう。

アポイント取りの原則

その場で決める
打ち合わせや会議が終わった際に次の予定を決める必要があれば、その場で決めてしまいましょう。そうすることで、次回に向けての準備も早くできます。

外出はまとめる
外出の予定が1つ決まったら、その予定の前後などに複数のアポイントを入れられると効率的。外出の日、内勤の日と分けられるとベストです。

前後に余裕を
外出では、電車の遅れなどで予定が狂うこともあります。多少の遅れがあっても焦ることなく到着できるよう、外出の予定は前後に余裕を持たせておきましょう。

自分の都合に合わせてアポイントを取る

相手に無理を強いてはいけませんが、自分の都合にうまく誘導できればスムーズな予定が立てられます。相手に失礼な印象を与えない提案の仕方を身につけましょう。

複数の日時提案を

電話でアポイントを取る時は、かけた方が主導権を握ることができるので、できるだけ自分から電話をするようにします。1つにしぼらず複数の日時を提案すれば、その中から選んでもらいやすくなります。可能であれば、時間もピンポイントではなく、幅を持たせて提示しましょう。

✅ check
こんな提案の仕方が効果的です。
・「○日○曜日の13～15時、もしくは○日○曜日の14時以降はいかがですか？」

❌ NG
アポ取りの際、こんなセリフはNG。
・「いつでもかまいません」
・「いつがよろしいですか？」
・「ご都合に合わせます」

自分時間を大切に

自分時間とは
自分時間とは、書類を作成するなど、自分だけで予定を立ててやりくりできる時間のこと。これに対して、打ち合わせや会議など、自分1人ではスケジュールを立てられない時間を他人時間と考えましょう。

自分時間をできるだけまとめる
他人時間が1日の随所にあると、自分の仕事に集中できず、成果も落ちてしまいます。できるだけ自分時間と他人時間を別々のかたまりになるようにし、自分の仕事に集中できる時間を確保しましょう。

時間の整理 ❾

すき間時間を
うまく活用する

>> すき間時間を活用するには「時間が生まれたらこう使おう」というイメージが必要。漠然としていたら睡眠や食事に取られてなくなってしまう
>> 短い時間でもできることはたくさんある。道具や資材が必要なものは、すき間時間ができた時のために持ち歩いておくといい

　商談、会議、書類作成、電話・メールなどのコミュニケーションといった主要な業務の合間に、ちょっとした空き時間＝すき間時間が生まれることがあります。移動で予定より早く目的地に着いた時にはちょっとしたすき間時間ができ、クライアントとの商談が思いのほか早く終わった時や、いつも長い会議が予想より早く終わった時などには、大きめのすき間時間が生まれます。このようなすき間時間を有効活用するには、「時間ができたらこういうことに使おう」というイメージを事前にしておくことが重要です。すき間時間ができたらすぐ活用できるよう、準備も大切に。

すき間時間は2種類ある

移動時間
自分で車を運転している場合は難しいのですが、ほかの人の運転での移動や、バス・電車などでの移動中は、すき間時間として活用できます。休憩や睡眠に使うこともできますが、仕事につながることに使えば、時間を有効活用できます。

予定変更で空いた時間
アポイントのキャンセルや、思いのほか早く終わった会議の後の時間などの「ぽっかり空いた」時間です。いつもよりゆったりランチをとるのもいいですが、その時間をうまく使って仕事のスピードを上げれば、仕事の完成を早めることができます。

すき間時間の活用アイデア

すき間時間をどれだけ有効に活用できるかで、仕事の進み具合が大きく変わってきます。以下のアイデアを参考に活用しましょう。

予定や To Do リストの確認

その日にやる予定や重要なことも、バタバタしているとつい忘れてしまいがちです。すき間時間に予定やリストをさっと見返せば、見落とすことなく行動することができます。

移動中に予定を見直すのもおすすめ

メールの返信

仕事でやり取りするメールの中には、早めの返信をすればその分スムーズな進行につながるものもあります。短いメールでもいいのですき間時間に意思表示をして仕事を進めておけば、大きな時間短縮になります。

領収書の整理

机やイスがある場所ですき間時間ができたら、溜まりがちな領収書を整理するのも有効です。短い時間で時系列に並べ直すだけでも、その後の精算作業がスムーズになります。

交通経路などのリサーチ

比較的アポイント数の多い人の場合、商談が長引いたりすると、その後の移動が当初の計画通りにならないことも。すき間時間にネット上の交通経路検索サービスで調べ直せば、ベストな経路を把握できます。

あいさつ状を書く

手紙を書くのは、普段忙しくてなかなかできないことの1つ。仕事のコミュニケーションは電話とメールになりがちですが、時々手紙を送ると信頼度がぐっと増します。はがきを常備するとよいでしょう。

机の上や引き出しの片付け

片付けは、すき間時間にやっておきたいことの代表格。日々生まれるすき間時間を活用して少しずつ片付けをすれば、大きな時間を割いて大がかりに片付けをする必要がなくなります。日常の中で習慣づけることができれば、身の周りもきれいになり、気持ちも楽になるでしょう。

時間の整理 ❿

To Doリストで仕事をミスなく進める

> ≫ To Doリストは仕事の全貌そのもの。やるべきことの全てを書き出すことで、頭の中も行動も整理され、ムダがなくなる
> ≫ リストのつくり方には順番があり、これは整理の思考法になっている。自己流でやる前に、まずは基本的な考え方を身につけよう

　「仕事ができる」と言われている人は、総じて仕事が早いもの。同じ24時間を有効に使うには、迷いなく仕事を進められるかどうかがカギになります。そのために必須なのがTo Doリスト（＝やるべきことのリスト）です。

　精度の高いTo Doリストがあれば、まず何をすべきか、次に何をすべきかが明確になり、どうしようと迷うことなく仕事を進めることができます。終わった仕事をリストから消していけば、仕事が進んでいる実感もわいて気分も高まります。

　ただし、このリストは手段であり、目的ではありません。リストづくりに時間をかけすぎないよう注意を。

To Doリストの使い方

いつも目につく場所に置く
デスクの上など、作業中にいつでも見れる場所に置き、随時チェックしながら使いましょう。移動が多い人はいつでも取り出せるよう、持ち歩き方に工夫を。

終わったらチェックする
やり終わったことは、リストからどんどん消していきましょう。何が終わって何が残っているかを把握できます。線を引くなどして消していけば、前に進んでいる気分も味わうことができ、やる気につながります。

To Doリストのつくり方

To Doリストは下記のステップを参考につくりましょう。やるべきことを全部洗い出して全貌を把握し、どの順番でやっていくかを整理するのが大切です。

やるべきことを書き出す	仕事とプライベートの区別や、重要度などに関係なく、やらなければならないことを全部書き出してみる。やるべきことの全貌を見通せることが大事なので、この段階では未整理な状態でかまわない
具体的な作業に分解する	例えば会議を取りまとめる立場での「会議の準備」であれば、「場所の確保」「参加メンバーへの連絡」「レジュメの作成」など、より具体的な作業に分解してゆく
作業をグループ分けする	分解した作業を「場所」や「手段」によってグループ分けする。例えば「外出先ですること」や「電話で行うこと」「パソコンですること」など
優先順位を考える	何から手をつけるべきかを整理する。上記でグループ分けしたものの中身を「緊急度」と「重要度」で順位づけする。また、グループそのものも順位づけすると「まず電話を使うものから始めよう」など、行動が確定する

To Doリスト活用のポイント

退社前につくる
To Doリストをつくるタイミングは、1日の終わり（会社を出る前）がおすすめ。その日に起こったことを受けて、翌日やるべきことをリストアップしましょう。

すき間リストをつくる
すき間時間ができた時に何をするかも書き出しておくと、突然時間が空いても迷わず行動に移せます。P365の活用アイデアも参考に。

粘着メモを使う
To Doリストを粘着メモに書いておくと、手帳からデスク、デスクからパソコンのモニターなど、状況に応じて貼る場所を変えることができて便利です。

時間の整理 ⑪

優先順位の決め方・実行のコツ

> ≫ 仕事に必要な作業を細かく把握し、それぞれの締切をはっきりさせて、締切が早いものから処理しよう
>
> ≫ その仕事に関わっている人の数と、自分との距離を考える。関係者が多く、関係者との距離が遠い案件から進めるとスムーズに

やるべきことがわかっても、どの順番で処理すればよいのかがわからなければうまく処理できません。順位づけの基準としては「緊急度」と「重要度」が挙げられます。「緊急度」とは締切の早いものから処理すること。いつまでにどの作業を終わらせる必要があるかを明らかにしましょう。「重要度」は仕事の内容に加え、どれだけの人が関わっているか、自分から距離や関係が遠い人が関わっているかも大きな要素となります。多くの人が関わっていると、ミスがあった時に及ぼす影響が大きくなります。関係が遠い人とのやり取りには時間がかかることも。それらを踏まえて順位づけをしましょう。

第一要素は「締切」

仕事を細分化して考える

1つの仕事も細かい作業に分解することができます。例えば「企画書作成」という1つの仕事も、「情報収集」「素案作成」「手直し」など、いくつかの作業に分けられるのです。それぞれの作業の締切がいつなのかを把握し、早いものから処理しましょう。

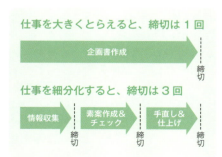

第二要素は「関わる人数」と「距離」

関係者が多く、遠いほど早く取りかかる必要あり

その仕事に関わっている人が多いほど、全体の合意形成に時間がかかります。また、相手との距離が遠いほど、やり取りに時間や手間が必要になります。この遠さは物理的な距離も、関係性の距離（社内 or 社外、親しい or 出会ってから日が浅いなど）も含みます。

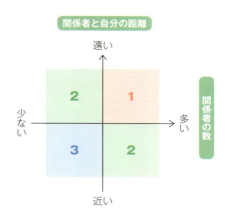

1→2→3の順に取りかかりましょう

To Doを実行していくコツ

スケジュールに落とし込む

やらなければいけないこととしてリストアップをしても、いつやるのかが決まっていなければ、できないまま時間が過ぎてしまいます。実行する日時を決めて、スケジュールに落とし込んでおきましょう。

5分で終わるTo Doはすぐやる

忙しい中でも、5分間程度のすき間時間は見つかるものです。今やれるかもと思ったら、所要時間の短いTo Doはすぐにやってしまいましょう。後回しにして時間がなくなってしまう状況は避けて。

リマインダーを使う

パソコンや携帯電話などのスケジュール管理ソフトには、実行日時がやってくるとアラームで知らせてくれる「リマインダー」機能がついていることも。予定を忘れがちな人はうまく利用しましょう。

時間の整理 ⑫

クリアホルダーを利用した時間管理法

» 書類の整理ボックスや引き出しを使い、作業の締切日を軸にして仕事を管理する

» 情報を全て「A4サイズの紙」に出力し、クリアホルダーで管理するのがポイント

　クリアホルダーと整理ボックス・引き出しを利用した、シンプルな時間管理の方法があります。多くの書類や文具、収納がA4サイズに合うようにつくられているので、そのサイズを管理のカギにします。まずは情報をできるだけA4サイズに出力したり、まとめていきます。それらを業務案件ごとにA4のクリアホルダーにまとめ、締切日で管理していきましょう。

　この方法のメリットは、ローコストかつ単純であること。また、デジタル機器を管理の軸にしないので、データ消失のリスクも抑えることができます。長続きする管理法の1つとして取り入れましょう。

クリアホルダーでの管理の流れ

以下の流れで管理しましょう。

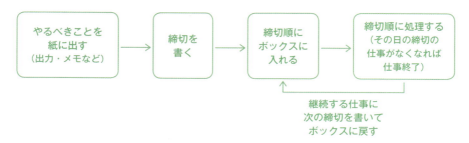

Step1：やることを全て紙に出力し、締切を書く

1案件に1クリアホルダー

1つの案件に必要な全てのものを、可能な限りA4サイズの紙にして、1つのA4クリアホルダーに集約します。データも全てプリントアウト。大きい紙のものも折って入れ、クリアホルダーの見やすい場所に締切日を明記します。

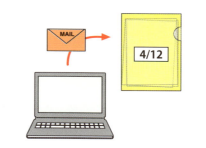

案件に関係するメールも、プリントアウトしてクリアホルダーに入れる

Step2：やるべき順に並べる

仕切りを使って整理する

クリアホルダーが入る整理ボックスや引き出しに、日付で分けられる仕切りをつくり、Step1でつくったクリアホルダーを締切日のところに入れます。クリアホルダーの色に意味を持たせる（→P243）と、処理の順番も決まります。

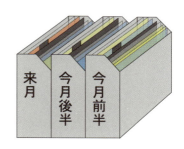

Step3：ボックス手前の案件から処理する

継続案件は締切を再設定してボックスへ

整理ボックスや引き出しの一番手前が今日の日付の仕切りになるようにして、その仕切り内にあるクリアホルダーを取り出し、どんどん処理します。全てのホルダーの処理が終われば、その日の仕事は終了。継続案件は次の締切を明記し、ボックスの該当箇所に戻します。

時間の整理

時間の整理⓭

デジタルツールの特徴と注意点

>> スケジュール管理ができるデジタルツールは、日進月歩で進化中。最新の情報を集め、自分の仕事に合うものを選ぼう
>> デジタルツールは紙の手帳にない便利な機能がある反面、バッテリー切れやデータ消失などのリスクも持ち合わせる。注意して活用を

　スケジュールの管理にデジタルツールを利用するケースも一般的になってきました。会社によっては、グループウエアと呼ばれる全社システムで、さまざまなスケジュールが管理・共有されているところもあります。また、スマートフォンやタブレット端末の普及で、スケジュールを管理できる端末が身近な存在となりました。これにより、個人のスケジュールをデジタルツールで管理している人も増えています。

　デジタルツールには多くのメリットがありますが、デメリットもあります。メリットは活かしつつ、リスクを抑えるためにアナログツールも併用するなど、上手に使いましょう。

スケジュール管理ができるデジタルツール

パソコン
表示・検索などの種類が豊富で高機能。大きなモニターを使えば、全体把握も容易に

スマートフォン・タブレット
持ち歩きやすさと、起動が早く、さっと確認できるのが魅力。紛失に注意

クラウドサービス
複数の端末間でデータを同期できるのが利点。自分に合ったサービスを選ぼう

デジタルツールの特徴

紙にはないデジタルツールのメリットを知り、自分の仕事に合わせて活用しましょう。

情報が連携できる
スケジュール情報をデータとして扱うので、複数の端末間でのやり取りが可能。さまざまな環境で情報を扱うことができます。

情報を共有できる
複数の人でデータを共有したり、送受信が手軽にできます。チームで進める仕事や、離れている人とのやり取りに便利です。

検索性が高い
スケジュールをテキストデータで管理するので、キーワード検索ができます。日時による検索も簡単です。

書き換えが容易
デジタルデータなので、何度書き直してもOK。当初の予定がどんどん変化していくタイプの仕事にはとても便利です。

アラーム機能が便利
スケジュールを管理するソフトによっては、予定の時刻やその5分前などにアラームで知らせてくれる機能もあります。

デジタルツールの注意点

一覧性が低い
スケジュールを表示する画面が小さいと、全体を俯瞰して見ることが難しくなります。表示形式の制約が多いのも難点。

重い・時間がかかる
紙の手帳に比べると重くなりがちです。また、マシン性能やデータ量によっては、閲覧に時間がかかる場合もあります。

バッテリー切れ
デジタルツール最大のデメリット。常にバッテリーの残量を気にする必要があります。充電にかかる時間も把握しましょう。

クラッシュ
頻繁には起こりませんが、データを格納しているストレージが壊れると、全データを消失してしまう恐れがあります。

> **❌ NG**
> 何でもデジタル化がベターではありません。以下のようなものは、紙のスケジュール帳が向いています。
> ・絶対に消失してはいけない、重要なスケジュール
> ・変更がほぼ起こらない、年間単位のスケジュール

時間の整理

column
即断即決でスピードアップ

　仕事のスピードを上げるのに最も効果的なのは、仕事のさまざまな場面で「迷う」「悩む」「探す」を極力なくすことです。この3つは仕事の進行をストップさせてしまう行為。下の図のように、たった10分のロスでも日々積み重なっていくと、1年で43時間以上のロスになります。これを1日8時間労働で考えると、なんと5日以上もムダにしていることに。「迷う」「悩む」をなくすには、知識と経験のある人に相談すること。「探す」をなくすには、日々の整理整頓を心がけましょう。

小さなロスが大きな損失に

```
1日10分のロス
     ↓
1週間（5日）で10分×5日
　　＝50分のロス
     ↓
1年（52週）で50分×52週
＝2600分（43時間20分）のロス
```

次に何をしようかと迷っているうちにも、時間はどんどん過ぎていきます

chapter 5

思考の整理

思考の整理 ❶

問題解決の基本手順は、整理→分析→具体策の検討

> ≫「なぜ」「どうして」という問いかけを繰り返すことで、問題の根本的な原因を見つけられる
> ≫ 解決策を考える時は、まずたくさんのアイデアを出す。その中から効果的な案をピックアップし、実行してゆく

「営業成績が上がらない」「プレゼンがうまくいかない」「プロジェクトが計画通りに進まない」など、仕事ではさまざまな問題が起きるもの。取引先などが絡む場合は、初期の対処を間違えてしまって問題がこじれ、「とても解決できない」と思うような場合もあるでしょう。

ところが、問題を解決するというプロセスは、その問題が小さくても大きくても同じなのです。なぜなら、物事には必ず原因があるから。それを突き止めることができれば、どんなに複雑に絡み合っている問題でも、必ず解決の糸口は見出せます。その基本手順を身につけましょう。

「なぜ」を繰り返すことで原因をつかむ

最低3回繰り返そう

問題の原因＝本質にたどり着くには、ロジカルに考えることが必要です。「ロジカルに」と聞いて難しく考える必要はありません。シンプルに「なぜ」を繰り返せばいいのです。出てきた答えに対して、さらに「なぜ」と考える。これで本質が見えてきます。

例 上司に相談する時間がない
→ なぜ 上司が職場にいない
→ なぜ 上司の外出が多い
→ なぜ 同行を必要とする部下が多い
→ なぜ …

問題を整理→解決するステップ

問題の解決策を見つけ出すのに必要なのは、「その問題を整理する」ということです。問題が発生したら、次の手順で考えてみましょう。

問題を明確にする
「コミュニケーションがうまくとれない」だと、漠然としていて原因がつかみにくくなる。それによって何がうまくいっていないのかを考え、「重要な情報が上司に伝わらない」など、問題を明確にするのが大切

問題を分析する
問題に関わることを、とにかく洗い出してみる。自分の考えや感覚だけでなく、周りにも話を聞いて具体的な事実を集めることも大切。そして、出てきたことを徹底的に分析する

解決目標を明確にする
その問題が解決したらどんな状態になるのかを考え、ゴールを明確にする。複雑な問題の場合は一気に解決しようとせず、第一段階の目標を決めるのもいい

解決策を考える
目標にたどり着くにはどうしたらいいか、有効なアイデアを挙げていく。できるだけ多く、具体的な方法を書き出していくことが重要

> ❌ **NG**
> アイデアを出す時に、ネガティブな発言は禁物。「ありふれている」「それは無理」「奇抜すぎる」などはNGです。

解決策を決める
出てきたアイデアが現実的かどうかなどを客観的に判断し、最も有効と考えられるものをピックアップ。さらに、その案を具体的にどう実行したらよいかを考える

実行する
アイデアを実行し、解決に近づいたかを確認する。解決に向かわなければ、解決策を考え直したり、もう一度問題の洗い出しに戻る

思考の整理 ❷

アイデアをたくさん出す方法を知っておこう

>> ただ漠然と考えてもアイデアは出ない。思考のパターンを決めることでアイデアを出しやすくしよう
>> 一定のルールのもとに、思いつくままにアイデアを出すほか、何かをヒントにして考えを引き出したり、似たものを連想するなどの方法がある

　「自由に、たくさんアイデアを出してみましょう」と言われても、次々とアイデアが出てくることはまれです。アイデア出しに苦労している時は、アイデアをたくさん出す方法を活用しましょう。アイデアは、思考のパターンを決めることでグンと出やすくなります。代表的な思考のパターンをもとに、さまざまなテーマでアイデア出しをしてみましょう。複数の方法を組み合わせてみるのも効果的。いろいろな人とアイデアを交換することで、視野も広がります。そのような経験を増やしていけば、発想力やまとめ方のコツも自然と身につき、アイデア出しがスムーズにできるようになります。

アイデアを出す時の5大ルール

アイデアを出す時は、以下のルールを守りましょう。そうすることで発想にブレーキがかからず、アイデアを出しやすくなります。

❶ すぐに良し悪しを判断しない
❷ 自由に何を言ってもいい
❸ とにかくたくさん出す
❹ いろいろな角度から考える
❺ 人のアイデアに便乗してもOK

自由にアイデアを出す方法① ブレインストーミング法

アレックス・オズボーン氏考案のこの方法は、グループでのアイデア出しによく使われます。

6～8人で集まる	ブレインストーミング法は何人でもできるが、適しているのは6～8人。参加者の経験年数や役職が異なっていても、お互いを「さん」づけで呼び合って上下関係を持ち込まず、平等な雰囲気を持たせる
↓	
参加者同士、顔が見えるように座る	机を四角形やコの字型などに並べ、参加者は互いの顔が見えるように座る。A3などの大きめの紙やホワイトボードにテーマを書き、リーダーが全員に発言を促すようにして進行する
↓	
自由に発言し、番号を振って記録	参加者は、思いつくまま自由に発言。リーダーは書記を兼ね、出てきたアイデアに番号を振りながら紙やホワイトボードに記録する。1時間程度続け、出てきたアイデアを「独自性」と「実現性」の高さで判断していく

自由にアイデアを出す方法② カードBS法

ブレインストーミング法の進化系として、創造開発研究所代表の高橋誠氏が考案。アイデアを粘着メモに書いていくのが特徴で、粘着メモは縦2.5cm×横7.5cm程度が適しています。

5分間、粘着メモにアイデアを書く	全員でテーマを把握し、タイマーを5分にセット。各自がアイデアを粘着メモに書き、書き込んだ粘着メモを手元のA4用紙に貼っていく。この方法では、全員が考えることに集中する時間を設けることができる
アイデアを1つ発言する	5分後、順番にアイデアを書いた粘着メモを1枚だけ読み上げ、参加者の中央に置いたA3用紙に貼っていく。全員の発表が終わったら、再び5分間の発想時間を取り、発表する。これらを繰り返して1時間程度で終了し、アイデアをまとめる

自由にアイデアを出す方法③ ブレインライティング法

ドイツ人のホリゲル氏が開発した技法。6人の参加者が3つずつのアイデアを5分ごとに考え出すことから「6・3・5法」とも呼ばれ、発言が苦手な人も無理なく参加できます。

第一回発想
全員でテーマを把握。それぞれが5分間で3つのアイデアを出し、シートのⅠ欄に書き込む

↓

シートを左の人に渡す

↓

第二回発想
5分間でⅡ欄に、前の人が書いたアイデアを発展させたものや、独自のアイデアを記入

↓

6回繰り返し、アイデアを評価

テーマ：**新しい冷蔵庫のアイデア**

	A	B	C
Ⅰ	左右どちらからでも開く	棚の高さが自動で変わる	開けなくても中身がわかる
Ⅱ	冷蔵室が温度別になる	扉の表がホワイトボードに	カギつき
Ⅲ	リモコンで開閉できる	ボタンで扉が透明になる	冷凍品の自動解凍機能つき
Ⅳ	開けっぱなし防止ブザー	小窓から取り出せる	内部温度で扉の色が変わる
Ⅴ	モーターの熱で暖房できる	庫内の用途を変えられる	庫内の材料でのレシピ表示
Ⅵ	ワインセラー室つき	モーター音が音楽に	保温器と合体

ブレインライティング法のメリット

全員が平等に発想できる
発想時間が全員に同じだけ与えられるので、平等に発想できる。発言が苦手な人も参加しやすい

人の発言に妨害されない
何かを思いついても、ほかの人の発言にさえぎられたりして忘れてしまうことを防げる

1人でもできる
タイマーを用意し、シートの上から順に記入していけば、1人でもこの方法を使うことができる

初対面でもやりやすい
それぞれで発想するので、人間関係に左右されず、無理なくアイデアが出せる

正確な記録が残せる
発想した本人がアイデアを書いていくので、ニュアンスが変わることなく記録されていく

集合しなくてもできる
シートをメールで回していけば、全員が同じ時間・場所に集まらなくてもアイデア出しができる

多角的にアイデアを出す方法① チェックリスト法

発想に漏れがないように考えられた方法。ブレインストーミング法の考案者であるオズボーン氏が考えた9つのチェックリスト（9チェックリスト法）が有名です。

9つのチェックリスト

転用	新しい使い道、ほかの用途、ほかの分野に適用したらどうなるか
応用	似たものはないか、ほかからヒントを得たらどうなるか
変更	意味や色、形、におい、働き、様式などを変えたらどうなるか
拡大	何かを追加したり、時間や頻度を多くしたり、強度を高めたらどうなるか
縮小	減らしたり、小さくしたり、短くしたり、軽くしたらどうなるか
代用	人やもの、材料、素材、製法、動力、場所などをほかのもので代用したらどうなるか
再配列	要素の並び方や位置を変えてみたらどうなるか
逆転	反転したり、前後や左右、上下を逆にしたらどうなるか
結合	別々のアイデアを組み合わせたらどうなるか

多角的にアイデアを出す方法② マンダラート

アート・ディレクターの今泉浩晃氏が考案した、3×3のマトリックス（表）を使った発想法。中央のマスにテーマを書き、関連するアイデアを周囲のマスに書いていきます。

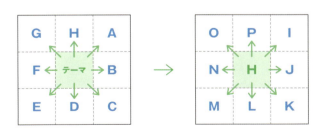

中心から広がるアイデアをマンダラに見立てて、マンダラートと呼ばれます

🔶 step up

マンダラートはアイデアを8個出したら終了。もう少しアイデアを出したい、具体化したいという時は、周囲の8マスから1つを選び、それをテーマとして中心に置いて新たなマンダラートを展開しましょう。

思考の整理 ❸

出したアイデアをまとめる方法も知っておこう

> ≫ 似ているアイデアを集めて解決策を見出す方法は、全体像や関係性を把握するのに便利
> ≫ アイデアのまとめ方に正解はない。何通りものまとめができても、それぞれに筋が通っていればいい

さまざまな方法を駆使してたくさんのアイデアを出しても、出しっぱなしのまま終わるのはNG。それらをうまくまとめ、実行に移してこそ、アイデアを活かすことができるのです。

アイデアをまとめる方法は大きく分けて2つ。1つは似たものを集めて解決策を探っていく方法、もう1つはアイデアを流れに沿って並べてまとめてゆく方法です。後者は、アイデアだけでなく、データをまとめる時にも使えるので、ぜひ活用しましょう。なお、どんな方法でまとめるといいかは、状況や内容によって異なります。どの方法が適しているかを理解し、効果的に使い分けましょう。

アイデアやデータをまとめる時のポイント

内容の類似性でまとめる

似ていると思うものをとにかく集めていき、そこから何らかの解決策を見出す方法です。類似するものをグループ分けしたり、優先順位をつけたり、図にしたりすることで次第にアイデアがまとめられ、解決策が見えてきます。

原因や結果、時間軸などでまとめる

出てきたアイデアやデータから「原因」「結果」などの因果関係を見つけたり、時間軸で整理してまとめていく方法。アイデアの流れや関係性が明確になるので、会議やプレゼンで発表する時の原稿・資料作成などに役立ちます。

内容の類似性でまとめる方法① KJ法

文化人類学者の川喜田二郎氏が考案した方法。発想したアイデアやデータから似たものを集め、小グループ・中グループ・大グループにまとめていきます。

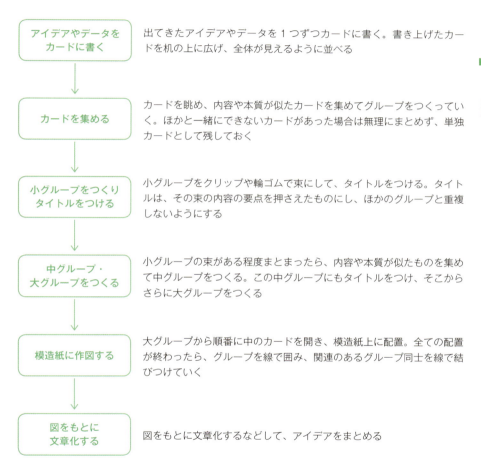

- **アイデアやデータをカードに書く**: 出てきたアイデアやデータを1つずつカードに書く。書き上げたカードを机の上に広げ、全体が見えるように並べる
- **カードを集める**: カードを眺め、内容や本質が似たカードを集めてグループをつくっていく。ほかと一緒にできないカードがあった場合は無理にまとめず、単独カードとして残しておく
- **小グループをつくりタイトルをつける**: 小グループをクリップや輪ゴムで束にして、タイトルをつける。タイトルは、その束の内容の要点を押さえたものにし、ほかのグループと重複しないようにする
- **中グループ・大グループをつくる**: 小グループの束がある程度まとまったら、内容や本質が似たものを集めて中グループをつくる。この中グループにもタイトルをつけ、そこからさらに大グループをつくる
- **模造紙に作図する**: 大グループから順番に中のカードを開き、模造紙上に配置。全ての配置が終わったら、グループを線で囲み、関連のあるグループ同士を線で結びつけていく
- **図をもとに文章化する**: 図をもとに文章化するなどして、アイデアをまとめる

思考の整理

内容の類似性でまとめる方法② ブロック法

大量のアイデアをまとめる方法として、創造開発研究所代表の高橋誠氏が考案。各自がカードを分類してから全員でブロック群に集約することで、短時間でまとめられます。

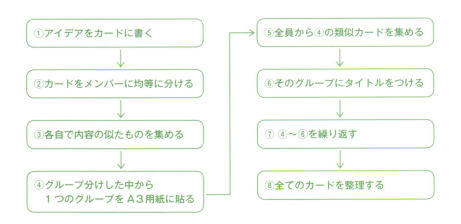

内容の類似性でまとめる方法③ クロス法

アメリカの経営コンサルタント、カール・グレゴリー氏の「７×７法」をもとに高橋誠氏が考案。ゲーム感覚で手軽にできるのが特徴です。

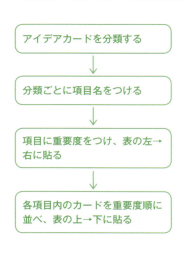

自分が考える重要度順で並べればOK

原因を整理する方法:フィッシュボーン法

日本の品質管理の父とも称される石川馨氏が考案。問題にまつわるあらゆる要因をまとめられる方法で、特性要因図法とも呼ばれます。

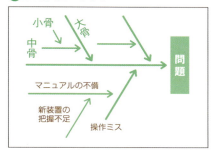

例 照明装置のトラブル

図が完成したら、見つけ出した問題点の中で重要なものを選び出し、解決策を考えていく

起承転結・時間軸でまとめる方法:ストーリー法

高橋誠氏が考案した方法。アイデアを「主行動」「内容や事例」「補足や詳細」の3つに分け、それを主行動の時間軸で並べて整理していきます。

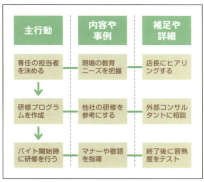

例 アルバイト研修を行う

流れに筋が通っているかをチェックしながら進めることが大切

思考の整理 ❹

イラストを描くことで全体像をとらえやすくする

>> イラストの強みは全体像を表現できること。自分の考えを俯瞰することができれば、自然に整理されていく

>> パッとイラストにできない時は、どう描けば伝わるかを考える。この行為が思考を整理することにつながる

　「思考を整理する」というと、論理的に文章で考えを整理するイメージがありますが、思考の整理を文章で行わなければならないというルールはありません。目的は、混沌としている考えが適切に整理され、頭の中がクリアになること。そのための手法なら、何を使ってもよいのです。

　文章以外で思考の整理を助ける手段の1つに、イラストを使うことが挙げられます。イラストといっても、絵を上手に描かなければいけないということはありません。イラストにすることで情報を視覚化し、全体像が把握しやすくなることが大切。イラストで表現するコツを押さえ、活用しましょう。

イラストを描くメリット

一目でわかる
例えばカバンの新しいデザインを考える場合、「メインの素材は革」「色はネイビー」「持ち手部分は腕にかけられる長さ」「ボディにワンポイントのエンブレムを入れる」というアイデアをイラストにすれば、一目で全体像が見えてきます。

ほかの人に説明しやすい
一目でわかるということは、ほかの人にとってもわかりやすいということ。言葉であれこれ説明するよりも、イラストにして見せた方がパッと伝わることも。イメージが共有しやすいので、認識のズレも減らせます。

ものにたとえるとイメージが伝わりやすい

イラストを描く時は、どう描けばわかりやすくなるかを考えるのがポイント。仕事があふれる原因を水にたとえて表現するなど、抽象的なイメージをつかみやすくなるよう、工夫してみましょう。

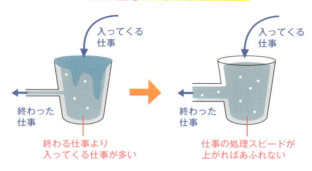

イラストに書き足していくことで整理できる

絵の上手な人は、伝えたいことの細部までイラストで表現できるかもしれませんが、そうでない場合は、イラストに簡単なコメントを添えて補足しましょう。イラストと文字を併用することで、内容をより的確に示すことができます。

> ❌ **NG**
> 思考を整理するためのイラストでは、絵が上手かどうかは関係ありません。うまく描こうとすることに気を取られ、時間をムダにしないよう気をつけましょう。

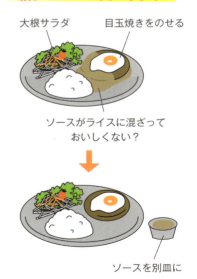

思考の整理 ❺

図にすることで思考の矛盾点を見つける

>> イラスト同様、全体像をつかみやすいのが図のメリット。図を描くことで、論理の矛盾や飛躍などにも気づける
>> 解決策を導き出すならロジックツリー、複雑な物事の整理はマトリクスなど、目的に合った図を使い分けて

　自分では考えが整理できていると思っていても、実際には考えが堂々巡りしていたり、矛盾していたり、つながりが飛躍していることもあります。また、思い込みにとらわれて、考えの幅や視野が狭くなっていることも。図を描くことは、こうした状態に気づき、そこから抜け出すのに有効な方法です。行き詰まってしまったら、そこまで考えてきたことを図にしてみましょう。イラスト同様、全体像をつかむことができ、どこでつまずいているかに気づきやすくなります。以下に紹介する方法も有効ですが、難しく考えず箇条書きから始めても OK。図を使って考えを深めていきましょう。

大切なのは論理的に正しいこと

図は描くことが大切なのではなく、描き上がった図を見返して矛盾がないことを確かめることが重要です。図の流れやまとまりに無理はないか、重複しているところはないか、抜け落ちていることはないかの確認をしましょう。

✅ **check**
図を描く時には、次のことを押さえておきましょう。
□ 「AだからB」というつながりに納得できること
□ 図の形やつながりを説明できること

解決策を導きだす図：ロジックツリー

大きな問題や複雑な問題を解決するのに使えるのがロジックツリー。枝分かれさせていく時に、漏れや重複がないように気をつけましょう。

例 会議時間の短縮について

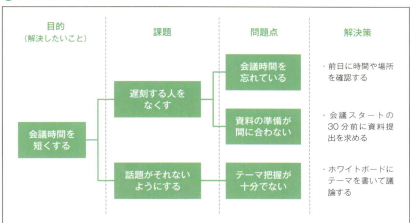

まずは目的を明確にし、クリアすべき課題を導き出す。次にそれに関わる問題点を書き出し、それぞれの解決策を考えていく

複雑な物事の整理に適した図：マトリクス

マトリクスは、正方形を分割した格子状の図のこと。縦軸と横軸それぞれに視点を設定し、その視点に該当する内容を入れていくと自然に整理できます。右の例は、縦軸に営業エリア、横軸に取引先の規模を設定。こうすることで、複雑な事象もきれいに分割できます。

例 営業スタッフの配置

	中小担当	大手担当
中心部	Dさん Eさん	Aさん Cさん Iさん
遠方	Fさん Hさん	Bさん Gさん

一目で全体像がわかり、漏れなく配置できる

比較に適した図：格子図

複数の商品やアイデアを比較検討する時に適しているのが格子図です。比較する項目を書き出して図にすることで、検討漏れを防ぐことができます。また、調査漏れなどで不明点があれば、それも一目でわかります。ただし、比較する商品やアイデアが多すぎると整理しにくくなるので、2〜3個にしぼり込んでから行うのがおすすめです。

例 商品A・Bの比較

	商品A	商品B
価格	高い	安い
耐久性	高い	低い
汎用性	低い	高い
デザイン性	高い	低い

市場の分析に適した図：ポジショニングマップ

ポジショニングマップは、縦軸と横軸に検討項目を設定し、これを組み合わせることで対象物の位置づけをわかりやすくするものです。例えば右の図は、「価格」と「商品数」という項目で企業をポジショニングしたもの。軸に設定する項目によって、さまざまな視点から対象物の位置づけを把握することができます。

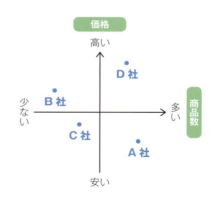

自社の状況把握に適した図：SWOT分析

自社の置かれている状況を把握する方法として、マトリクスを使ったSWOT分析というものがあります。時間とともに状況は変わるので、定期的に行うといいでしょう。

4つの要因を分析

外部環境や内部環境を強み（Strength）、弱み（Weakness）、機会（Opportunity）、脅威（Threat）の4つのカテゴリーで要因分析していくのがSWOT分析。まず、右の図の各ブロックにそれぞれの内容を書き込み、図を完成させる

この図を埋めるには、競合他社を知ることも必要。そうすることで自然に客観的視点が持てる

要因を組み合わせて指針を考える

図への書き込みが終わったら、カテゴリーを組み合わせて分析し、今後の指針を考える。例えば「S」と「O」を組み合わせることで、トップになれる可能性のある分野を探ることができたり、「W」と「T」を組み合わせることで、自社に起こり得る最悪の事態を予測し、それに対する備えや対策を立てることができる。さまざまな角度から自社を分析するのに役立つ

慣れていない人は箇条書きからでもOK

まずは図にしてみる

図を描く習慣がなく、何を書けばいいかわからない時は、考えを箇条書きにして丸で囲むだけでもOKです。内容につながりがあれば、丸と丸を線でつないだり、さらに大きな丸で囲めば、それだけでも立派な図になっていきます。関係性を表す記号（→P315）を活用しましょう。

これも立派な図。こう描くだけで考えが3つあることが視覚的にわかり、頭の中が整理される

思考の整理 ❻

PDCAで経験を着実に身につけて活かす

> ≫ 一生懸命仕事をしていても、経験や知識を整理しなければノウハウが蓄積されず、なかなか成長できない
> ≫ 計画（P）→実行（D）→評価（C）→改善（A）サイクルで、自ら成長できる人になろう

仕事を始めたばかりの頃は、教育担当者がついて手取り足取り教えてくれたとしても、ある程度仕事がわかってきたら、そこから先は仕事（経験）を通して自ら成長していくことが求められます。思考を整理することは、そんな場面でも威力を発揮。なぜなら、経験したことや得た知識を整理することで、それらが確実に自分の中に残り、財産として積み上げられていくからです。それに対して、ただ漠然と毎日を送り、経験や知識を整理しない人は、全てがどんどん消えていき、何も残らないことに。仕事を確実に自分のものにしていくのに有効な方法・PDCAで自分を成長させましょう。

PDCAで自家発電できる人に

PDCAとは、業務を継続的に改善することを目的に、仕事をするうえで踏むべき段階を整理したもの。PDCAの「P」は計画（Plan）、「D」は実行（Do）、「C」は評価（Check）、「A」は改善（Act）。そして最後の「A」が次の「P」につながっていきます。この段階をきちんと踏んでいけば仕事が確実に身につき、どんどん成長していくことができます。

❌ NG

PDCAを活かせない例を紹介します。
・達成できなかったことに対し、改善や工夫をせずに終わらせてしまう
・成功しても失敗しても、原因や理由を考えずに次に進む

PDCAを実行するポイント

PDCAは生産管理や品質管理などを円滑に進めるだけでなく、多くの場面に活用できます。自分の仕事に取り入れ、スキルアップに役立てましょう。

Plan（計画）
仕事を始める前に、目的と求める結果をハッキリさせる。ここが全てのよりどころになるので、しっかり検討すること。また、目標はできるだけ具体的な数値目標に落とし込んでおく

Do（実行）
「P」で立てた計画、スケジュールに沿って実行する。その際、実際に行った仕事の内容を必ずノートに記録しておくこと。これがないと後で振り返ることができず、改善策が立てられない

Act（改善）
「C」の評価を踏まえ、未達成のことについては改善策を、達成したことについてはよりよい結果を生む方法を考える。仕事が忙しくなるとこの段階が抜けがちなので、定期的に時間を取るようにしよう

Check（評価）
「P」で立てた目標を達成できたかどうか、計画通りに進んだかどうかをチェックする。よかった点や悪かった点などを分析し、細部まで評価できるとさらによい

PDCAをノートにまとめる

PDCAを実践するには、ノートを活用するといいでしょう。見開きページを4分割して、「P」「D」「C」「A」を記入しておけば、後でPDCAのサイクルに沿って記録を読むことができます。こうすることで、自然に仕事が自分の財産になっていきます。

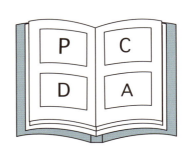

思考の整理 ❼

読書から得たことを自分の仕事に置き換える

≫ まずは「仕事に役立ちそうなこと」を書き留める。これを見つけ出すことも思考力アップにつながる

≫ 「仕事に役立ちそうなこと」を自分の仕事に活かすにはどうすればいいか。これを考えることで、学びを成長に変えることができる

　ビジネス書だけでなく小説やエッセイなど、読書から得られるものはたくさんあります。また、物事を客観的、多面的に見られるようになるなどの効果もあり、ビジネスパーソンにとって読書は成長に欠かせない重要なものといえます。

　その効果を高めるには、本を読み終わった後に内容や気づきなどをノートに記録していくのがおすすめ。読んだ本の内容の要約や感想ではなく、仕事に役立ちそうなことをピックアップして記録するようにしましょう。読書から学んだことを実際の行動に移すことで仕事にも役立ち、思考力もグンと高まります。

仕事に役立ちそうなことを書き留める

読書をする時に、最初から「仕事に役立てよう」などと考える必要はありません。まずは、仕事に役立ちそうだなと思った内容をノートに書き留めていけばOK。タイトルと内容など、どの本を読んでの記録なのかがわかる程度のメモで十分です。

読書ノートのメリット

・話のネタが増え、話題の豊富な人になれる

・新しい気づきがあり、アイデアが増える

・周りの人にすすめられる本が増え、コミュニケーションのきっかけが増える

書き留めたことを行動に昇華させる

「仕事に役立ちそうなこと」が集まったら、どのように行動に移すかを考えてみます。いきなり大きな行動改革を行うのは難しいので、明日からできる、ちょっとした行動を見つけ出すことが大切。それを続けることに意味があるのだと考えましょう。

読書から学んだこと	明日から自分にできること
・仕事ができる人は人脈が広い	・前に研修で一緒になった人をランチに誘ってみる
・お客さんは情報をほしがっている	・取引先を訪問する時には、担当者が喜びそうな情報を1つ用意していく
・営業は聞く力が大切	・取引先を訪問する時には、質問を2つ以上考えていく

心に残ったことも書き留める

読書をしていると、心を打たれる言葉やハッとさせられる言葉に出会うこともあります。そんな言葉を、ノートの表紙や表紙を開いたところに書き込んでおくのもおすすめ。見る度にモチベーションを上げることができます。

思考の整理 ❽

日記を書くことで論理的思考を養う

> ≫ 「嫌だった」「楽しかった」という感情を書き記すのではなく、事実に基づいてその日のことを書き留めていく
> ≫ 論理的に物事を考える力を身につけるには、それがクセになるまで繰り返すことが必要。そのためにも、日記は毎日書くこと

　仕事ができる人は、周りの出来事だけでなく、自分自身も客観的に見ることができます。物事を論理的に考えたり、論理的に会話を進めることにも長けているでしょう。

　客観的な視点や論理性を高めるのに有効なのが、「日記を書く」ことです。その際のポイントは、「○○があって楽しかった」などの主観的な内容や感想だけで終わらず、客観的な視点から1日を振り返り、出来事や気づきなどを書くこと。客観的な視点を意識しながら日々のことを書き続けていけば、論理的に物事を考えたり、それを言葉にして表現する力も自然と身についていきます。

日記に書くこと

客観的事実
日記は、1日の出来事を振り返り、その時々に考えたことや感じたことを書くものです。しかし、感情的にダラダラと書いているだけでは、論理的思考は養われません。客観的な視点から1日の仕事や出来事を振り返り、起こったことやそれに対する考えを書いていきましょう。

仕事の関連情報
自分がしたことやその日に起こったことに加え、仕事に役立つ情報なども書いておきましょう。そして、自分の仕事とその情報にどんな関係があるのか、どんなふうに活かせるのかを考えていきます。この繰り返しが、論理的思考を育てます。

日記を書く時のポイント

要点をしぼる
1日に起こったことを全て書く必要はありません。重要なものは何かを考え、1～2点をピックアップすることで、すでに思考の整理ができているのです。要点をしぼって書くようにしましょう。

数字を記録する
客観的な視点を持つのに有効なのは、「数字」です。「いつもより来客が多かった」ではなく、「いつもは平均5人ぐらいだが、今日は倍以上の12人の訪問があった」と書くようにすると、客観的視点を養えます。

毎日書く
論理的な思考はクセづけに近いもの。つまり、1日や2日で身につくものではありません。そのためにも、短くてもいいので日記は長く続けましょう。2日、3日分をまとめて書くのもNG。「毎日書く」ことが重要です。

成果を考えない
日記を書いたからといって、急に何か大きな変化があると期待してはいけません。なぜなら、論理的思考は徐々に身についていくものだからです。日記を書くことを楽しむくらいの気持ちで取り組みましょう。

慣れてきたら考えながら書く

原因を意識する
論理的思考の基本は、「AだからB」という思考。なぜそうなったのかという原因を意識して日記を書くようにすると、自然に「AだからB」という考え方ができるようになります。

出来事 → なぜその出来事が起こったかを考える → 原因 → 論理的思考が身につく

対策をセットにする
原因を考えられるようになれば、対策を導き出せるようになります。起こったことだけでなく、対策もセットで日記に書いておけば、次に問題が起きた時に役立ちます。

問題の原因を考えてみる → 対策を立ててみる → 実行してみる → 未解決／解決

思考の整理 ❾

段階的に充実させることが、日記を長続きさせるコツ

>> ネガティブな内容は書いているだけで気が滅入り、長続きしない。前向きな言葉で書こう
>> 日記初心者は、1日を丸ごと評価するだけでもOK。慣れてきたら少しずつ内容を増やし、3行日記を目指していこう

「日記を毎日書くといい」といわれても、続けられずに挫折してしまうことはよくあります。そんな時は、無理なく取り組める量・内容から始め、徐々に内容を充実させることで、「続けられる」ようにしてみましょう。第1章・整理の基本にもあるように「最初から完璧を求めず、できる範囲で少しずつ」という整理の考え方は、日記の習慣化にもあてはまるのです。

また、自分を振り返る＝反省をするというイメージが浮かびがちですが、反省点やネガティブなことばかりを書いていると、気が滅入ってしまいます。プラス思考で取り組むことで、自分を前向きな気持ちにさせましょう。

前向きな言葉で書いていく

後ろ向きだとやる気が下がる

真面目な人ほど反省点が多く思い浮かぶものですが、それでは気持ちが後ろ向きになり、仕事へのモチベーションも下がりかねません。「できなかった」で終わらず、「だからこうしよう」という前向きな言葉で書き終わるようにしましょう。

❌ NG

こんな言葉ばかり書いていると、気持ちが落ち込みます。
・プレゼンに失敗した
・クレームを受けた
・上司に叱られた

1日の振り返りステップ

最初からたくさん書こうとすると、挫折のもとに。段階を追って少しずつ書く量を増やし、日記を書くことに慣れていきましょう。

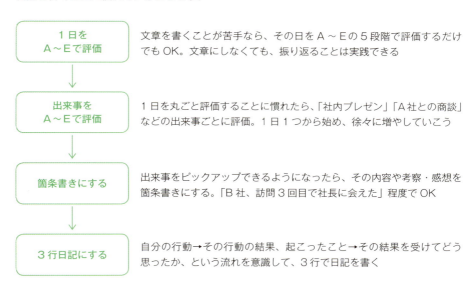

前向きにとらえるコツ

日記を前向きな内容にするには、次の3つのステップを活用しましょう。

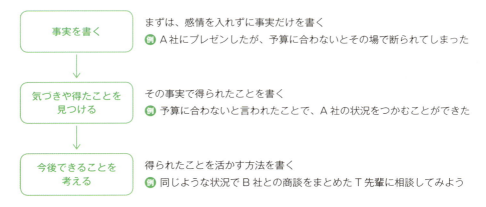

[参考文献]
図解 マナー以前の社会人常識（講談社）／イラッとされない ビジネスマナー社会常識の正解（サンクチュアリ出版）／図解 これで仕事がうまくいく！ビジネスマナーの基本ルール（成美堂出版）／ビジネスすぐ使える便利辞典（主婦と生活社）／君に任せようと思われる ビジネスマナー大全（宝島社）／さすが！と言われる ビジネスマナー完全版（高橋書店）／さすが！と言われる 話し方・聞き方のビジネスマナー（高橋書店）／話し方のマナーとコツ（学習研究社）／日経おとなの OFF 美しい日本語と正しい敬語が身に付く本（日経BP社）／ビジネス力をグンと上げる 整理術の基本（新星出版社）／「書類・手帳・ノート」の整理術（サンクチュアリ出版）／仕事が速くなるプロの整理術（日経BP社）／［完全版］情報は 1 冊のノートにまとめなさい（ダイヤモンド社）／ブレインライティング（東洋経済）／アイデアが面白いほど出てくる本（中経出版）　ほか

文（P204～399）	ミューズ・コンポジション
イラスト	鯱子（ORCA BABY）・おがわゆきこ・大久保秀祐・小川智矢
装丁デザイン	大場君人
本文デザイン	渡辺靖子（リベラル社）
編集	宇野真梨子・河合美和・渡辺靖子（リベラル社）
編集人	伊藤光恵（リベラル社）
営業	津田滋春（リベラル社）
編集部	堀友香・上島俊秀・山田吉之・髙清水純
営業部	津村卓・廣田修・青木ちはる・榎正樹・澤順二・大野勝司

※本書は、2014 年に小社より発刊した『仕事で損をしないための ビジネスマナーパーフェクトブック』と『できる人には秘密がある 整理術パーフェクトブック』を改題・再編集したものです

できる人は必ずやっている ビジネスマナー＆整理術大全

2019 年 1 月 29 日　初版

編　集	リベラル社
発行者	隅田直樹
発行所	株式会社 リベラル社
	〒460-0008　名古屋市中区栄 3-7-9　新鏡栄ビル 8F
	TEL 052-261-9101　FAX 052-261-9134　http://liberalsya.com
発　売	株式会社 星雲社
	〒112-0005　東京都文京区水道 1-3-30
	TEL 03-3868-3275

©Liberalsya. 2019 Printed in Japan　ISBN978-4-434-25579-3
落丁・乱丁本は送料弊社負担にてお取り替え致します。